신앙인을 위한 철학

신앙인을 위한 철학
신앙의 내용을 어떻게 철학적으로 이해할 수 있는가?

교 회 인 가 • 2025년 1월 10일
제1판 제1쇄 • 2025년 6월 29일
제1판 제2쇄 • 2025년 7월 10일
제1판 제3쇄 • 2025년 9월 26일

지은이 • 피터 크리프트
옮긴이 • 김형수
펴낸이 • 최준규
펴낸곳 • 가톨릭대학교출판부
등 록 • 제300-1989-1호(1989년 1월 13일)
주 소 • 03083 서울시 종로구 창경궁로 296-12
전 화 • 02-740-9718
전 송 • 02-745-9793
전자우편 • cukpress@catholic.ac.kr
홈페이지 • http://press.catholic.ac.kr
인쇄제작 • 재영아트

ISBN 978-89-7108-397-0 03100

값 23,000원

PHILOSOPHY

신앙의 내용을 어떻게 철학적으로 이해할 수 있는가?

What every catholic should know

신앙인을 위한 철학

피터 크리프트 지음 · 김형수 옮김

가톨릭대학교출판부

목 차

• 옮긴이 故 김형수를 그리면서 _9

서 문 13

I 인식론 23

1 철학이란 무엇인가? _27
2 철학은 무엇에 좋은가? _30
3 철학을 하는 가장 좋은 방법은 무엇인가? _33
4 철학은 어디서 시작해야 하는가? _37
5 객관적인 진리는 존재하는가? _43
6 우리는 그저 이성을 믿어야 하는가, 아니면 이성이 신뢰할 만하다는 것을 이성을 통해 입증할 수 있는가? _47
7 철학적 이성과 종교적 신앙은 본래 적대관계인가, 아니면 동맹인가? _51
8 진리에 대한 인식은 그 자체로 목적인가? _54
9 인간의 앎은 어떻게 작동하는가? _58
10 자기 인식은 어떻게 가능한가? _63
11 이성을 초월하는 어떤 지식이 존재하는가? _68
12 인간의 이성으로 신을 알 수 있는가? _72

II 형이상학 77

13 존재란 무엇인가? _81
14 존재는 하나인가, 여럿인가? _87
15 보편적인 것은 실재하는 것인가? _93
16 본질은 실재하는 것인가? _99
17 실체는 실재하는 것인가? _103
18 범주는 실재하는 것인가? _106
19 정신은 실재하는 것인가? _109
20 변화는 자기모순적인가? 어떻게 같은 것이 달라질 수 있는가? _115
21 실재하는 것은 서로 정도가 다른가? _119
22 형이상학과 윤리학은 어떤 관련이 있는가? _123

III 특수 형이상학 - 우주론 127

23 인간은 자연과 어떤 관계가 있는가? _132
24 인과관계는 실재하는 것인가? _136
25 네 가지 종류의 원인은 존재하는가? _140
26 목적적 원인(목적론)은 실재하는 것인가? _143
27 시간은 실재하는 것인가? _149
28 위계는 실재하는 것인가? _155
29 진화는 실재하는 것인가? _160
30 시간 여행은 가능한가? _163
31 자연의 일관된 형태를 어떻게 입증할 수 있는가? _168
32 우주는 생각과 무관하게 독립적으로 실재하는가? _172

IV 특수 형이상학 - 신 177

33 신은 실재하는 것인가? _181
34 신은 무엇인가? 신은 누구인가? _186
35 우리는 신을 어떻게 알 수 있는가? _192

36 신이 존재한다면, 왜 악이 있는가? _196
37 신과 시간은 어떤 관계가 있는가? _200
38 자유의지와 신의 섭리는 조화될 수 있는가? _204
39 신은 무로부터 어떤 것을 창조할 수 있는가? _208
40 신은 논리를 초월하는가? _212
41 삼위일체 개념은 자기모순적인가? _216
42 왜 유신론이 범신론이나 이신론보다 더 이성적인가? _220

V 철학적 인간학 225

43 영혼은 무엇인가? _230
44 지성과 의지 중 무엇이 우선적인가? _233
45 우리에게 자유의지가 있는가? _237
46 감정의 역할은 무엇인가? _241
47 성, 결혼, 가정의 의미와 중요성은 무엇인가? _247
48 인류는 선한가, 악한가? _250
49 우리를 악하게 만드는 것은 무엇인가? _254
50 행복은 무엇이며, 우리는 행복을 어떻게 얻을 수 있는가? _261
51 영혼은 불멸하는가? _264
52 죽음에서는 무슨 일이 일어나는가? _268

VI 일반 윤리학 275

53 윤리학은 종교에 의존하는가?
형이상학에, 인간의 철학에 의존하는가? _277
54 가장 중요한 윤리적 덕은 무엇인가? _281
55 도덕성은 객관적이고 발견되는 것인가,
아니면 주관적이고 고안되는 것인가? _285
56 천부적이고 양도할 수 없는 권리가 있는가? _290
57 각각의 인격은 본질적인 목적인가? _296
58 목적이 수단을 정당화하는가? (공리주의) _299

59 인간의 행위를 윤리적으로 선하거나 악하게 만드는 것은 무엇인가? _302
60 덕은 인간을 행복하게 만드는가? _305
61 양심은 무엇인가? _308
62 모든 윤리적 규칙에는 예외가 없는가? _311

VII 사회 윤리와 정치 윤리 315

63 국가는 자연적인 것인가 인공적인 것("사회 계약")인가? _317
64 이상적인 국가는 무엇인가? _322
65 국가는 인간과 인간의 삶에 대한 공적이고 대중적인 철학을 필요로 하는가? _326
66 교회와 국가는 분리되어야 하는가? _330
67 민주주의는 본질적으로 최상의 정부 형태인가? _336
68 자유는 본질적으로 선한 것인가? _340
69 "보수주의자"와 "자유주의자"는 왜 존재하는가? _343
70 연대성과 보조성, 공동선과 개인의 선을 어떻게 조화시킬 것인가? _348
71 처벌의 목적은 무엇인가? _352
72 전쟁은 항상 정당한가? _357

부록: 기타 철학적 물음들 363

학문적이지 않은 후기 365

• 옮긴이의 말 _369

• 편집 후기 _373

옮긴이 故 김형수를 그리면서

고(故) 김형수 베드로 신부의 유작(遺作)이 되어 버린 번역서 『신앙인을 위한 철학』이 가톨릭대학교출판부에서 출간된다는 소식을 듣고 많은 생각이 떠올랐습니다.

그는 2024년 11월 3일 홀연히 하느님의 품으로 가버렸습니다. 젊은 53세의 나이에. 누구나 다 느꼈을 것이지만 '참으로 아깝다'는 생각이 들었습니다. 그런데 어찌합니까? 주님께서 그를 쓰시겠다는데!

그날 11월 3일은 주일이었습니다. 점심 후 그다음 날부터 있을 사제 동창 모임에 가려고 간단한 짐을 챙기고 있는데, 서울대교구 대신학교 학장 신부님이 전화를 주셨습니다. "신부님, 어쩐 일이십니까?" 하고 물으니, 그 신부님이 "오늘 아침 김형수 신부님이 갑자기 쓰러지셔서 지금 서울대 병원 응급실로 가고 있습니다"라고 하셨습니다. 몇 마디 더 말을 나누었는데, 저는 '아, 김형수 신부가 하늘나라로 갔구나' 하는 생각을 했습니다. 그리고 즉시 사망진단이 나왔고, 11월 5일 장례미사를 봉헌하고 그를 하느님께 보내드렸습니다.

김 베드로 신부는 서품 이후에 해운대 본당에서 보좌신부를 하였습니다. 그때 부산교구 대신학교에서 그에 대한 유학을 논의했는데, 로마에 가서 철학을 전공하는 것으로 결정하였습니다. 그런데 베드로 신부는 로마가 아니라 독일 뮌헨에 가고 싶어 했습니다. 당연히 로마보다 더 시간이 걸리고 어려울 텐데…. 결국 베드로 신부는 뮌헨으로 갔고, 거기서 여러 해 동안 열심히 공부한 끝에 철학박사 학위를 취득하고 귀국해서 부산교구 대신학교에서 후학을 양성했습니다. 연구도 테니스도 열심히 하는 교수 신부였습니다. 그때 저도 신학교에서 교수로 있었습니다. 그 이후 서울 신학대학에서 베드로 신부를 철학 교수로 초빙하였습니다. 3년 이후 재계약을 했고, 2024년이 그의 교수 생활 6년째였습니다.

그동안 김 베드로 신부는 수많은 연구 논문, 번역서, 저서 등 학술 분야에서 탁월한 재능을 발휘하였습니다. 교회 안팎의 각종 철학연구회에서도 활동하였고, 거기에서도 주도적인 역할을 했습니다.

서울대교구 정순택 대주교님과 저는 2024년을 끝으로 서울

신학대학 교수직은 그만두고, 서울 신학대학 측에서 안식년을 주기로 했습니다. 마침 2025년이 그의 사제서품 25주년 은경축이라서 아마 그는 많은 계획을 세웠을 것입니다. '계획은 인간이 세우지만 실행은 하느님이 하신다'는 말처럼 그의 계획은 하늘나라에서 이루어질 것입니다.

장례미사 전날 남천성당 장례식장 옆 식당에 김 신부님의 모친을 비롯해 여러 신부님의 모친들께서 식탁에 둘러앉아 함께 이런저런 이야기를 나누시고 계셨습니다. 제가 그 옆을 지나는데, 김 신부님의 모친이 이런 말씀을 하셨습니다. "와 이리 일찍 가뿌노?" 저의 가슴이 먹먹했습니다. 저도 그가 아까운데 어머님의 마음은 어떻겠습니까? 저는 '그 말씀이 기도일 수도 있고, 한탄일 수도 있고, 원망일 수도 있겠구나' 하는 생각을 했습니다. 그때 저만 그 말씀을 들었습니다. 그래도 그 어머님은 굉장히 강하셨습니다. 장례식장에서 저를 처음 만나셨을 때 오히려 저에게 그저 '죄송하다'고만 하셨습니다. 눈물도 보이지 않으시고….

저도 김 신부에게 묻고 싶습니다. "와 그리 일찍 가뿟노?" 아직도 교회 안에서 할 일도 많고, 후학 양성에도 더 매진해야 하는데, 그리 쉽게 가 버리니 참으로 아쉽고 마음이 아픕니다.

김형수 신부가 생의 마지막으로 번역 작업한 이 『신앙인을 위한 철학』은 어려운 철학 서적이라기보다는 '우리 신앙인들이 우리 신앙을 어떻게 철학적으로 이해할 것인가?'를 쉽고도 친절하게 설명하는 책입니다.

끝으로 이 책이 독자들의 신앙생활에 많은 도움이 되기를 바랍니다. 아울러 기도 중에 고 김형수 베드로 신부도 기억해 주시기를 바랍니다.

2025년 부활절에
천주교 부산교구장
손삼석 요셉 주교

서 문

이 책은 신학이 아니라 철학에 관한 것이며, 대부분의 전제를 종교적 신앙보다는 철학적 이성에 호소하여 제시했다. 그러나 철학과 신학은 동일한 질문들을 다루기 때문에 종종 겹친다. 그리고 철학적 입장(예를 들어, 유명론이나 유물론 등)에 대한 신학적 결과는 종종 혁명적이다. 이 책에서는 종교를 믿는 사람들이 왜 철학에 대해 어느 정도 알아야만 하는지, 그 많은 이유 중에 몇 가지만을 다룬다.

제목에서 알 수 있듯이, 이 책은 특히 가톨릭 신자들을 위한 것이다. 이 책은 교회가 가르치는 모든 신앙의 조항을 믿을 뿐만 아니라 이러한 신앙의 조항들에 중요한 철학적 문제들이 관련되어 있다고 보는 사람이 쓴 것이다.

다른 한편, 이 책은 다음 같은 다양한 독자들을 위한 것이기도 하다.

- 철학자가 아닌 가톨릭 신자인 독자들
- 가톨릭 신자가 아닌 철학자인 독자들
- 가톨릭 신자이면서 철학자인 독자들
- 가톨릭 신자도 철학자도 아니지만 둘 다에 관심이 있는 독자들
- 심지어 그럴듯한 지식으로 친구들을 기만하거나 그들에게 강한 인상을 주기 위해, 그리고 자신을 개방적이고 교파를 초월한 다소 "지적인" 사람으로 멋지게 보이기 위해, 책장에 "가톨릭"에 관련된 책 한 권을 꽂아 두고 싶어 하는 단순한 "사회적 성공 지향자들"

이 책의 거의 모든 내용은 가톨릭 신자뿐만 아니라 다른 모든 그리스도인, 그리고 그리스도인뿐만 아니라 다른 모든 종교인, 또한 종교인뿐만 아니라 인간의 이성을 지닌 이상 철학적 문제에 관심이 있는 비종교인에게도 흥미로울 것이다. 그러나 가톨릭 신자들은 역사적으로 철학을 가장 잘 수용하고 (이성 없이 믿음만 있는) 단순한 신앙주의와 (믿음 없이 이성만 있는) 단순한 합리주의를 모두 거부할 준비가 된 종교 단체였다. 초대 교황인 성 베드로는 우리에게 "여러분이 간직하고 있는 희망에 대해서 설명을 듣고 싶어 하는 사람들에게는 언제라도 답변할 수 있도록 준비해 두십시오"(1베드 3,15)라고 명한다. 한편, 우리가 이성 자체에 대한 믿음과 희망으로 시작하지 않는다면, 우리의 도구를 신뢰하지 않을 것이기 때문에, 철학적 탐구를 시작할 수 없을 것이다.

이 책은 다양한 수준의 철학 지식을 가진 독자들을 위해 구성되었다. 각 장의 수준은 동일하지는 않으며, 일부 장은 다른 장

보다 더 어렵고 추상적이다. 각 장의 내용을 동일한 수준으로 맞추어야 할 필요성을 느끼지 못했기 때문이다. 사실, 그렇게 수준을 평준화한다면 아리스토텔레스보다는 거의 '오프라 윈프리 쇼'에 더 가까워질 것이다. 형식이 내용을 결정하는 것이 아니라, 내용이 형식을 결정해야 한다. 주제가 다양함에 따라 어떤 장은 분량 면에서 더 길어야 하고, 어떤 장은 질적인 면에서 더 어려운 내용을 요구한다. 이러한 다양성은 교육적인 이유로도 유익하다. 학생들은 어떤 관념에 대해서는 도전을 받고 심지어 혼란스러워할 필요가 있으며, 다른 어떤 관념에 대해서는 명확하고 자명하게 느껴야 한다. 따라서 이 책을 어떤 한 장(chapter)의 내용으로만 판단하지 말기 바란다.

가톨리시즘(Catholicism)과 철학의 밀접한 연관성은 역사적으로뿐만 아니라 논리적으로도 다음과 같은 간단한 삼단논법을 통해 알 수 있다.

- 전제 1: 철학이라는 용어는 "지혜에 대한 사랑"을 의미한다. 오늘날 소위 철학자라고 불리는 사람 중 사랑이나 지혜에 대해 깊이 생각하거나 사랑하는 사람은 거의 없지만, 그럼에도 불구하고 철학의 본질은 지혜에 대한 사랑이며, 세 명의 위대한 철학의 발명가이자 모범이 된 소크라테스, 플라톤, 아리스토텔레스는 모두 철학을 명시적으로 그렇게 정의했다. 이는 논란의 여지가 있는 철학적 견해나 신이 계시한 교의가 아니라, 경험적이고 역사적인 사실이다.

- 전제 2: 예수 그리스도는 지혜 그 자체이며 신적 지혜이고 하느님의 마음이며 로고스이고 “모든 사람을 비추는 참빛”(요한 1,9)이다. 여기서 “모든 사람”은 가톨릭 신자나 다른 그리스도인들만을 의미하는 것은 아니다. 이는 경험적이고 역사적 사실이 아니라, 그리스도교 신앙에 절대적 중심적이고 본질적인 것으로서 신적으로 계시된 교의이다. 그리스도는 소문자 ‘c’의 “가톨릭”〔곧, “보편적”(catholic)〕일 뿐만 아니라 대문자 ‘C’의 “가톨릭”(곧 자신의 정체성을 “하나이고 거룩하고 보편되며 사도로부터 이어오는 교회”로 드러내는 매우 가시적이고 독특하고 구체적인 실재의 설립자)이기도 하다.
- 결 론: 이 두 전제로부터 논리적으로 추론할 수 있는 것은 (그리스도 자신인) 그리스도교의 본질과 (지혜에 대한 사랑인) 철학의 본질 사이에는 단순한 “연결” 이상의 것이 있다는 점이다.

그렇다면 지난 이천 년 동안 가장 위대한 철학자들 중 상당수가 그리스도인이었다는 것은 놀라운 일이 아니다. 여기에는 순교자 유스티누스, 아우구스티누스, 보에티우스, 위디오니시우스, 에리우게나, 안셀무스, 아벨라르두스, 토마스 아퀴나스, 보나벤투라, 둔스 스코투스, 오컴, 마이스터 에크하르트, 니콜라우스 쿠자누스, 마키아벨리, 데카르트, 파스칼, 라이프니츠, 로크, 버클리, 칸트, 키에르케고르, 뉴먼, 마르셀, 테이야르 드 샤르댕, 폰 힐데브란트, 체스터턴, 마리탱, 질송, 매킨타이어 등이 있다.

성 요한 바오로 2세 교황은 신앙과 이성에 대한 회칙 「신앙과 이성」(*Fides et Ratio*)의 서문에서 (종교적) 신앙과 (철학적) 이성은 우리 영혼이라는 한 새의 두 날개와 같아서, 이 두 날개로 날아간다고 말했다. 이는 항상 가톨릭 철학자들이 보여 준 중심적인 "주류적" 입장이었다. 이러한 입장은 두 가지 사안을 반대되는 것으로 보거나 적어도 문제가 있는 관계로 보는 신앙주의, 합리주의, 이원론과 구별되며, 이는 오히려 아담과 하와처럼 서로를 위해 존재하고 열매를 맺는 결합을 위한 것으로 보는 것이다.

이 책은 시대를 초월해서 필요하지만, 특히 오늘날처럼 신앙과 이성이 서로에게 점점 더 적대적으로 되어 가고, 아니면 적어도 서로의 고전적이거나 전통적 방식에 적대적인 태도를 보이는 문화에서 생명 유지 장치로 겨우 연명할 정도로 위기에 처해 있는 때에는 더욱 절실하다. 우리는 신앙과 이성, 그리고 가톨리시즘과 철학 양자의 전통적인 형태가, 유행 작가가 말하는 것처럼, "위기에" 처해 있거나, 유머 감각이 있는 최근의 한 대통령이 말했듯, "큰 곤경에" 빠져 있는 문화 속에 살고 있다.

서구 문명은 한때 "그리스도교 세계"라고 불렸지만, 점점 중립적이 되고, 세속적으로 변하고, 결국 배교적인 태도를 지니고 그리스도교에 혐오적인 문명이 되었다. 현재 철학자들 대부분은 자신을 무신론자로 자신의 정체성을 드러내며, 많은 미국 시민이 종교가 없거나 "무종교자"로 자신을 이해한다. 그러나 미국은 폴란드와 헝가리를 제외한 서구 문명권에서 가장 종교적인 국가이다. 우리의 유행하는 지식들("수다스러운 계층")은 모든 "거대 담론"이나 "세계관", 또는 컴퓨터 계산이나 분석보다 더 광범위한 "이성"에 대한 믿음인 "로고스 중심주의"에 회의적이다.

이러한 문화에서 가톨릭 신자와 다른 그리스도인들은, 종교적 신앙의 적들이 사용하는 이성의 무기와 전략에 맞서, 그들을 물리치기 위한 방어적 또는 공격적 이성의 무기를 아는 것은 필수적이다. 말하자면 철학적인 논증이 필요하다. 이러한 논증은 영적 전쟁에서 지성적 차원의 무기이며, 물리적 전쟁만큼이나 현실적이며 생사가 걸린 문제이다. 우리의 최고 권위자는 "우리의 전투 상대는 인간이 아니라, 권세와 권력들과 이 어두운 세계의 지배자들과 하늘에 있는 악령들입니다"(에페 6,12)라고 알려 준다. 이렇게 말하는 것은 오늘날 정치적으로 옳은지 그렇지 않은지에 관계없이 신적으로 계시된 진리이다.

(홉스, 볼테르, 흄, 니체, 러셀, 사르트르 등 여섯 명만 언급하자면) 많은 영향력 있는 현대 철학자들은 자신의 철학이 이 영적 전쟁을 위해 만들어졌다고 명시적으로 선언한다. 예를 들어 홉스의 고전 『리바이어던』의 후반부 전체는 그가 "어둠의 왕국"이라고 불렀던 가톨릭교회를 공격하는 내용이다. 볼테르는 교회를 "그 수치"로 정의하고 "무너뜨릴 것"을 요구했다. 니체는 심지어 자신을 "적그리스도"라고 부르기까지 했으며, 그리스도교를 모든 악의 유일한 복합체로 규정했다.

이 전쟁의 '철학적' 전장은 철학의 시작에서 소크라테스와 소피스트의 대결로 시작되었다. 그리고 오늘날의 전장에서도 소크라테스의 후예들과 소피스트의 후예들이 대립하면서 동일한 전투와 많은 본질적인 논쟁을 계속하고 있다. 오늘날 소크라테스의 가장 지적인 후예 중 가장 강력한 세력은 토마스주의자들이며, 소피스트의 가장 영향력 있는 후예들은 니체와 그의 추종자들, 특히 해체주의자들이다.

전장에서 전투를 하면서 적의 정체, 전략, 무기에 대해 알지 못하거나 신경 쓰지 않는 것은 지뢰가 가득한 초원을 한가롭게 거닐거나 총알이 날아다니는 가운데 잠자리채를 휘두르는 것만큼이나 무책임한 일이다.

이 책은 철학의 각 분과에서 논란이 되는 관념들을 연대순이 아닌 주제별로 정리했다. 소크라테스에서부터 현재까지 이어지는 "위대한 대화"의 이야기 또는 역사를 추적하는 것이 대부분의 사람에게 다른 철학의 분과를 통해 관념들 자체를 추적하는 것보다 더 극적이고 더 흥미롭겠지만, 이 책은 역사적으로 구성되어 있지는 않다. 한 권의 책 분량 안에 철학의 풍부한 역사를 모두 다룰 수는 없기에, 몇 가지 짧고 작은 맛보기 정도만 선택할 수밖에 없다. (나는 지적이고 호기심 많은 초보자를 위해 기획된 『소크라테스의 아이들』이라는 네 권으로 이루어진 책에서도 그렇게 하려고 했다.)

현대 철학의 쟁점 대부분은 상식에 대한 비판 또는 망각이며, 이는 아리스토텔레스와 토마스의 철학에서 가장 완전하게 발견된다. 이 두 위대한 철학자는 현대 철학의 역사와 현재에 이르기까지 철학자들의 대화에서 가장 망각된 인물이다. 하지만 이 책은 잊힌 관념들을 회고하는 여행이 아니라, 현재의 "세계 대전"에서 치열한 전투에 도전하는 것이다. 왜냐하면 말은 하나의 세계이며, 지혜도 마찬가지이기 때문이다.

이러한 문제는 끊임없이 제기된다. 철학은 항상 다음과 같은 네 가지 큰 질문을 던져왔다.

1. 나는 무엇을 (그리고) 어떻게 알 수 있는가? (인식론, 지식 철학)
2. 실재란 무엇인가? (형이상학, 존재 철학)
3. 나는 누구인가? (인간학, 자아 또는 인간 본성에 대한 철학)
4. 나는 무엇을 해야 하는가? (윤리학, 개인적으로나 사회적으로나 선한 것이 무엇인지에 대한 철학)

논리적으로는 형이상학이 우선이다. 앎(인식론)은 어떤 존재를 아는 것, 곧 존재하는 것을 아는 것을 의미하며, 이것이 바로 형이상학의 주제이기 때문이다. 인간학은 인식 주체가 무엇인지를 다루며, 존재하는 것이 무엇인지를 탐구하는 형이상학과 관련이 있다. 예를 들어 물질만 존재한다면, 나에게는 몸이나 뇌와 구별되는 영혼이나 정신은 없다. 윤리학도 형이상학에 의존하는데, 그것은 내가 선택하고 추구하며 그에 따라 살려고 노력하는 선 역시, 무엇이 실재하며 참된 것인지(형이상학)에 따라 결정되기 때문이다. 예를 들어 도덕적 가치가 객관적으로 실재하는 것이 아니라면, 도덕은 주관적일 뿐이며, 인위적이고 상대적이며 변할 수 있는 것이 된다.

그러나 대부분의 현대 사상가는 두 가지 이유 때문에 형이상학이 아닌 인식론으로 시작한다. (1) 많은 사람이 형이상학의 가능성 자체를 회의적으로 생각하기 때문이다. 그리고 또한 (2) 현대 인간의 정신은 더 이상 아무런 자기 인식 없이 '저게 뭐야?' 라고 묻는 어린아이의 것이 아니라, 자기 자신을 강하게 인식하는 가운데 고뇌하는 비판의식으로 '나는 누구인가?'라고 묻는 청소년기의 정신이기 때문이다.

형이상학에서 출발한 근대 이전의 사상과 인식론으로 출발한 근대의 사상은 모두 일리가 있다. (각각 형이상학과 인식론의 주제인) 존재와 앎은, 존재는 앎에 포함되고 앎은 존재에 포함된다는 점에서, 서로를 전제하기 때문이다. 한편으로 모든 앎은 어떤 존재에 대한 앎이라는 점에서 존재와 관련이 있다. 하지만 또 다른 한편으로 우리가 아는 모든 존재는 알려지기 마련이므로 존재는 우리의 앎에 포함되어 있다.

철학의 집에는 어느 쪽 문으로든 들어갈 수 있다. 인식론이나 형이상학 중 어느 것으로 시작해도 된다. 이 책을 인식론으로 시작하기로 결정한 이유는, 인식론이 철학에서 가장 쉽고 가장 흥미로우며 가장 구체적이고 가장 중요하며 (윤리학이 이 모든 것에 해당되는) 실천적인 철학 분야는 아니지만, 데카르트 이후에 대부분의 근대 철학자들이 인식론에서 시작했고, 내가 글을 쓰고 있는 대상이 (하늘에서 그들이 지켜보고 있지 않은 다음에야) 중세의 독자가 아니라 현대의 독자이기 때문이다.

앞서 본 네 가지 철학 분야 각각에서 나는 오늘날 가장 중요하고 논란이 되는 물음을 선택했는데, 이는 가톨릭 신자들에게, 특히 토마스가 가장 완전하게 이 성을 지은 이후로, 그의 전통적인 "영원한 철학"을 위대하고 오래된 성처럼 여기고 있지만 정작 그 철학적 토대는 점점 더 약화되고 있는 이들에게 중요한 물음이다.

거의 모든 점에서 토마스의 철학은 신앙뿐만 아니라, 현대 철학자들이 점점 더 이로부터 멀어져서 다방면의 출구로 혼란을 겪고 있는 상식과도 양립될 수 있다. 토미즘이 한마디로 "보편 상식"이라는 것은 G.K. 체스터턴의 『성 토마스: 벙어리 황소』라는 작품에서 주요 논제로 다루어지고 있다. 성 토마스를 연구한 가장 위대한 현대 학자인 에티엔느 질송은 체스터턴의 이 작품을 "지금까지 성 토마스에 대해서 쓴 책들과는 비교할 수 없을 정도로 최고의 작품이라고 생각한다"라고 평가했다. 그는 체스터턴을 다른 토미즘 학자들과 비교하면서, "체스터턴의 이른바 '기지'는 그들의 학문을 부끄럽게 만들었다"[1]라고 썼다.

내가 독자들과 질송, 체스터턴, 토마스, 그리고 진리 사이의 연결 고리가 된 것을 영광으로 생각한다. 나는 그리스도인으로서 진리를 신적인 위격이라고 믿기 때문에, 진리를 대문자(Truth)로 표기할 것이다. 이는 그분이 스스로 그렇게 말씀하셨기 때문이다(요한 14,6).[2]

이 책의 내용은 현대적이라기보다는 고전적이다. 이 책은 현재 유행하는 철학 서적들에서 흔히 볼 수 있는 논쟁들을 언급하지 않았다. 이러한 책들은 대개 지루하고 추상적이며 기술적이고 극적이지 않으며 일시적인 유행에 지나지 않기 때문이다.

---

1) Cyril Clemens, *Chesterton as Seen by His Contemporaries*, Webster Groves, MO: International Mark Twain Society, 1939, pp.150-51.

2) 〔옮긴이 주〕 "예수님께서 그에게 말씀하셨다. '나는 길이요 진리요 생명이다. 나를 통하지 않고서는 아무도 아버지께 갈 수 없다.'" (요한 14,6)

I

인식론

1	철학이란 무엇인가?	*27*
2	철학은 무엇에 좋은가?	*30*
3	철학을 하는 가장 좋은 방법은 무엇인가?	*33*
4	철학은 어디서 시작해야 하는가?	*37*
5	객관적인 진리는 존재하는가?	*43*
6	우리는 그저 이성을 믿어야 하는가, 아니면 이성이 신뢰할 만하다는 것을 이성을 통해 입증할 수 있는가?	*47*
7	철학적 이성과 종교적 신앙은 본래 적대관계인가, 아니면 동맹인가?	*51*
8	진리에 대한 인식은 그 자체로 목적인가?	*54*
9	인간의 앎은 어떻게 작동하는가?	*58*
10	자기 인식은 어떻게 가능한가?	*63*
11	이성을 초월하는 어떤 지식이 존재하는가?	*68*
12	인간의 이성으로 신을 알 수 있는가?	*72*

인식론은 인간의 앎〔그리스어로 '에피스테메'(epistēmē)〕에 대해 질문을 던지는 철학의 한 분야로, 객관적 실재를 아는 것이 "작동하는지", 그리고 어떻게 작동하는지, 어떻게 작동해야 하는지, 그 최고의 방법을 묻는 분야이다.

전통적인 근대 이전의 철학에서 앎은 존재의 한 종류이기 때문에, 대개 존재 또는 실재에 대한 학문인 형이상학으로 시작해서 이를 중심으로 이루어졌다. 인식하는 모든 주체는 존재이며, 알려진 모든 것 또한 존재이다. 그러나 모든 존재에 대한 모든 앎 또한 하나의 앎이라는 것 역시 사실이다. 따라서 인식론과 형이상학은 서로를 암시한다. 이것을 "인식론적-존재론적 순환"이라고 부른다.

데카르트를 필두로 근대 철학자들은 보통 인식론을 먼저 다룬다. 왜냐하면 그들은 철학의 나머지 토대를 구축하기 전에 앎의 도구가 그 작업에 적합한지 확신하고 싶어 하기 때문이다. 나는 인식론이 형이상학에 의존하는 것이 더 근본적이라고 생각하지만, 현대적인 순서를 따라서 인식론으로 시작한다.

처음 몇 가지 물음은 철학 자체에 관한 것이다. 이것은 철학이 특정 종류의 지식, 또는 지혜이기 때문에 인식론으로 분류될 수 있다.

1 철학이란 무엇인가?

철학이 무엇인가라는 물음에 대해서 철학의 역사와 우리의 현재 문화에서 나온 아홉 가지 대답이 있다. 여러분이 첫 번째 답변에 끌린다면, 이 책이 마음에 들 것이다. 그렇지 않다면, 아마도 이 책을 좋아하지 않을 것이다.

1. 철학은 지혜에 대한 사랑이다. 이는 소크라테스가 가르치고 실천한 것이다. 사랑이 없으면 진정한 철학도 없다. 사실 사랑을 뜻하는 네 가지 그리스어 단어 모두 철학과 관련되어 있다.

- 에로스(*eros*), 곧 갈망(따라서 철학은 지혜를 소유하고 있다고 자랑스럽게 주장하는 것으로 시작하는 것이 아니라, 부족함을 겸손하게 고백하는 것에서 시작하는데, 그것은 우리가 부족한 것만을 갈망하기 때문이다.)
- 스토르게(*storge*) 또는 본능적이고 습성적인 친밀감

- 필리아(*philia*), 곧 진실하고 충실한 우정
- 아가페(*agape*), 곧 사랑받는 대상에 자신을 내어 주는 헌신

철학에서 "사랑받는 대상"은 단순한 앎이 아니라, 선과 악에 대한 앎, 가치에 대한 앎, 삶에 적용되는 앎, 삶에 변화를 가져오는 앎을 포괄하는 지혜를 말한다.

2. 철학은 (권위 있는 것이 아니라) 권위주의적이고 독단적이며 장황하게 말하면서 현명하다고 주장하지만 타당한 근거를 제시하지 않는다. 이는 성가신 질문을 하는 아이들에게 부모와 교사가 빠지기 쉬운 끊임없는 유혹이다.

3. 철학은 현명하고 심오한 추론이 아니라, 교묘한 술책으로 논쟁에서 이기는 것이다. 이것이 고대 아테네에서 소피스트들을 부유하게 만들었고, 현대 미국에서 정치인들을 유명하게 만드는 이유이다.

4. 철학은 이데올로기이다. 이는 이성에 의해서가 아니라 의지와, 필요하다면 힘에 의해 강요되는 인간이 만든 사상과 가치 체계이다. 이는 대개 정치적 성격을 띤다. 이는 파시스트(우파)와 마르크스주의(좌파) 모두의 철학 개념이다. 이는 또한 기성 체제의 옹호자인 염세주의자 홉스(인간은 사악하고 사회가 그를 구원한다)와 반(反)기성 체제의 옹호자이자 낭만주의적 이상주의자인 루소(인간은 순수하고 사회가 그를 타락시킨다)의 철학 개념이기도 하다.

5. 철학은 우리의 편견을 방어하는 것으로, 자아인 에고가 이드(동물적 자아)의 욕구를 합리화하는 것이다. 이는 모든 진리 주장에 대한 프로이트적인 주장이며, 따라서 프로이트 자신의 주장이기도 하다.

6. 철학은 다른 사람들의 정신에 대한 "권력에의 의지"(니체), 다른 계급, 인종 또는 성별을 지배하려는 의지(해체주의)의 표현이다. 철학은 다른 사람들의 뇌에 심어진 작은 다이너마이트의 도화선에 불을 붙이는 것이다(마오주의자).

7. 철학은 다른 철학자들의 언어를 분석하고 그들의 혼란을 폭로함으로써 그들을 논박하는 활동이다. 이는 다른 철학자들에게는 개의 배설물을 치우는 일을 하는 것과 같다. 달리 말하자면 가축으로 키우는 뿔이 있는 소의 항문에서 나오는 배설물을 정리하는 것과 같다. 이것이 초기 "분석 철학자들"의 고상한 주장이다.

8. 철학은 대학의 "철학과"에 소속된 교수들의 직업이다. 이는 전 세계에서 대여섯 명 정도가 관심을 가질 만한 고도의 학문으로 정년을 보장받기 위해 벌이는 게임이다. 이는 삶 자체에 대한 것이 아니라, 점점 더 넓어지는 대학 캠퍼스에서 점점 더 적은 수의 사무실과 강의실에 국한된 삶의 작은 부서이다.

9. 부모와 대중 심리학자들이 종종 우리에게 "당신이 원하는 것이면 무엇이든 할 수 있다"라고 확신시키듯이, 철학은 당신 원하는 것이면 무엇이든지 될 수 있는 것이다. 달리 말하자면 당신이 신인 것이다. 당신은 전능하다. 사실 신은 자신의 존재 자체를 바꿀 수 없지만, 당신은 자신을 바꿀 수 있기 때문에, 신보다 더 전능하다. 그래서 당신은 신을 능가한다. 아마도 당신은 대통령이 될 것이다.

2 철학은 무엇에 좋은가?

철학이 무엇에 좋은가에 대한 물음은, 철학이란 "지혜에 대한 사랑"이라는 정의가 올바르다는 것을 전제한다.

철학이 무슨 쓸모가 있는가? 철학으로 무엇을 할 수 있는가? 이는 철학을 전공하는 학생들이 항상 듣는 질문으로, 특히 그들의 부모로부터 이런 질문을 받는다. 부모는 철학 전공자들이 졸업 후에 가장 자주 듣게 될 질문이 '도대체 철학으로 어떻게 밥벌이를 합니까?'라는 것으로 생각한다.

철학으로 무엇을 할 수 있느냐는 질문에 대한 대답은 "아무것도 없다"이다. 하지만 철학에 자신을 맡긴다면, 철학으로 무언가를 할 수 있다. 이는 '당신은 결혼으로 무엇을 할 수 있는가?'라는 질문에 유일하게 할 수 있는 좋은 대답이기도 하다. 철학은 배우자와 마찬가지로 상품이 아니라 사랑이다.

고대 아리스토텔레스와 대부분의 고대 및 중세의 추종자들은 진리를 추구하는 세 가지 가능한 동기가 있다고 말함으로써 우리의 두 번째 물음에 대답했다. 주변의 물질세계를 발전시키는 것(기술과 예술), 행동을 개선하는 것(개인적이며 사회적인 윤리), 자기 자신, 즉 정신을 향상시키는 것(철학 및 실용적인 응용과학과 구별되는 순수 과학)이 그것이다.

아리스토텔레스와 대부분의 근대 이전 철학자들에게 이 세 가지 동기는 내면성과 중요성에 있어서 우선순위가 있다는 것이 분명해 보인다. 하지만 이 책은 '도도새를 위한 변명'[1)]을 하려고 쓰지는 않았다. 철학은 죽어가고 있지만 아직 죽은 것은 아니다. 사실 질송이 말했듯이, "철학은 항상 자신의 장례 집행인을 파묻는다."[2)] 이 책을 읽는 것은 책임감 있게 철학을 지켜내는 일을 실천하는 것이다. 철학은 상자 거북, 검은목논병아리, 작은 민물고기인 스네일 다터(Snail Darter)보다 더 보존할 가치가 있지 않은가?

철학만으로는 영혼을 구원할 수 없지만, 도움은 될 수 있다. 철학이 지혜에 대한 진실한 사랑이고, 그리스도가 최고의 지혜, 즉 육화한 신적 지혜라면, 철학을 하는 것은 그 자체로, 본질적으로 (보통 무의식적이지만) 그리스도를 찾는 것이다.

그리스도가 거짓말을 하지 않았다면, "누구든지 (…) 찾는 이는 얻을 것이다"(마태 7,8)라는 말씀은 이 세상에서는 아니더라도 다음 세상에서는 모든 참된 철학자에게도 해당된다. 그리스도는 분명히 탐욕, 정욕, 교만으로 돈, 성, 권력을 추구하는 사람들에게 이 말씀을 적용한 것이 아니라, 당신의 아버지가 지니신 것,

1) 〔옮긴이 주〕 마치 날지 못해서 인간에 의해 멸종한 도도새처럼 이미 멸종된 것이나 다름없다고 여겨지는 철학을 변론하기 위한 것은 아니라는 것이다.

2) Etienne Gilson, *The Unity of Philosophical Experience*, San Francisco: Ignatius Press, 1999, p.246.

곧 진리, 선, 아름다움, (지식보다 더 심오한) 지혜, (예절보다 더 심오한) 거룩함, (쾌락보다 더 심오한 것이 행복이고, 이 행복보다 더 심오한) 기쁨을 사랑하는 사람들에게 적용한 것이다. 우리는 이러한 것들을 얻지 못할 수도 있지만, 원하지 않을 수는 없다. 왜냐하면 인간의 마음은 할리우드나 하버드 대학이 아니라 천국에서 설계되었기 때문이다.

"찾는 이는 얻을 것이다"라는 말씀은 모든 철학자가 천국에 간다는 뜻은 아니다. 어떤 철학자들은 죽어서 하느님을 만날 때, 하느님이 천국에 갈 것인지, 천국에 대한 철학 강의를 들을 것인지를 선택하라고 하시면, 그들은 강의 듣기를 선택할 것이다.

3 철학을 하는 가장 좋은 방법은 무엇인가?

방법은 진리와 달리 실용적이고 상대적이다. 더 좋거나 나쁜 방법은 있지만, 지혜에 대한 사랑에 절대적으로 가장 좋은 방법은 없다.

방법은 목적을 위한 "수단"이다. 그리고 물론 "목적은 수단을 정당화한다." 이것이 바로 "수단"의 의미이다. "목적이 수단을 정당화할 수 없다"라는 원칙은 아무리 선한 목적이라도 본질적으로 악한 수단을 정당화할 수 없다는 의미일 뿐이다. 가난한 사람들을 먹이는 것은 좋은 목적이지만, 부자를 잡아먹는 것은 나쁜 수단이다.

철학의 목적은 지혜이다. 다음은 철학자들이 발명하고 사용해 온 가장 유용한 몇 가지 방법들이다.

- 중요한 개념의 본질 또는 "무엇"에 대해 논리적으로 질문

하는 상호 대화 방식인 소크라테스식 방법이 있다. 이 방법은 플라톤의 대화편에서 사용되었고, 플라톤의 대화편들은 내 경험상 철학에 대한 최고의 입문서들이다.

- 일반적인 경험 전체, 특히 (배타적이지는 않은) 감각적 경험을 관찰하고, 다양하고 변화하는 우연으로부터 보편적인 본질을 추상화하는 아리스토텔레스식 방법이 있다. (이것은 소위 현상학이라고 불리는 것의 본질적인 방법이기도 하다.)
- 중세 스콜라 철학에서 형식 논리의 요구에 따라, 특히 삼단논법의 요구에 따라 반대되는 권위 간의 논쟁을 벌이는 방법이 있다. 특히 토마스는 이를 자신의 『신학대전』에서 사용했다.
- 삶에 차이를 만드는 관념의 실제적인 결과를 추적하는 실용적인 방법이 있다. 이 방법은 파스칼, 윌리엄 제임스, 그리고 일부 "실존주의자들"이 사용했다.
- (1) 정립, (2) 반정립, (3) 명백히 역설적인 종합이라는 변증법적 유형의 예를 찾는 헤겔식 방법이 있다. 이 방법은 헤겔뿐만 아니라 키에르케고르와 마르크스 같은 그의 반대자들도 사용했다.
- (1) 보편적인 방법적 회의에서 시작해서, (2) 문제를 여러 부분으로 나누어 하나씩 해결하며, (3) 단계를 단순한 것부터 복잡한 것까지 순서대로 정렬하고, (4) 모든 작업에서 가능한 오류나 누락 사항을 검토하는 데카르트의 학문적 방법이 있다.

이 방법 중 어느 것도 배타적이고 결정적인 것은 아니며, 모두 유용하다.

다음은 철학을 가장 위축시키고 왜곡하는 몇 가지 방법이다.

- 모든 관념이 절대적으로 명확하고 분명해야 하며, 모든 결론이 절대적인 확실성으로 도출되어야 한다고 요구하는 합리주의적인 방법이다.
- 흄과 초기 분석 철학자인 아이어와 초기 비트겐슈타인의 경험주의적 방법으로, 모든 의미 있는 판단을 감각적 관찰이나 논리적 동어반복으로 환원한다.
- 칸트의 "선험적" 방법으로, 객관적 실재 또는 "사물 그 자체"를 아는 우리의 능력을 의심하고, 우리가 가진 지식의 가능성에 대한 객관적 조건이 아닌 주관적 조건을 추구하는 것이다.
- 모든 관념을 "정치적 올바름"으로 판단하는 이데올로기적 방법이 있다. 마키아벨리, 마르크스, 홉스, 루소, 듀이, 마오, 무솔리니는 모두 이 방법을 가르쳤지만, 매우 다른 정치적 결과를 가져왔다.
- 자신의 가장 열정적인 감정을 시금석이자 최고의 권위로 삼는 방법이 있다. 이 방법은 "버릇없는" 십대들, "감정에 예민한 유형", 그리고 마약 중독자들이 사용한다.

대부분의 추천된 방법들은 그 특성상 철학의 역사에서 실제로 종종 일어났듯이 정직하게 사용하면 본질적으로 종교적 신앙으로 이어지거나, 믿음을 가진 신자들을 신앙의 더 깊은 차원으로 인도하는 길이 되기도 한다.

만약 세 번째 질문인 방법론에 대해 "초보자가 철학 분야에서 읽을 중요한 고전을 선택할 때 어떤 방법을 추천하나요?"라는 의미로 해석한다면, 나는 철학의 역사를 추적하는 것보다 더 좋은 방법은 없다고 대답할 것이다. 철학의 역사는 마치 긴 대화와 같기 때문이다.

따라서 플라톤의 초기 대화편(『변론』, 『이온』, 『메논』, 『고르기아스』, 『파이돈』, 『국가』)부터 시작하여 아리스토텔레스의 『니코마코스 윤리학』, 그리고 에픽테토스의 『엔키리디온』이나 마르쿠스 아우렐리우스의 『명상록』을 읽는 것이 좋겠다. 반종교적 유물론에 대한 매력적인 고대 로마의 고전인 루크레티우스의 『사물의 본성에 대하여』도 추가하면 좋겠다.

그런 다음 아우구스티누스의 『고백록』, 보에티우스의 『철학의 위안』, 안셀무스의 『프로슬로기온』, 토마스의 『신학대전』 편집본으로 중세 사상의 정수를 접하기 바란다.

그다음에는 데카르트의 『방법서설』, 파스칼의 『팡세』, 칸트의 『도덕 형이상학의 기초』, 브레탈의 『키에르케고르 선집』, 마르셀의 『실존주의 철학』으로 근대의 가장 중요한 "좋은 사람들" 일부를 맛보기 바란다.

그리고 마키아벨리의 『군주론』, 흄의 『인간 이해에 관한 탐구』, 아이어의 『언어, 진리, 논리』, 마르크스의 『공산당 선언』, 그리고 사르트르의 『실존주의는 휴머니즘이다』로 근대의 "나쁜 사람들"을 만나 보기 바란다. 이 현대의 고전들은 다행히도 분량이 적다.

4 철학은 어디서 시작해야 하는가?

철학자들은 때로 그리스의 학자 아르키메데스가 지렛대의 원리를 발견하고, "나에게 충분히 긴 지렛대와 받침대를 준다면, 온 세상을 움직일 수 있소"라고 말한 것에서 유래한 "아르키메데스의 점"을 말하기도 한다. 어떤 출발점이 다른 모든 것을 결정한다는 것이다.

신자들은 당연히 "속일 수도 없고 속을 수도 없는"[1] 하느님이라는 가장 확실한 출발점에서 시작하고 싶은 유혹을 받는다. 그러나 우리는 하느님이 아니며(성경 기자들의 말을 들어보라!), 하느님을 포함한 모든 것에 대해서 속을 수 있다. 중세인들이 가르쳤듯이, 하느님의 권위가 모든 논증 중에서 가장 확실한 것은 사실이지만, 인간의 권위가 모든 논증 중에서 가장 약한 것도 사실이

1) 『가톨릭 교회 교리서』(CCC), no. 156에서는 '제1차 바티칸 공의회'의 신앙에 관한 교의 헌장 「하느님의 아들」(*Dei filius*, 1870.04.24.) 3장을 인용하고 있다.

다. 하느님이 인간의 이성을 발명하고 창조한 것은 사실이지만, 이성 자체가 그것을 어떻게 증명할 수 있겠는가? 우리가 신을 사용해서 이성을 정당화하고, 이성을 사용해서 신을 정당화한다면, 그것은 순환논증[2)]에 해당된다. 반면에 이성 자체를 증명하기 위해서 이성을 사용한다면, 역시 순환논증에 빠지게 된다. (이 문제에서 벗어나는 방법은 8장을 참조하기 바란다.)

여기서 우리는 딜레마에 직면한다. 만일 우리가 신에 대한 믿음으로 시작한다면, 그것은 철학을 하는 것이 아니다. 왜냐하면 이는 이성에 호소하는 것이 아니라 신앙에 호소하는 것이기 때문이다. 이는 철학이 아니라 신학이며, 다른 신자들을 가르칠 때는 괜찮지만, 비신자나 의심하는 사람들에게 말할 때는 효과적이지 않다. 반면에 우리 자신과 인간의 이성과 경험에서 시작한다면, 이는 철학을 오류의 가능성이 농후한 기반 위에 두는 셈이 된다. 1970년대 민주당 대통령 후보였던 에드 머스키는 아이오와주의 공화당 농부들에게 연설할 때, 본인의 키에 맞는 높이의 연단이 없어서 퇴비 살포기 위에 올라가서 "공화당 연단에서 민주당이 연설한 것은 이번이 처음입니다"라고 말했다. 로널드 레이건은 그 반대편인 공화당 편에서 선 연설에서 이와 같은 이야기를 했다.

나는 우리 자신의 오류를 정직하고 겸손하게 받아들이는 것 외에는 이 딜레마에서 벗어날 방법이 없다고 생각한다. 모든 철

2) 〔옮긴이 주〕 순환논증은 결론을 정당화하기 위해 결론 자체를 전제로 사용하는 논리적 오류이다. 이는 결론을 미리 가정하고 그 가정을 통해 결론을 다시 증명하려는 방식이다. 순환논증의 주요 문제는 그 논증이 실제로 결론을 정당화하지 않는다는 점이다. 순환논증은 전제가 결론의 진실성을 보장하지 않기 때문에 독립적인 증거나 논리적 근거를 제공하지 않는다. 이는 논리적으로 타당한 논증을 구축하는 데 실패하게 만든다.

학의 오류 가능성에 대해서도 마찬가지이다. 수학을 제외한 모든 과학은 오류 가능성을 인정하는 것으로 시작해서 성공했다. 데카르트의 방법적 회의의 출발점은 과학적이고 유용하지만, 수학만이 제공할 수 있는 종류의 확실성을 철학이 제공해야 한다는 그의 요구는 충족될 수 없다.

그러나 인간적으로 오류를 범할 수 있는 출발점은 다른 출발점보다 훨씬 약하다. 이념, 열정, 개인적 선호, 손쉬운 편견은 가장 약한 출발점이다. 반면에 상식, 공통의 경험, 공통의 논리 원칙은 가장 강한 출발점이다.

이 출발점은 특히 아리스토텔레스의 철학에서처럼 인간 이성이라는 가위의 두 날, 곧 지성의 논리와 감각의 경험이 결합할 때 강력해진다. 근대 철학의 첫 번째 큰 논쟁은 (데카르트에 의해 대표되는) 인식론적 합리주의와 (흄에 의해 대표되는) 경험론 사이의 논쟁이었다. 이 논쟁은 감각의 주장을 이성으로 판단할 것을 요구하는 것과 이성의 주장을 감각으로 판단할 것을 요구하는 주장 간에 벌어졌다. 이 문제는 아리스토텔레스가 그랬던 것처럼, 정신과 감각이라는 두 가지 힘을 대립시키는 것이 아니라 서로 결합함으로써만 답해질 수 있다. (9장에서 아리스토텔레스가 지식이 가장 잘 작동하는 방식에 대해 설명한 내용을 참조하기 바란다. 아리스토텔레스는 대부분의 근대 철학자들의 사상에서는 눈에 띄게 배제되어 있다.)

이러한 결합이 작동하려면 두 가지가 필요하다. 첫째, 경험이 순전히 외부적인 감각 경험이나 또는 물리학에서 말하는 "감각 데이터"로 국한되지 않아야 한다. 둘째, 정신이 단순히 계산하는 컴퓨터로 축소되지 않아야 한다.

두 번째 점에 대해서는 좀 더 자세한 설명이 필요하다. 컴퓨터의 논리와 구별되는 지성의 논리는 본질적으로 세 가지 "정신의 작용"과 그 배후에 있는 세 가지 정신적인 능력으로 구성된다. (1) ("인간"과 "죽을 운명"과 같은) 개념의 의미를 이해하는 힘, (2) ("모든 인간은 죽는다"와 같은) 개념에 대한 판단을 내림으로써 진리를 아는 능력, (3) "모든 인간은 죽는다. 나는 인간이다. 따라서 나는 죽는다"와 같이 다른 판단(전제)으로부터 어떤 판단(결론)을 추론하는 능력. 컴퓨터는 우리가 출발하는 지점에서 시작할 수 없다. 컴퓨터는 판단하고 계산할 수는 있지만 이해할 수는 없다.

우리 판단에서 대부분의 실수는 이해에서의 실수, 곧 "오해"에서 비롯된 것이다. 이것이 소크라테스가 자신의 대화에서 대부분의 시간을 용어를 신중하게 정의하는 데 할애한 이유이다. 훌륭한 화가가 표면적으로 보이는 준비에 대부분의 시간을 보내는 것처럼 말이다. 토마스는 핵심 용어의 두 가지 의미 사이의 혼란을 지적함으로써 거의 모든 반대자의 물음에 답했는데, 그중 하나는 상대방의 입장 안에 존재하는 오류를 설명하는 것이고, 다른 하나는 그 입장이 부분적으로만 참되다고 설명하는 것이다. 우리는 대개 순전한 거짓이 아니라 반쪽짜리 진리에 속기 마련이다.

이것이 우리가 아리스토텔레스의 오래되고 상식적이며 일상 언어적인 논리를 선호하는 이유 중의 하나이다. 이 논리는 현대 수학 논리나 "명제 계산"과는 달리, 이해라는 정신의 첫 번째 작용에서 시작한다. 반면, 분석 철학자들이 선호하는 논리는 정신의 두 번째 작용에서 시작한다. 이는 디지털 컴퓨터와 같이 단순히 참 또는 거짓을 구분하는 명제 판단이다.

다음의 내용은 다소 난해하며, 이 책에서 다루는 더 명확하고 단순한 논점들과는 다소 거리가 있다.

이것은 상당히 전문적인 논점이며, 아마도 나중에야 충분히 이해할 수 있을 것이다.

두 가지 논리 체계(고대 아리스토텔레스의 일반 언어 논리와 현대의 기호 논리 또는 디지털 논리) 배후에 있는 철학적 논쟁은, 우리가 ("인간"이나 "죽을 운명"과 같은) 실재하는 보편적 본질이나 본성을 알 수 있는지 여부에 관한 것이다. 전근대 철학자들의 대부분은 우리가 이를 알 수 있다고 긍정했다. 이러한 입장을 나타내는 전문용어는 "인식론적 및 형이상학적 실재론"이다. 현대 철학자들의 대부분은 우리가 이를 알 수 없다고 가정하며, 보편적 본질은 실재가 아니라 단지 이름에 불과하다고 주장한다. 이러한 입장을 나타내는 전문용어는 "유명론"(문자 그대로 "이름-주의")이다.

본질이 없다면, 본질적 구별도 없으며, 본질적 구별이 없다면, 본질과 우연, 본질적 구별(인간과 동물의 구별)과 우연적 구별(흑인과 백인의 구별) 간에도 본질적인 구별이 없게 된다. 따라서 유명론자는 반인종주의를 논리적으로 정당화할 수 없다. 왜냐하면 인간의 단일한 보편적 본질이나 본질적 본성이 존재하지 않는다면, 그러한 (존재하지 않는) 본질을 인종, 성별 또는 비본질적인 다른 특징과 같은 우연과 구별할 수 없기 때문이다. 하나의 보편적인 인간 본질이 없다면, 원한다면 흑인과 백인, 또는 유다인과 이방인을 인간과 동물이 다른 것처럼 서로 완전히 다른 비교 불가능한 집단으로 분류해 버릴 수 있게 된다. 왜냐하면 유명론에 따르면 모든 분류와 범주("보편자")는 우리가 주관적으로 고안해서 현실에 부과하는 이름일 뿐이지, 신이나 자연이 만든 객관적으로 실재하는 종류나 본성, 본질이 아니기 때문이다. 현대의 유명론자들은 해체주의자들과 같이 자연적 종류나 분류 또는 본질에 대한 이러한 개념과 이에 기반한 판단("모든 인간은 평등하게 창조되었다")을 로고스 중심주의라고 공격한다. 로고스 중심주의는 로고스 또는 보편적 의미가 우리의 의지에 의해 의미 부여되거나 고안되는 것이 아니라 이미 객관적으로 실재하고 그것이 발견되는 것임을 전제로 하기 때문이다.

물론 정통 그리스도인은 유명론자가 될 수 없다. 왜냐하면 그리스도교의 두 가지 가장 중심적이고 독특한 교리는 삼위일체와 육화인데, 이 둘 다 보편적인 본성이나 본질과 개별적인 위격 간의 구별을 사용하고 전제하기 때문이다. 삼위일체 교리는 세 신적 위격이 동일한 본질적 신성을 지니고 있다고 확증하며, 육화의 교리는 그리스도의 하나의 신적 위격이 인성과 신성이라는 두 본성을 지니고 있다고 확증한다. 또한 유명론은 빵과 포도주의 실체 변화 교리에도 모순된다. 왜냐하면 만일 본질이 없다면, 성체성사에서 변하지 않는 빵과 포도주의 우연 또는 외양과 빵과 포도주에서 그리스도의 몸과 피로 변화되는 본질 간의 구별이 있을 수 없게 되기 때문이다.

성 요한 복음사가가 그리스도와 로고스를 동일시한 점(요한 1,1-14)에 비추어 볼 때, 반(反)로고스 중심주의와 그 기반이 되는 유명론은 그리스도교 철학이나 중립적인 철학이 아니라, 반(反)그리스도교 철학으로 간주되어야 한다.

5 객관적인 진리는 존재하는가?

요즘 사람들은 진리에 대해 매우 어리석은 말을 한다. 예를 들어 "그건 너의 진리지 나의 진리는 아니야"라고 말이다. 이 말은 우리 각자가 다른 세상, 다른 우주, 다른 꿈속에 살고 있다는 의미이다. 이를 글자 그대로 믿는다면, 그것은 정신이 이상하다는 것을 나타내는 좋은 정의가 될 것이다. 다행히도 사람들의 말은 항상 자신이 말한 대로의 의미를 뜻하는 것은 아니다. 이는 일부 그리스도교 철학자들이 자신이 유명론자라고 말하는 이유이기도 하다.

사람들이 객관적인 진리가 있는지 물을 때 실제로 의미하는 것은 다섯 가지 다른 것, 다섯 가지 다른 물음을 의미한다.

1. "진리"라는 개념의 본질적인 의미는 우리의 주관적인 생각이 객관적인 실재에 일치하는 것인가? 아니면 논리

적 일관성, 실제적 실행 가능성, 관념 간의 일관성—즉 우리의 경험을 통합하는 데 도움을 주는 어떤 것—또는 정치적 올바름과 같은 것인가?

2. 진리가 실재에 부합하는 것이라면, 진리는 우리 정신에 의해 발견되는 것인가? 아니면 다른 것에 의해 발견되는 것인가?
3. 진리가 객관적이고(질문 1에 대한 답변) 정신에 의해 발견된다면(질문 2에 대한 답변), 우리는 그것을 일상적인 경험에서 발견할 수 있는가, 아니면 학문적인 방법으로 발견할 수 있는가, 아니면 둘 다 가능한가?
4. 일상적인 경험을 포함해서 양자에 의해 발견할 수 있다면, 물질적인 사실뿐만 아니라 보편적으로 구속력 있는 윤리적인 가치에 대한 객관적인 진리도 존재하는가?
5. 이 질문에 대한 대답이 '그렇다'라면, 종교에도 객관적인 진리가 존재하는가? (종교는 윤리적 법칙을 포함하지만, 그것을 넘어서기도 한다. 모든 종교는 진리를 주장한다.)

5번(종교)에서만 객관적 진리를 부정할 수도 있고, 5번과 4번(윤리) 모두에서 부정할 수도 있으며, 5번, 4번, 3번(일상적)에서, 또는 5번, 4번, 3번, 2번(정신적)에서, 또는 다섯 가지 의미 모두에서 객관적 진리를 부정할 수도 있다.

또한 두 가지 질문을 구분할 수도 있다. 첫 번째는 형이상학적 질문이고, 두 번째는 인식론적 질문이다. 형이상학적 질문은 '객관적인 진리가 존재하는가?'이며, 인식론적 질문은 '우리가 그것을 알 수 있는가?'이다. 일부 회의론자처럼 첫 번째 질문에는

'예'라고 대답하고, 두 번째 질문에는 '아니오'라고 답할 수도 있다. 아마도 진리는 에베레스트산의 정상이지만, 우리는 개미일 뿐일 것이다.

회의주의는 진리를 알 수 있는 우리의 능력을 부정한다. 회의주의의 문제는 이를 나타내는 모든 표현이 자기모순적으로 보인다는 것이다. 예를 들어, 다음과 같은 물음들이다.

- 진리가 없다는 것이 진리인가?
- 진리를 알 수 없다는 진리를 아는 것이 가능한가?
- 진리가 객관적이지 않다는 것이 객관적인 진리인가?
- 모든 진리가 개연적일 뿐이고 결코 확실하지 않다는 것은 오직 그럴 가능성만 있을 뿐 결코 확실하지 않다는 것인가?
- 진리가 단지 주관적일 뿐이라는 것은 단지 주관적인 것인가?
- 보편적인 진리가 없다는 것이 보편적으로 진리인가? "모든 규칙에는 예외가 있다."면 그 규칙에도 예외인 것인가?
- 변하지 않는 진리가 없다는 것이 불변의 진리인가?
- 절대적 진리가 없다는 것이 절대적 진리인가?

자주 혼동하는 다섯 가지 질문을 구분해야 한다.

1. X는 존재하는가?
2. 그렇다면, 그것이 존재한다는 것을 알 수 있는가?
3. 그렇다면, 그 지식이 확실할 수 있는가?
4. 그렇다면, 그 확실함을 다른 사람에게 증명할 수 있는가?
5. 그렇다면, 이를 과학적인 방법으로 증명할 수 있는가?

분명히 외계 생명체가 존재하는지, 하늘에 맥주가 있는지 여부처럼 우리가 모르는 것(질문 2)은 많이 있다(질문 2).

그리고 우리가 알고 있는 대부분의 지식(질문 2)은 단지 개연적일 뿐이다(질문 3). 운석이 하늘에서 떨어져서 내 머리에 맞아서 내일 나를 죽이는 일은 없을 것이라거나, 다음번에 "도움말" 아이콘을 클릭했을 때 내가 필요한 도움을 실제로 뜻밖에도 받지 못할 것이라는 점이 이에 대한 사례이다. (나는 이 두 사건이 세계 역사를 통틀어서 한 번쯤은 실제로 일어났으리라고 생각한다.)

그리고 우리의 확실성 중 일부(질문 3)는 개인적이며 다른 사람들에게 증명할 수는 없다(질문 4). 예를 들어, 내가 자기의식이 있거나 고통을 느끼고 있다는 확실함은 다른 사람들에게 증명할 수 없다. 그렇기 때문에 나는 로봇이거나 스토아 철학자일지도 모른다고 생각할 수도 있을 것이다.

그리고 심지어 정의가 덕임을 증명하기 위해 사용한 소크라테스의 논증이나 원인이 없는 원인이 존재함을 증명하는 토마스의 논증처럼 건전한 연역적 추론으로 확실하게 증명된 많은 철학적 결론(질문 4)도 과학적인 방법을 사용하지 않는다(질문 5). 모든 타당한 증명이 반드시 과학적 방법에 의해 이루어져야 한다는 것을 과학적인 방법으로 증명할 길은 없다. 따라서 과학주의(과학적 환원주의)는 자기모순적이다.

6 우리는 그저 이성을 믿어야 하는가, 아니면 이성이 신뢰할 만하다는 것을 이성을 통해 입증할 수 있는가?

집을 짓거나 자리를 놓거나 로켓을 발사하려고 한다면, 먼저 도구가 그 일에 적합한지 확인해야 한다. 이런 일을 하는데 녹슨 톱, 모호한 측정 도구, 오염된 연료는 우리의 노력을 망칠 것이다. 하지만 우리의 이성이라고 할 수 있는 '정신적' 도구, 그러니까 검사를 수행하는 이 도구를 어떻게 검사할 수 있겠는가?

이성은 그 자신보다 작거나, 그 자신보다 크거나, 그 자신인 어떤 것에 의해 검토되어야 한다.

이성은 동물적인 본능, 열정적인 욕망, 우리의 단순한 고집, 금전적 성공과 같이 그 자신보다 열등한 것에 의해 정당화될 수는 없다. 더 우월한 것이 더 열등한 것에 권한을 부여하는 것이지, 그 반대는 아니다. 이성은 이성 이하의 어떤 것을 신뢰하는 것을 정당화할 수 있지만, 이성 이하의 어떤 것이 우리의 이성을 신뢰하는 것을 정당화할 수는 없다.

인간의 이성은 자신보다 더한 어떤 것, 곧 자신의 창조주이자 설계자인 하느님에 의해 정당화될 수 있다. 하지만 이성을 사용하지 않고서 하느님이 존재한다는 것을 어떻게 알 수 있다는 것인가? 믿음의 행위조차도 이성의 사용을 전제로 한다. 예를 들어, 우리가 (완전하신 분이라고) 믿는 하느님과 (불완전하다고 해서) 믿지 않는 다른 신적 존재들을 구별하기 위해서 이성을 사용해야 한다. 성경을 읽기 위해서는 먼저 성경을 읽는 방법을 알아야 한다. 이성이 하느님의 존재를 증명할 수 있다고 해도, 이성을 증명하기 위해 하느님을 이용할 수 없는 노릇이고, 하느님을 증명하기 위해 또다시 이성을 사용한다면 순환논증에 빠져버리고 만다.

하지만 인간의 이성도 스스로를 증명할 수는 없다. 재판을 받고 있는 스무 명의 죄수를 상상해 보자. 그중 한 명이 판사석으로 뛰어 올라가서 자신을 포함한 스무 명의 죄수 전원이 무죄라고 선언한다. 스무 명의 죄수는 우리 모두의 추론 행위이고, 그들에게 무죄를 선고하는 판사는 추론 행위 자체이다.

마지막 요점을 다른 비유로 설명하자면, 부분이 전체를 정당화할 수 없듯이, 이성 전체를 정당화하려는 이성의 일부는 이성 전체를 정당화할 수는 없다. 그것은 그 안에 포함되어 연관되어 있지, 독립적으로 분리된 것이 아니기 때문이다.

이성은 초월적이지 않고, 내재적이다.

따라서 '이성이 신뢰할 만하다는 것을 이성으로 입증할 수 있는가?'라는 질문에 대해 유일하게 할 수 있는 대답은 이 질문 자체가 불가능하며 그것은 불공정한 질문, 곧 부당한 요구라고 하는 것이다. 우리는 생각을 시작하는 순간, 이성을 가정하게 되고, 이성을 신뢰해야 하며, 실제로 그렇게 하고 있다. 그런 의미에서 믿음(반드시 하느님에 대한 믿음이 아니라 이성에 대한 믿음)은 이성에 선행해야 한다. 사실 항상 그러하다.

근대 철학은 이성의 정당화라는 소위 "비판적 문제"를 해결하려는 데카르트의 요구로 시작되었다. 고전적인 근대 인식론의 세 주요 학파는 모두 이 문제를 받아들이고 (나는 이 점이 그들의 공통된 실수라고 생각한다.) 이에 대해 세 가지 다른 대답을 내놓았다. 이성은 자신과 감각을 모두 정당화한다(합리주의, 예를 들어 데카르트). 이성을 검증하고 정당화하며 제한하는 것은 감각 경험이다(경험주의, 예를 들어 흄). 그리고 이성은 창의적인 예술가처럼, 자신의 로고스, 자신의 진리, 형식, 범주, 의미를 창조한다는 칸트의 비판적인 관념론이 있다. (칸트는 이를 "철학에서의 코페르니쿠스적 혁명"이라고 불렀다.)

이 세 가지 인식론은 모두 앞선 질문에 답하지 못한다. 합리주의는 재판을 받는 죄수의 비유 때문에 실패한다. 경험주의는 흄이 보여 준 것처럼, 논리적으로 회의주의로 이어지기 때문에 실패한다. 그리고 칸트의 비판적 관념론은 우리가 사물 자체를 아는 것이 아니라 우리 자신이 무의식적으로 창조하거나 형성하는 현상만을 객관적인 진리 또는 "사물 그 자체"로 알 수 있다고 주장함으로써 자기모순에 빠지기 때문에 실패한다.

이 질문에 대한 아리스토텔레스의 대답은 무엇일까? 아주 간단하다. 그는 이러한 질문을 제기하지 않았다. 그는 자신의 도구(이성과 감각)를 받아들이고 그것을 사용했다. 그리고 이 도구는 효과적으로 작용한다. 푸딩을 증명하는 것은 그것을 먹어 보는 것이다. 우리는 이를 일반적으로 상식이라고 부른다. 이러한 생각에 가장 가까운 현대의 두 철학자가 있는데, 그들은 리드와 무어이다. 두 사람은 상식을 철학함의 필수적인 시작이자 원천으로 옹호한다. 하지만 그들은 현대 철학에서는 예외적인 입장에 속한다.

철학이 지혜에 대한 사랑이고, 지혜는 철학자만이 아니라 모든 사람에게 필요하며, 지혜가 생각뿐만 아니라 삶을 위한 것이라면, 혹시 우리가 그러한 질문에 답할 수 없다는 것은 현대 철학자들이 생각하는 것만큼 중요하지 않을 수 있다. 만일 여러분에게 어떤 질문이든지 그에 대한 가장 지혜로운 답변을 약속받는다면, 어떤 질문을 가장 먼저 떠올리겠는가? 이성이 어떻게 스스로를 검증하거나 정당화할 수 있느냐는 질문인가, 아니면 우리가 어떻게 진리, 좋음, 아름다움, 기쁨을 발견할 수 있느냐는 질문인가?

7 철학적 이성과 종교적 신앙은 본래 적대관계인가, 아니면 동맹인가?

이성과 신앙에 대해서 말할 때, 우리는 인간의 추론과 믿음의 행위 또는 그 행위의 대상, 곧 이성에 의해 알려진 진리와 신앙에 의해 알려진 진리를 의미할 수 있다.

인간의 행위로서의 신앙과 이성의 관계, 달리 말하자면 우리의 영혼 안에서 이성적으로 증명하는 것과 종교적으로 믿는 것의 관계는 복잡하고 신비로우며 사람마다 다소 차이가 있다. 그러나 한편으로는 인간의 이성이 인식하는 진리와 다른 한편으로는 (대부분의 경우에 유다교인과 무슬림도 마찬가지이듯이) 그리스도인들이 자신의 종교를 신적 계시로 믿음으로써, 곧 종교적 신앙이 인식하는 진리 간의 관계는 단순하고 명확하며 보편적이다. (여기서 "인식한다" 또는 "추론한다"는 것은 이해, 발견, 증명이라는 정신의 세 가지 행위 모두를 의미한다.)

분명히 불신자들에 따르면, 신앙과 이성은 서로 적대적이며,

신앙인들에 따르면, 신앙과 이성은 서로 협력적이거나 적어도 적대적인 관계는 아니다. 만일 이성이 신앙을 거짓으로, 불신을 참으로 증명할 수 있다면, 신앙과 이성은 서로 적대적일 것이다. 진리와 거짓은 서로 적대적이기 때문이다.

신앙인들은 두 가지 이유에서 신앙과 이성이 서로 협력적이라고 주장한다. (1) 이성으로 아는 진리와 신앙으로 아는 진리는 모두 진리의 집합이며, 진리가 아닌 거짓 만이 진리와 모순될 수 있기 때문이다. (2) 또한 이성과 신앙 모두 같은 신으로부터 비롯되기 때문이다. 신은 인간의 이성과 지성을 설계하고 창조한 원천이며, 신 자신에 대한 진리를 계시하는 종교의 원천이기도 하다. 다시 말해서, 진리는 스스로 모순되지 않으며, 신도 스스로 모순되지 않는다.

그렇다면 현대 지성사의 주요 주제인 "과학과 종교의 전쟁"은 어떨까? 반만년 동안 과학은 지속적으로 성장하고, 종교는 지속적으로 쇠퇴하는 것을 볼 수 있다. 물론 이 둘의 관계가 그렇게 전개되는 것은 단순한 우연이 아니다.

인간의 동기는 복합적이기 때문에, 심리적이고 주관적인 질문에 대한 대답도 복잡하다. 반면에 합리적이고 논리적이며 객관적인 질문에 대한 답은 간단하다. 과학과 종교 간의 전쟁은 신화에 불과하다. 이러한 전쟁은 존재하지 않는다. 단 한 명의 사상자도 발생하지 않았기 때문이다. 단 한 명의 과학자나 과학의 발견으로도 종교의 본질적 진리 주장이 반박된 적은 없다. 물론 양측 모두에 많은 오해와 논쟁적인 태도가 있었지만, 태도는 논증이 아니다.

따라서 당신이 다음번에 "과학"과 "종교"라는 두 추상 개념간의 전쟁에 대한 이야기를 듣게 된다면, 안전한 추상적 개념에서 구체적인 개별 사례로 논의를 전환하라. 어떤 과학의 어떤 발견이, 어떻게, 언제, 누구에 의해 증명되었으며, 그러한 발견이 어떤 종교의 어느 교리와 모순되고 반박되는지 물어보라. 그러면 이에 대해서 제대로 말할 수 있는 것이 없어 침묵하는 자신에게 놀란 상대방은 더 움찔할 것이다.

8 진리에 대한 인식은 그 자체로 목적인가?

전근대적 정신의 보고라고 불릴 자격이 있는 사람이 있다면, 중세인들이 “아는 자들의 스승”(단테), 단순히 “철학자”(토마스 아퀴나스)라고 불렀던 아리스토텔레스이다. 아리스토텔레스는 베이컨이나 홉스처럼 오해, 개인적 반감, 분노의 대상으로 여기는 것을 제외한다면, 대부분의 근대 철학자들의 저작에서 눈에 띄게 언급되지 않은 철학자이기도 하다. 그리고 근대정신의 창시자라고 불릴 만한 사람이 있다면, 바로 근대 과학적 방법의 주창자인 프랜시스 베이컨이다. 이제 이 두 철학자를 서로 대비시켜 보자.

아리스토텔레스는 위 제목의 질문에 대해서 “그렇다”라고 답하고, 베이컨은 “아니다”라고 답한다.

베이컨이 ‘아니다’라고 주장하는 이유는 고대 그리스와 그리스도교를 포함한 전근대 세계 전체가 활동적이기보다는 관조적이었다는 점, 그러니까 지식의 힘보다는 지식의 진리만을 소중히 여겼다는 점에서 순진무구하고 천진난만했다는 것이다. 베이컨은 가능한 가장 급진적인 혁명, 곧 새로운 "최고의 선"(*summum bonum*), "최종 목적" 또는 "삶의 의미"를 선포한다. 이는 진리, 좋음〔선〕, 아름다움에 의해 신이 인간을 정복하는 것이 아니라, 응용과학에 의해 "인간이 자연을 정복하는 것"이다. 그것은 기술을 통해 이 세상을 지상의 천국으로 변화시킴으로써 고통을 정복하는 것이며, 이것이 과학의 진정한 핵심 또는 성과 또는 가치 또는 "최종 결론"이라는 것이다. C.S. 루이스는 『인간 폐지』에서 이러한 철학의 지각 변동을 다음과 같이 두 문장으로 요약했다. "옛 현자들에게 있어서 가장 중요한 문제는 영혼을 실재〔현실〕[1]에 어떻게 부합시킬 것인가 하는 것이었고, 그 해결책은 지식, 자기 수양, 덕이었다. 〔반면에〕 마법과 응용과학 모두에게 문제는 현실〔실재〕을 어떻게 인간의 소망에 굴복시킬 것인가 하는 것이었고, 그 해결책은 기술이었다."[2]

아리스토텔레스가 진리의 관조가 기술의 적극적인 "자연 정복"과 "육체가 상속받은 자연의 질병들"(셰익스피어, 『햄릿』, 3.1)보다 더 우월하다고 주장하는 근거는 무엇인가? 그것은 매우 단순하고 상식적이다. 그는 지식을 추구하는 동기를 세 가지로 나누고, 그에 따른 결과로 나오는 학문을 세 가지 종류로 나눈다. 베이컨이 첫 번째로 꼽는 기술 학문을 아리스토텔레스는 마지막에 둔다. 그 이유는 기술 학문의 목적을 우리 외부의 물질세계를 개

---

1) 〔옮긴이 주〕 reality는 한편으로는 고전 형이상학에서와 같이 '실재', 그러니까 플라톤적인 의미에서 '이데아'와 같은 사물의 진정한 본질로서 비가시적인 정신적인 존재를 의미하며, 다른 한편으로는 근대, 현대적 의미에서 가시적이고 경험적인 현실을 의미한다.

2) C.S. Lewis, *The Abolition of Man*, New York: HarperCollins, 2001, p.77.

선하고 지배하는 것에만 두기 때문이다. 아리스토텔레스가 "실천 학문", 특히 윤리학과 정치학이라고 부르는 것은 우리의 행동과 삶을 완성하기 때문에 중요하다. 이 학문들이 더 중요한 이유는 우리가 소유하고 사용하는 외부적인 것보다는 우리 자신의 삶을 완성하기 때문이다. 그러나 가장 중요한 것은 "관조적" 또는 "사변적" 학문인데, 이 학문은 진리(우리 아래 자연에 있는 진리와 우리 위의 초자연적인 것들에 대한 진리 양자)를 그 자체로 추구한다. 이는 우리의 세계나 행위가 아니라, 우리 영혼의 독특한 인간적 능력인 정신과 이해를 완성함으로써 우리 자신을 완성하기 때문이다.

대학에서 스템 과정〔STEM, 과학, 기술, 공학, 수학 통합 과정〕에 투자된 자금과 인문학 및 예술에 투자된 자금의 불균형에 대한 통계는 우리의 세상이 아리스토텔레스에서 베이컨으로 얼마나 많이 이동했는지를 보여 준다. 이러한 움직임이 진보인지 퇴보인지는 우리의 가치관에 달려 있다. 오래전에 아리스토텔레스 편에 섰던 한 철학자는 "사람이 온 세상을 얻고도 제 목숨을 잃으면 무슨 소용이 있느냐?"(마르 8,36; 루카 9,25)라는 가장 실용적인 이해득실에 대한 문장을 남긴 적이 있다. 그 사람의 기준에 따르면, "아리스토텔레스에게 세례를 준" 성 토마스 아퀴나스는 철학적 친구를 현명하게 선택한 것이다.

루이스는 『인간 폐지』에서 인간의 자연 정복의 정점은 인간 본성을 정복하는 것이라고 주장한다. 말하자면 우리 자신의 본성을 의도적으로 재설계하고 통제하는 것이다. 이러한 본성의 정복은 본성의 비장의 카드인 죽음을 아마도 유전공학으로 정복하기 전까지는 이루어지지 않는다. 불멸의 세계를 미리 보고 싶다면, 주방 식탁에 달걀 열두 개를 일 년 동안 놓아두었다가 냄새를 맡

아보기 바란다. 루이스가 『순전한 그리스도교』에서 말했듯이, "우리는 현재 달걀과 같다. 그리고 언제까지나 그냥 평범하고 괜찮은 달걀로만 있을 수는 없다. 우리는 부화하거나 썩어야 한다."[3)]

기술이 우리에게 주는 본성에 대한 힘이 윤리학이 우리에게 주는 도덕적 선과 일치하지 않고, 윤리학이 우리 자신과 인간 삶의 의미에 대한 진리에 부합하지 않는다면, 우리는 더 나은 존재로 진화하는 것이 아니라, 오히려 성인의 무기를 지니고 있으면서 도덕적으로는 유아 수준에 그치는 열등한 존재로 퇴보할 것이다. 우리가 육체와 두뇌의 측면에서 유인원에서 진화했다면, 영혼과 정신의 차원에서도 다시 "원숭이로 될" 수도 있고 유인원으로 퇴화할 수도 있을 것이다.

---

3) C.S. Lewis, *Mere Christianity*, New York: HarperCollins, 2001, p.199.

9 인간의 앎은 어떻게 작동하는가?

인간의 앎이 어떻게 작동하는지에 대한 기본적인 질문에는 근본적으로 다른 네 가지 대답이 있다. 아리스토텔레스의 실재론, 데카르트의 합리주의, 흄의 경험론, 칸트의 관념론이 그것이다.

근대의 세 가지 인식론을 이해하는 가장 좋은 방법은 아리스토텔레스의 인식론에서 시작해서 각 인식론이 어떻게 다른지 살펴보는 것이다. 이러한 방법이 가장 좋은 이유는 두 가지이다. 첫째, 철학의 역사라고 할 수 있는 "위대한 대화"가 실제로 그렇게 전개되어서, 각 체계가 이전 체계에 반응하고 더 나은 대안이라고 생각되는 것을 제시했기 때문이다. 둘째, 아리스토텔레스의 체계가 상식에 가장 부합하며, 상식에서 출발하여 상식에서 벗어나는 것을 이해하는 것이 그 반대보다 훨씬 더 쉽기 때문이다.

아리스토텔레스에 따르면, 모든 지식은 경험, 특히 감각적 경험에서 시작되고 경험에 의존한다는 것은 명백한 사실이다. 선천적으로 시각을 잃은 사람은 색에 대한 "선천적 관념"이 없으며, 플라톤이 말한 "형상"이나 "이데아"와 같은 사물들의 본질적인 본성에 직접적이고 직관적인 접근을 할 수 없다. (플라톤은 데카르트와 마찬가지로 합리주의자였다.) 우리는 선천적으로 이성의 능력이나 잠재력을 선천적으로 가지고 있지만, 실제적이고 사실적인 내용에 대한 지식은 선천적으로 가지고 있지 않다. 따라서 아리스토텔레스는 경험론자이다. 경험이 우리의 첫 번째 스승이다.

그러나 그는 "강경한 경험론자"가 아니라 "온건한 경험론자"이다. 왜냐하면 그는 우리의 지식이 경험에서 시작되지만, 거기서 끝나지 않는다고 생각하기 때문이다. 이성은 우연적 속성이 변화하고 다른 여러 개별적인 사례에서 보편적이고 불변하는 본질을 추상함으로써 우리의 지식을 두 번째 수준으로 끌어올릴 수 있기 때문이다. 예를 들어 우리는 성별, 인종, 나이와 같은 우연적인 속성을 지닌 다른 많은 인간에 대한 경험에서 인간 본성의 보편적인 것을 이해할 수 있다. 이러한 "귀납적 추상화"는 개별적인 것에서 보편적인 것을 추상하는 것일 뿐만 아니라, 우연적인 것에서 본질적인 것을 추상하는 것이기도 하며, 이는 대부분의 근대 철학자들이 의심하거나 경시하거나 부정하는 능력이다.

이러한 "추상화"는 컴퓨터도 할 수 있는 많은 구체적인 대상(예를 들어 남성)에서 이를 포함하는 하나의 추상적인 보편적 범주(예를 들어 인류)로 이동할 뿐만 아니라, 동시에 이렇게 추상화된 보편자의 보편적인 것의 본질 또는 본성에 대한 이해가 수반되어야 하는데, 이는 컴퓨터가 할 수 없다. 우리가 무엇을 추상할지 이해하지 못한다면, 그것을 추상할 수 없을 것이고, 추상하지 못한다면, 우리의 정신 안에 받아들일 수 없기 때문이다.

이러한 보편적인 것들[개념들]을 얻은 후에야, 우리는 이로부터 결론을 도출할 수 있다. 보편적인 것들은 우리의 전제가 된다. 유효한 추론에는 항상 적어도 하나의 보편적인 전제가 필요하다.

따라서 네 가지 단계가 있으며, 각 단계는 그 이전 단계에 의존한다. 예를 들어, 먼저 우리는 사람들이 죽는 것을 관찰한다. 그런 다음 귀납적으로 "사람은 죽는다"라는 보편적 진리에 도달한다. 그 다음에 우리는 이 죽음이 우리에게 필연적이고 본질적이라는 것을 이해하게 된다. (신체는 우리의 본질적인 본성의 일부이기 때문이다.) 그제서야 우리도 반드시 죽을 것이라는 결론을 타당하게 추론할 수 있다.

인식론에서 플라톤과 아리스토텔레스의 출발점의 차이는 다음과 같은 비유를 통해 알 수 있다. 플라톤은 우리가 보편적인 이데아나 형상을 우리 정신 안에 지니고 태어난다고 말하는데, 이는 사자가 동물원에서 태어났다고 말하는 것과 같다. 아리스토텔레스는 우리가 사자가 실제로 살고 있는 정글로 나가서 사자를 "추상화"해서 우리 내면의 동물원(우리 정신)으로 데려와서 우리의 우리 안(정신적 개념)에 가둬야 한다고 말한다.

근대 합리주의의 아버지인 데카르트는 전통적인 아리스토텔레스와 토마스주의적 인식론을 순진하고 비판적이지 않은 것으로 여겼다. 그는 이성과 감각에 대한 실질적인 믿음이 아닌 보편적인 의심에서 출발하고자 했으며, 이 보편적 의심에서 벗어나는 유일한 방법은 자명하며 그 부정이 자기모순적이기 때문에 의심할 수 없는 진리를 발견하는 것이다. 이 진리는 감각적 경험에서 찾을 수 없고 오직 이성에서만 찾을 수 있다. 따라서 데카르트의 합리주의는 감각이 아닌 이성에서 시작하며 모든 것을 이성으로부터 추론한다. 왜냐하면 귀납과는 달리 연역만이 확실한 결론을 도출하기 때문이다. (여기서 "귀납"은 정신의 첫 번째 행위로서, 감각적 경험에서 시작하여 보편적 본질을 추상하는 직관적인 "귀납적 추상"이 아니라, 정신의 세 번째 행위인 비연역적 추론을 의미한다.)

로크와 같은 데카르트에 대한 경험론적 비판가들은 우리에게 "타고난 관념"이 있다는 것을 부정하며, 아리스토텔레스와 마찬가지로 사실 우리의 모든 지식은 감각적 관찰에 의존한다고 주장한다. 그러나 추상의 능력이 없다면, 이러한 감각적 경험에서 시작하여, 항상 변하고 불확실한 그 감각적 경험을 넘어서는, 어떤 확실한 지식으로 나아갈 수 없다. 그래서 흄은 이러한 전제에서 회의론으로 기우는 자연스러운 결론을 도출했다. 그는 우리가 본질, 실체, 보편 또는 모든 학문에 필수적인 인과 원리를 알고 있다고 생각하게 만드는 것은 객관적인 이성이 아니라 우리의 주관적인 습성일 뿐이라고 말한다.

칸트는 흄과 마찬가지로 합리주의가 비판적이지 않다고 보았지만, 흄도 온전하지 않다고 생각했다. 흄이 생각하는 존재는 완전한 인간 존재가 아니라는 것이다. 칸트는 합리주의자와 경험주의자가 분리한 이성과 감각을 결합하려고 했다. 그러나 그는 이성이 특정한 물질적 사례로부터 추상하는 것이 아니라, 극장에서 영사기가 필름의 이미지를 스크린에 투사하는 것처럼, 이성이 경험의 재료에 선천적으로 보편적인 범주를 부과한다고 생각했다. 칸트는 (1) 시간과 공간이라는 감각적 범주, (2) 원인과 결과, 실체와 우연과 같은 논리적 범주, (3) 자아, 세계, 신이라는 세 가지 근본적인 형이상학적 관념이 이에 해당한다고 말했다.

따라서 칸트에게 있어서 우리가 아는 것은 "사물 자체"가 아니라 우리 정신의 작용일 뿐이다. 우리는 세상의 질서를 발견하는 과학자가 아니라 세상의 질서를 창조하는 예술가이다. 하지만 이는 자의적이고 개별적이라는 의미에서 주관적인 것이 아니라, 필연적이고 보편적인 것이다. 칸트는 모든 정신은 동일한 구조와 능력을 지니고 있기 때문에, 우리는 모두 기본적으로 같은 방식으로 세상을 경험한다고 보았다. 다시 말해서 우리의 공통된 세상은 마치 공통된 꿈과 같은 것이다.

신이 아니라 인간이 "여기에 X가 있어라"라고 말하면, 거기에 X가 존재하게 된다는 것이다. 데카르트의 합리주의가 너무 오만하고 비판적이지 않고, 흄의 "강경한 경험주의"가 너무 겸손하다면, 칸트의 관념론은 양자의 오류를 모두 결합한 것처럼 보인다. 이러한 관념론은 합리주의만큼이나 선천적이며, 객관적 실재를 아는 것에 대한 회의는 흄보다 더 크다.

따라서 우리는 다시 아리스토텔레스로, 상식으로 돌아가게 된다. 때로는 잘못된 길에 있을 때, 되돌아가는 것이 앞으로 나아갈 수 있는 유일한 길이 될 수 있다.

10 자기 인식은 어떻게 가능한가?

“너 자신을 알라”라는 문구는 델포이의 신탁을 주는 신전 입구에 새겨진 계명이었고, 소크라테스는 이를 평생의 과업으로 삼았다. 하지만 어떻게 그렇게 했는가?

동물은 세상에 대해서 놀랍도록 정교한 의식을 지니고 있지만, 자의식은 없다. 동물은 사회적인 수치심은 있지만 개인적인 죄책감은 없다. 동물은 “정체성의 위기”를 겪지 않는다. 인간을 단순한 동물과 가장 명확하게 구분하는 것은 지식이 아니라 자기 인식이다.

우리는 자기 인식 또는 자아의식이 실재한다는 것을 알기 때문에, 그것이 가능하다는 것을 알고 있다. 하지만 이를 설명하는 데는 문제가 있다. “안다는 것”의 본질적인 의미는 아는 행위의 두 반대 극인 아는 자와 알려지는 것, 앎의 주체와 앎의 대상의 관계이기 때문에 문제가 된다. 말하자면 주체는 (창문이나 망

원경처럼) 유리 뒤에 서 있고, 대상은 그 앞에 서 있기 때문에, 둘은 동일할 수 없는 것으로 여겨진다. 같은 사람이 동시에 뒤와 앞에, 또는 안과 밖에 있을 수는 없다. 앎을 화살에 비유할 수도 있겠다. 화살은 바깥쪽의 한 방향을 향한다. 화살은 자신 너머에, 자기 자신 이외의 다른 어떤 것을 향한다. 그러나 자아의식 또는 자기 인식은 아는 사람이 자신 외의 다른 것을 향하는 것이 아니라, 자기 자신을 향한다는 것을 의미한다.

내가 나에 대한 모든 사실을 다 안다고 하더라도, 그 모든 사실을 아는 행위가 나에 대한 새로운 사실을 만들어 내는 것이기 때문에, 동시에 같은 앎의 행위로 나에 대한 모든 사실을 알 수 없다는 것을 깨닫는다면 자기 인식은 더욱 불가능해질 것이다.

물리적 비유를 들자면, 앎을 빛으로 볼 수 있다. 빛이 대상에 도달하는 데는 시간이 걸리기 때문에, 이 순간에 시각적으로 '아는' 물리적 대상은 실제로 그 순간에 '실제로 존재하는' 물리적 대상이 아니라, 방금 전에 존재했던 대상인 셈이다. 태양과 같이 멀리 있는 물체의 경우에 이 시간 간격은 약 8분이나 된다. 지금 태양이 폭발해도, 우리는 8분 후에야 그것을 보거나 느낄 수 있게 된다. 자기 인식에서 시간적 간격은 자기 자신에 대한 과거의 모든 진리를 아는 첫 번째 앎의 행위와 두 번째 새로운 앎의 행위 사이의 괴리 때문에 발생한다. 여기서 첫 번째 앎의 행위는 두 번째 앎에 의해 알게 되는 대상에 포함됨으로써 새로운 앎의 행위가 된다.

이 문제는 우리가 다른 사람의 마음을 어떻게 알 수 있는지에 대한 문제와 마찬가지로, 철학자들은 이에 대한 훌륭하고 명확한 답을 가지고 있지 않다. 하지만 이는 "실존적인" 문제는 아니다. 우리는 모두 적어도 불완전하게나마 자기 인식을 가지고 있다는 것을 알고 있기 때문이다. 이러한 문제를 언급하는 이유는 이러한 문제가 중요하다는 것이 아니라, 오히려 중요하지 않다는 것을 강조하기 위해서이다! 하지만 철학자들은 이러한 문제에 대해서 추측하기를 좋아한다.

순전히 추측에만 근거하는 또 다른 발상은 "통 속의 뇌" 문제이다. 당신은 당신의 뇌가 어느 미친 과학자의 실험실에 있는 영양액이 가득한 통속에 들어있는 것이 아니라고 어떻게 확신할 수 있는가? 그 과학자가 당신의 뇌에 전기적 자극을 가해서 세상을 주입하기 때문에, 당신이 경험하고 매일 보는 세상은 한낱 꿈에 불과한 것은 아닌가? 소위 현실의 세계가 단순히 매트릭스에 불과한 것이 아니라는 것을 어떻게 알 수 있는가? 악마가 당신에게 최면을 거는 것이 아닌지 어떻게 알 수 있는가? 이러한 문제가 여러분에게 실제적인 문제라면, 철학자보다 정신과 의사에게 가보기를 권한다. 그리고 평범하고 더 실천적인 문제에 관심을 가지는 독자들에게는 이런 뚱딴지같은 이야기에 끌어들인 점에 대해서 너그러운 용서를 바란다.

반면에 실존적으로 현실적인 결과를 초래하는 사고 실험은 로버트 노직의 행복 기계이다. 여기서는 비용도 들지 않고, 지루함도 없으며, 끊임없이 완벽한 행복을 주는 기계에 들어갈 수 있다는 것을 가정한다. 이 기계는 진리를 제외하고는 여러분이 원하는 모든 것을 제공해 준다. 여러분이라면 이 기계에 들어가겠는가? 철학자이자 심리학자인 윌리엄 제임스는 그의 저서 『실용주의』에서 행복과 선과 같은 이상을 절대적인 것으로 여기는 "부드러운 마음"을 가진 사람과 사실과 객관적인 진리를 절대적인 것으로 여기는 "굳은 마음"을 가진 사람 사이에는 큰 차이가 있다고 말한다. 누구나 진리를 원하고 행복을 원하지만, 이 두 가지가 충돌하면 어떤 것이 먼저일까? 만일 여러분이 모든 사람에게 단 하나의 정답이 없다고 답한다면, 여러분은 아마도 부드러운 마음을 가진 사람일 것이다. 정답이 있다고 답한다면, 여러분은 아마도 굳은 마음을 가진 사람일 것이다.

하느님을 믿는 (또는 믿지 않는) 이유가 여러분을 행복하고 선하게 만들어 주기 때문인가, 아니면 그것이 진리이기 때문인가? 하느님이 정직한 불신자를 선호한다고 생각하는가, 아니면 정직하지 못한 신자를 선호한다고 생각하는가? 전자라고 답한다면, 정직이 결국 믿음으로 이어질 것이라고 생각하는 것이고, 후자라고 답한다면, 믿음이 결국 정직으로 이어질 것이라고 생각하는 것이다. 두 가지 모두 사실이라고 해도, 여전히 의문은 남는다.

나는 우리 모두가 내면 깊은 곳에서는 굳은 마음을 가지고 있다고 생각한다. 예를 들어 우리가 세 살 때 산타클로스가 실제로 있다고 믿었을 때, 매년 12월 24일이 되면 매우 행복하고 아주 좋았지만, 그것이 사실이 아니라는 것을 알게 된 후로는 그 믿음으로 돌아갈 수 없게 된다. 나는 같은 이유로, 우리가 하느님이 정직하고 진리를 추구하는 불신자를, 부정직하고 진리를 무시하는 신자보다 더 존중하신다고 알고 있거나 아니면 이에 대해 깊이 의구심을 지니고 있다고 생각한다. 선택은 중요하며, 특히 하느님에 대한 선택은 더욱 그러하다. 하지만 동기는 여러분이 무엇을 하는지가 아니라, 누구인지를 드러내기 때문에 더욱 중요하다.

나는 우리가 모두 마음속 깊은 곳에서는 굳은 마음으로 정직하기를 바라지만, 특히 『멋진 신세계』를 읽으면서 세대를 거듭할수록 소설의 내용이 현실을 더 많이 묘사하는 것처럼 보일 때, 굳은 마음에 대해서 의문이 든다.

11 이성을 초월하는 어떤 지식이 존재하는가?

이성을 초월하는 지식이 있는지 여부는 '이성'의 의미가 무엇인지에 따라 달라진다. 이성을 고대의 광범위한 의미로 "정신의 세 가지 행위"로 정의하는 것으로 시작해 보자. 이 세 가지는 다음과 같다. (1) 개념의 의미를 이해하는 것. (2) 판단을 통해 진리를 아는 것. (3) 다른 진리(전제)로부터 추론해서 어떤 진리(결론)를 증명하는 것.

이 질문에 대해서 사실이지만 너무 쉬운 대답은 우리가 전지전능하지 않기 때문에 어떤 면에서 '모든 것'은 우리의 이성을 초월한다는 것이다. 토마스 아퀴나스 성인은 심지어 벼룩에 대해서도 모든 것을 아는 사람은 없다고 말했다. 우리 안에 있는 세 가지 종류의 지식은 모두 불완전하다. 첫 번째 정신의 행위와 관련해서는, 예를 들어 숫자 3이라는 개념을 완전하게 또는 거의 완전하고 명확하게 이해하는 방식과 하느님이라는 개념을 근본적으로 불충분하고 불명료하게 이해하는 방식 사이에는 큰 차이가 있다. 정신의 두 번째 행위와 관련하여, 추상적으로 11+3이 2와 같지 않다는 판단의 확실성과 그 판단이 시계의 숫자판에서는 거짓이 된다는 것을 깨닫는 것 사이에는 큰 차이가 있다. 그리고 이 두 판단의 확실성과 하느님이 나의 모든 죄를 용서해 주실 것이라는 판단의 확실성 사이에도 차이가 있다.

정신의 세 번째 행위와 관련하여, "모든 인간은 죽는다. 나는 인간이다. 따라서 나는 죽는다"라는 명백히 타당한 논증과 상대성 이론 증명에 사용된 아인슈타인 방정식의 유효성, 그리고 기하학에서 유클리드가 증명한 유효성 사이에도 큰 차이가 있다.

아름다움, 음악, 유머, 기도, 신비적 체험은 철학자들이 명확하고 확실하게, 그리고 충분하게 이해하지 못하는 다섯 가지 예이다. 이것들은 다른 진리들과는 다른 방식으로 이성을 초월하는 것처럼 보인다. 심지어 "신은 존재한다" "덕은 결국 우리를 행복하게 만든다" "비효율적인 민주주의는 효율적인 독재보다 낫다"와 같이 논란의 여지가 있는 진리조차도 이성을 초월하는 것처럼 보인다.

이 다섯 가지 현상에 대한 이론들은 거의 항상 그중 한 가지 측면에만 집중하는 것처럼 보인다. 예를 들어, 아름다움은 조화이며, 음악은 파동이고, 유머는 아이러니이며, 기도는 대화이고, 신비적 체험은 자기의식을 지우는 것이다.

이 다섯 가지는 우리에게 단순한 즐거움이나 행복, 만족감이나 평안함만을 주는 것이 아니라 기쁨도 준다.

음악은 "보편적인 언어"이다. 아마도 음악은 하느님이 세상을 창조하실 때 사용하신 언어이자, 바벨탑 사건 이전에 우리가 에덴동산에서 사용했던 언어일 것이다. 음악은 감정을 불러일으킬 뿐만 아니라 의미도 지니고 있는 것처럼 보이지만, 그 의미는 항상 말로 번역할 수 있는 것을 초월해 있다.

아름다움은 진리와 선에 대해서 우리에게 가장 먼저 깊은 인상을 주는 것이다. 아름다움은 진리와 선의 자식이자 대변자이다. 그것은 플라톤이 『향연』에서 가르친 것처럼 모든 사랑의 대상이 가진 특성이다. 그리고 아름다움은 우리에게 황홀감, 곧 "자신을 벗어나는 것", 자의식의 행복한 상실을 가져다준다. 하지만 아름다움은 자의식이 있는 사람만이 인식할 수 있으며, 자의식이 없는 동물은 아름다움을 인식하지 못한다.

유머는 우리 안에 있는 하나님 형상의 일부이다. 하나님은 우스꽝스럽게 행동하는 구니 버드(gooney birds), 타조, 펭귄, 오리너구리, 흰동가리 같은 생물들, 그리고 심지어 우리의 거울에 비치는 더 이상한 생명체를 창조한 분이시다. 유머는 우리가 끊임없이 직면하는 과도한 증오와 전쟁, 절망의 파도에서 살아남을 수 있도록 도와준다. 하지만 유머는 단순히 이성적인 것은 아니다. 농담을 이성적으로 설명하면 그것은 망가져 버린다.

기도도 연인들이 서로를 바라보는 시선처럼 서투른 말을 초월한다. 기도는 본질적으로 정의할 수 없는 '하나' '일자'의 현존을 실천하는 것이다.

신비적 체험은 의식적인 이성의 근본적인 법칙으로서 아는 자와 알려진 것, 주체와 대상 간의 이원론을 초월하고 부정하는 것처럼 보인다. 신비적 체험은 분명히 (이성적이거나 평범하거나 명확하거나 자연스럽지 '않은' 등) 여러 면에서 부정적이지만, 이러한 부정은 참으로 무한한 긍정의 무언가를 드러내기도 하고 감추기도 한다. 여기서 평범한 의식을 대신하는 것이 무엇이든 이성적으로 표현하려는 모든 시도는 실패한다.

나는 일부러 이러한 설명을 짧고 거칠고 전문적이지 않게 남겼다. 이 다섯 가지는 모두 말이 아니라 파도로 다가온다. 이것들은 마치 엄청나게 높은 파도와 같아서 우리는 그것을 탈 수 있는 서핑 보드가 없다. 이를 가장 잘 표현하는 음절은 '오!'라는 감탄이고, 가장 잘못 표현하는 음절은 '나'이다.

12 인간의 이성으로 신을 알 수 있는가?

유한한 존재가 어떻게 무한한 존재를 알 수 있을까? 오류를 범할 수 있는 존재가 어떻게 무결한 존재를 알 수 있을까? 어리석은 존재가 어떻게 신적인 지혜를 알 수 있을까?

이 물음에 대한 대답은 독단주의와 회의주의라는 두 가지 반대되는 극단을 피해야 한다. 우리가 신에 대해 아는 것은 근본적으로 불충분하지만 실제적인 것이다. 우리는 신을 완전히 이해할 수는 없지만 부분적으로는 파악할 수 있다. 우리는 우리보다 열등한 사람이나 우리와 동등한 사람을 아는 것처럼 신을 알 수는 없지만, 고양이와 개가 우리를 아는 것처럼 어느 정도 신을 알 수 있다. 이성주의는 여기에 적합하지 않지만, 비이성주의도 마찬가지이다. 우리가 신에 대해 단순한 의지와 감정이 아닌 어떤 지식도 없다면, 종교는 존재하지 않을 것이다.

이는 근본적으로 불충분한 지식이다. 하지만, 심지어 고대 이교도 이신론[1]자였던 아리스토텔레스조차도 "가장 높은 것들에 대해 얻을 수 있는 가장 미약한 지식이 더 낮은 것들에 대한 가장 확실한 지식보다 더 바람직하다"[2]라고 알고 있었다. 아리스토텔레스가 말한 "가장 높은 것들"은 신들을 의미했는데, 그에게 신은 여럿이었지만 모두 원인이 없는 하나의 원인에 종속되어 있었다. 이 신들은 멀리 떨어져 있고 비인격적이었지만, 이 근본적으로 결함이 있는 신학조차도 아리스토텔레스로 하여금, 오늘날 대부분의 그리스도인조차 의심하는 것처럼 보이는 심오한 가치 판단을 내리도록 했다.

우리는 아우구스티누스 성인이 말한 "불완전한 것(곧 피조물)에 대한 완전한 지식"과 "완전한 것(창조주의 것)에 대한 불완전한 지식" 중에서 하나를 선택해야 한다. 중세인은 두 번째 것, 곧 신학이라고 불리는 것으로 완전한 것(하느님과 하느님의 것)에 대한 불완전한 지식을 우선시했다. 반면에 현대인은 첫 번째 것, 곧 과학과 기술이라고 불리는 것으로 불완전한 것(이 세상의 것)에 대한 더 완전하고 확실하며 명확하고 충분한 지식을 우선시한다. 이는 아마도 중세인이 어린아이처럼 자신보다 객관적 현실, 곧 인식되는 대상의 질에 대해 더 관심을 가졌던 반면에, 현대인은 그 반대이기 때문일 것이다.

---

1) 〔옮긴이 주〕 이신론(Deism)은 17세기와 18세기 유럽 계몽주의 시대에 등장한 철학적, 종교적 사상으로, 이 이론에 의하면 우주의 창조자 신은 있지만, 이 신은 창조 이후로는 세상에 간섭하지 않는다. 이신론자들은 신이 자연의 법칙을 통해 우주를 창조했으며, 그 후로는 인간의 삶에 개입하지 않고 자연의 법칙이 우주를 운영하게 두었다고 생각한다. 이들은 종교적 신념을 논리와 과학적 발견에 기반해서 설명하려고 하며, 기적, 예언, 계시와 같은 초자연적인 사건을 거부한다. 결론적으로 이들은 신앙보다는 이성을 통한 이해를 중시한다.

2) Saint Thomas Aquinas, *Summa Theologica* I, q. 1, a. 5 ad. 1, referencing Aristotle, *De Partibus Animalium*, bk. 1, ch. 5.

우리가 가진 이 근본적으로 불완전한 신에 대한 "지식"은 어떤 종류의 것인가? 토마스 아퀴나스 성인은 여기에는 두 가지 종류만 있을 수 있다고 말한다. 우리는 신이 무엇인지, 신의 본질이나 본성에 대한 확실하고 문자 그대로이며 일의적인[3] 긍정적 지식을 가지고 있지 않다. 우리의 명확하고 문자 그대로의 지식은 신이 무엇이 아닌지(신은 방정식이나 별이나 동물이 아니다)에 대한 것뿐이다. 신이 '무엇인지'에 대한 우리의 지식은 모두 일의적인 의미가 아니라, 유비적인 것이다. 그것은 신이 무엇인지에 대한 지식이 아니라, 신이 '무엇과 같은지', 아니면 차라리 신과 닮은 것에 대한 지식이다. 만일 우리가 신에 대한 긍정적인 지식을 원한다면, 유비적 지식으로 만족해야 한다. 신은 나쁜 양치기보다는 좋은 양치기와 더 닮았고, 양보다는 양치기와 더 닮았지만, 문자 그대로는 둘 다 아니다.

이런 점은 철학적 신학을 여전히 가능하게 하지만 겸손하게 만든다. 이는 교만하고 주제넘은 이성주의와 절망적이고 회의적인 비이성주의의 딜레마를 피할 수 있게 한다. 여기서 반려동물의 비유가 유용하다. 고양이는 우리가 무엇이 아닌지는 알지만, 우리가 무엇인지는 알지 못한다. 다시 말해서 고양이는 우리가 고양이나 고양이 사료가 아니라는 것은 알지만, 우리의 본질, 이

---

[3] 〔옮긴이 주〕 일의적(univocal) 의미는 어떤 단어가 다른 맥락에서도 동일한 의미로 사용되는 경우를 말한다. 즉, 하나의 단어가 여러 상황에서 동일한 의미를 지닌다는 뜻이다('고양이'는 애완동물 가게에서도, 동물 병원에서도 동일한 한 가지 의미로 사용된다). 반면에 유비적(analogical) 의미는 어떤 단어가 본래의 의미에서 사용될 뿐만 아니라, 여러 맥락에서 이러한 본래 의미를 훼손하지 않고 유사한 의미로 사용되는 경우를 말한다('건강'은 본래 사람의 건강을 의미하지만, 건강한 혈색, 건강한 음식 등에도 사용된다). 그리고 다의적(equivocal) 의미는 어떤 단어가 여러 맥락에서 전혀 다른 의미로 사용되는 경우를 말한다('배'는 선박, 과일, 신체 부위를 나타낸다).

성, 양심은 알지 못한다.

이 문제는 범신론과 이신론의 딜레마와 어느 정도 유사하다. 범신론은 신을 모든 것에 너무 가깝게 만들어 버림으로써, 우리 자신을 포함한 모든 것을 신으로 만들어 버린다. 반면에 이신론은 신과의 어떤 관계도 부정함으로써, 신을 너무 멀게 만들어서 종교를 유신론적 철학으로 축소시켜 버린다.

신을 에베레스트산이라고 생각해 보자. 이성주의자들은 자신을 정상까지 날아갈 수 있는 헬리콥터로 여긴다. 비이성주의자들은 자신을 꿈적하지 않는 바위라고 생각한다. 반면에 우리는 스스로를 올바른 방향으로 몇 번만 뛰어오를 수 있는 토끼라고 생각해야 한다. 하지만 이 작은 움직임도 중요하다. 10피트를 뛰어오른 토끼는 5피트만 뛰어오른 토끼보다 두 배나 멀리 땅에서 떨어져 있기 때문이다. 물론 두 마리 토끼 모두 정상에서 아주 멀리 떨어져 있기는 매한가지이지만 말이다. 그렇지만 토끼가 에베레스트산 정상까지 뛰어오른다는 것은 터무니없는 생각이다.

살아계신 하느님은 사진관 의자에 가만히 앉아서 우리가 그분의 사진을 찍도록 내버려 두지 않는다. 그러나 우리는 다른 어떤 것을 아는 것보다 신, 참된 하느님을 아는 것이 무엇보다 필요하다. 이러한 딜레마에 대한 신적인 해결책은 계시이다.

계시는 존재의 위계질서에 적합하다. 존재가 높을수록 더 활동적이며, 자신을 더 많이 드러낸다. 숫자는 실체가 아니라 관념일 뿐, 아무것도 하지 않는다. 돌은 실체이지만 살아 있거나 자라지 않는다. 식물은 살아 있어서 자라지만, 욕망이나 움직임이 없다. 동물은 욕망과 움직임이 있지만, 이성을 사용해서 추론할 수는 없다. 그리고 이성적인 동물의 종 내에서는 더 많은 위계질서가 존재한다. 갓난아이는 말을 할 수 없고, 아이들은 부모의 말을 들어야 하며, 학생은 교사의 말을 들어야 한다. 우리가 참된 하느님을 알기 위해서는 그분의 말씀을 들어야 하며, 그 활동은 먼저 하느님 편에서 시작되어야 한다. 우리가 하느님에게 올라갈 수 없으므로, 그분이 우리에게 내려와야 한다.

이것이 바로 아브라함의 세 종교가 주장하는 바이다. 종교는 하느님이 말씀하시고 우리가 그것을 듣고 믿는 관계이다. “하느님이 말씀하셨으니, 나는 그것을 믿으며, 그것으로 끝이다”라고 주장하는 종교적인 믿음은 비이성주의처럼 들릴 수 있지만, 그렇지 않다. 이러한 믿음은 전쟁, 정치, 경쟁 스포츠와 같은 갈등을 제외하고는 삶의 거의 모든 차원에서 매우 합리적인 것이다. 이는 바로 신뢰이다. 우리가 하느님을 신뢰할 수 없다면 누구를 신뢰할 수 있겠는가? 우리 자신을 믿겠는가?

PHILOSOPHY

II

형이상학

13	존재란 무엇인가?	*81*
14	존재는 하나인가, 여럿인가?	*87*
15	보편적인 것은 실재하는 것인가?	*93*
16	본질은 실재하는 것인가?	*99*
17	실체는 실재하는 것인가?	*103*
18	범주는 실재하는 것인가?	*106*
19	정신은 실재하는 것인가?	*109*
20	변화는 자기모순적인가? 어떻게 같은 것이 달라질 수 있는가?	*115*
21	실재하는 것은 서로 정도가 다른가?	*119*
22	형이상학과 윤리학은 어떤 관련이 있는가?	*123*

'형이상학'은 말 그대로 '물리학〔자연학〕 너머'를 의미한다. 그렇다고 형이상학이 비물리적인 것들이나 영적인 것들이나 초자연적인 것들만을 다루는 철학의 한 분야라는 것을 의미하는 것은 아니다. 형이상학은 '범위'나 보편성에 있어서 물리적인 것을 "넘어선다"는 것을 의미한다. 말하자면 형이상학은 일부만이 아니라 '모든' 존재, 그리고 모든 종류의 존재를 다룬다. 형이상학은 존재 자체, 곧 "존재로서의 존재"를 다룬다.

존재의 두 가지 종류 사이의 근본적인 구분은 존재 자체와 존재자들, 하나이고 무한하며 영원한 '존재'와 다수이고 유한하며 시간적인 '존재자들'을 구분하는 것이다. 따라서 형이상학은 세 가지 하위 부분으로 나뉜다. (1) 존재 일반 또는 모든 존재에 대해서 다루는 일반 형이상학. (2) 유한하고 시간적인 존재, 또는 우주에 대해서 다루는 특수 형이상학. 이는 우주론 또는 자연철학이라고 한다. (3) 무한하고 영원한 존재, 또는 신에 대해서 다루는 특수 형이상학. (이는 철학적 신학 또는 자연 신학 또는 이성적 신학이라고도 한다.)

일반 형이상학은 세 가지 질문을 중심으로 전개된다.

1. 실재한다는 것은 무엇을 의미하는가? 존재란 무엇인가? (이 질문은 13장에서 다루는 것으로 가장 추상적이며 어려운 질문이다.)
2. 무엇이 실재하는가? 어떤 종류의 존재가 있는가? (이 질문들은 15-21장에서 다루며 보다 특수하고 구체적인 질문들이다. 이 질문들은 존재란 무엇인가에 대한 답을 전제로 한다.)
3. 형이상학과 나머지 철학, 특히 윤리학과는 어떤 관계가 있는가? (이는 22장의 질문이며, 가장 실제적인 것이다.)

13 존재란 무엇인가?

진정한 의미에서 '존재란 무엇인가'라는 질문은 모든 질문 중에서 가장 어려운 질문이다. 어떤 것이 존재하는지, 실존하는지, 또는 '있는지'를 물을 때는 항상 '있다'는 것이 무엇을 의미하는지, '존재한다'는 것이 무엇을 의미하는지를 알고 있다고 전제하기 때문이다. 그리고 어떤 의미에서 이를 분명히 알고 있다. 우리는 '있다' 또는 '존재한다'는 단어를 어떻게 사용하는지 알고 있기 때문이다. 그러나 다른 의미에서 우리는 이를 '알지 못한다.' 이를 정의하거나 설명해 달라고 하면, 그렇게 할 수 없다는 것을 알게 되기 때문이다. 우리는 존재의 측면에서 다른 것들을 정의한다(예를 들어 "인간은 동물적 생명과 이성적 사고를 가진 존재이다" "신은 있지만 산타클로스는 아니다" 또는 "'존재'하느냐 존재하지 않느냐, 그것이 문제로다"). 하지만 우리는 '존재'를 더 근본적인 측면에서는 정의할 수 없다.

근대 이전의 거의 모든 철학자가 형이상학의 가능성과 우선성을 긍정했지만, 전형적인 현대 철학자들 대다수는 이를 부정하는데, 이는 대개 그들의 인식론이 너무 제한적이기 때문이다. 예를 들어 흄의 경험주의는 지식을 경험적인 것으로 제한하고, 칸트의 비판적 관념론은 지식을 현상, 곧 사물 자체가 아닌 우리에게 나타나는 것으로 제한한다.

이런 제한적인 인식론의 문제점은 자기모순적이라는 것이다. 경험론은 경험적 대상을 아는 자아가 그 자체로는 경험적 대상이 아니기 때문에 자기모순적이다. 칸트가 우리가 사물 자체 또는 객관적 진리를 알 수 없다고 한 것은 객관적 진리, 사물 그 자체로 제시된 것이다.

많은 현대 철학자들이 형이상학이 단순히 불가능하다고 믿는 또 다른 이유는 형이상학에는 특수화되고 정의할 수 있으며 범위를 한정할 수 있는 주제가 없다는 것이다. 어떤 신문 헤드라인도 형이상학에 대한 새로운 사실을 밝힌 적이 없다. "어제 존재가 무슨 일을 했는지 들어봤어?"라고 말하는 사람은 없다. 그러나 형이상학에는 뚜렷하고 정의할 수 있는 주제는 없지만, 독특하고 정의할 수 있는 관점은 있다. 형이상학은 모든 것, 모든 사물, 실재하는 모든 존재에 공통된 진리, 속성, 원리 또는 법칙을 탐구한다.

우리는 모든 존재, 모든 것에 대해 자연스럽고 타고난 호기심을 지니고 있다. 우리는 우리의 지식이 부딪히는 모든 장벽에 저항하며, 그 장벽 너머에 무엇이 있는지 알고 싶어 한다. 이는 단순한 맹목적인 고집이 아니라 합리적이고 이성적인 태도이다. 루트비히 비트겐슈타인이 말했듯이, "생각에 한계를 긋기 위해서는 이 한계의 양쪽을 모두 생각할 수 있어야 한다."[1] 이 말에 대해서 잠시 생각해 보자. 이 한계에서 벗어날 방법은 없다. 따라서 모든 회의적이거나 제한적인 인식론은 자기모순적이다. 여기에는 형이상학을 배제하는 것도 포함된다.

우리의 선천적이고 보편적인 형이상학적 탐구 욕구, 곧 존재하는 모든 것을 알고자 하는 욕구는 그 욕구를 충족시킬 수 있고 이와 상응하는 실재가 있다고 생각하는 데에는 긍정적인 이유가 있다. 왜냐하면 선천적이고 보편적인 다른 모든 욕구는 그것을 충족시킬 수 있는 실재에 부합하기 때문이다. 배고픔의 경우에, 그것에 부합하고 그것을 만족시키는 음식이 있다. 호기심에는 진리, 성적 욕망에는 성적인 쾌락, 외로움에는 우정, 아름다운 것을 보려는 욕구에는 아름다움, 갈증에는 음료수, 피로에는 휴식, 고통에는 약, 지루함에는 흥미가 있다. 따라서 객관적 실재와 실재의 본질을 알고자 하는 주관적 욕구는 어떤 식으로든 일치해야 한다. 주관적인 정신과 객관적인 실재, 생각과 존재는 서로 상응하며, 이는 마치 남성과 여성처럼 서로를 위해 만들어졌다. 따라서 객관적 실재, 그리고 실재의 본질을 알고자 하는 정신의 주관적인 욕구는 어떻게든 일치해야 한다. 주관적 정신과 객관적 실재, 생각과 존재는 남성과 여성처럼 서로 상관관계에 있으며, 서로를 위해 만들어졌다. 자크 마리탱이 말했듯이, “정신과 존재 사이에는 혼인 관계가 있다.” 이는 모든 철학, 모든 과학, 심지어 상식에도 숨겨져 있지만, 실제적인 전제이다.

우리는 많은 일반적인 인간 경험에서 형이상학적 질문, 그러

---

1) Ludwig Wittgenstein. *Tractatus Logico-Philosophicus*, trans. C.K. Ogden, London: Routledge & Kegan Paul. 1922, p.27, quoted in John Gibson / Wolfgang Huemer, eds., *The Literary Wittgenstein*, New York: Roudledge, 2004, p.58.

니까 "존재할 것인가, 존재하지 않을 것인가"라는 질문, 왜 아무것도 없는 것이 아니라 '무언가가 있는가'라는 질문을 암묵적으로 제기한다. 예를 들어, (1) 죽음이 우리 자신의 존재나 사랑하는 사람의 존재를 없애려고 위협할 때, (2) 특별한 은혜나 선물, 특히 우리가 깊이 사랑하는 사람의 존재의 실재에 놀라움을 느낄 때, (3) 겉보기에는 아무것도 존재할 필요가 없는 것 같지만 모든 것이 존재하기 때문에, 만물에 우주적 감사를 느낄 때, (4) 모든 것에 대해 절망하고 모든 것이 사라지기를 바랄 때, (5) 완전히 지루해져서 더 이상 무엇이 있든지 없든지 상관하지 않을 때, 우리는 그러한 물음을 던진다.

우리는 끝없는 바다와 같은 존재 속에서 헤엄을 치고 있다. 우리는 존재를 피할 수 없다. 우리는 단지 존재에 대해 질문하는 것을 피할 수 있을 뿐이다. 그러나 우리는 그 질문하기를 피하지 않음으로써 철학자가 될 수 있는 것이다.

존재란 무엇이고, 존재한다는 것은 무엇인가라는 질문에 대한 답은 다양하다.

어떤 철학자가 존재란 무엇인가라는 질문에 어떤 대답을 하든지 간에, 그것은 필연적으로 그의 철학의 모든 것에, 곧 인간이 무엇인가, 우주가 무엇인가, 신이 무엇인가에 영향을 미칠 것이다.

형이상학적 관념론은 존재가 관념이나 의식과 구별될 수 없으며, 존재가 생각이나 의식 또는 정신이나 마음의 하위 부분이라고 말한다. 이는 소크라테스 이전의 그리스 철학자 파르메니데스와 근대 독일 철학자 헤겔, 그리고 힌두교 신비주의자 샹카라의 입장이다. 이들은 물질조차도 생각 또는 생각의 한 형태이거나 "내면의" 생각일 뿐이라고 말한다. 그 반대 극단에서는 고대의 데모크리토스와 루크레티우스와 현대에는 홉스와 마르크스와 같은 유물론자들이 존재하는 것은 물질적이라는 것이라고 말한다. 이들은 심지어 생각도 물질에 불과하다고 말한다. 그래서 똑같은 의미를 게으른 비유물론자는 "상관없어"〔그것은 물질이 아니야〕[2]라고 말하고 게으른 유물론자는 "신경 쓰지 마"〔결코 정신이 아니야〕[3]라고 말한다.

다원론자들은 많은 것들이 존재한다고 하는데, 하나의 존재가 있는 것이 아니라, 많은 존재와 다양한 종류의 존재만이 있는 것이라고 말한다. 그 반대의 극단에서 일원론자들은 오직 단일성만이 실재하며 다수성은 실재하지 않는다고 말한다. 그리고 단일성은 변하지 않으며, 사물이 변화하기 위해서는 (그 이전과 이후에) 다수의 상태가 있어야 하기 때문에, 일원론자들은 실제로는 아무것도 변하지 않는다고 믿는다. (그렇다면 다원론자들이 마음을 바꾸어 일원론자가 되는 것을 어떻게 기대할 수 있겠는가?)

플라톤주의자들은 참된 존재는 본질, 곧 플라톤의 이데아나 형상이라고 믿는다.

아리스토텔레스주의자들은 일차적 존재가 실체라고 믿는다.

토마스주의자들은 존재가 가장 완벽하고 실제적이며, 궁극적으로는 본질이라기보다 실존의 행위라고 믿는다.

무신론적 실존주의자들은 애초에 존재란 단순히 인간의 실존이라고 믿는다.

도교와 하이데거주의자들은 존재가 실재라기보다는 잠재력

---

2) 〔옮긴이 주〕 it doesn't matter.

3) 〔옮긴이 주〕 never mind.

이라고 믿는다.

니체는 "권력에의 의지"가 "존재의 가장 내면적인 본질"이라고 믿는다.

허무주의자들은 존재가 무(無)라고 믿는다.

말장난을 좋아하는 사람들은 존재가 벌들이 하는 일이라고 믿는다.

때로는 가장 심오한 대답이 가장 어리석게 들릴 때가 있다.

그리고 때로는 그렇지 않을 때도 있다.

14 존재는 하나인가 여럿인가?

한 미국인과 영국인이 '니더'(neither)라는 단어를 "니-더"(nee-ther)로 발음할지 "나이-더"(nigh-ther)로 발음할지에 대해 논쟁을 벌였다. 스코틀랜드인이 이 논쟁을 해결했다. "둘 다 아닙니다"(nay-ther).

존재가 하나인지 다수인지에 대한 명백한 대답으로서 스코틀랜드식 대답은 상식적인 대답이며, 존재에 대해서는 (다수가 아닌) 단일론이나 (하나가 아닌) 다원론 "둘 다 아니다"라는 것이다.

일원론과 다원론은 모두 상식과 경험에 맞지 않을 뿐만 아니라 논리적으로도 자기모순적이다.

일원론은 차이의 부정을 수반하기 때문에 자기모순적이다. 따라서 모순적이지 않기 위해서는, 일원론에 따르면 "하나와 다수의 문제"에 대한 '정답'인 일원론과 '오답'인 다원론 사이의 차이를 포함해야 한다.

일원론의 가장 일반적인 형태는 범신론이며, 범신론에서 하나이자 유일한 존재는 신적이고 완전하다. 범신론에서 신은 만물의 창조자가 아니라 만물이 곧 신이다. 이교도 그리스인인 파르메니데스, 힌두교 신비주의자 샹카라, 유다교에서 파문당한 스피노자, 이단적 독일 그리스도교인 헤겔은 모두 범신론자였다. 범신론에 따르면 모든 것이 신이므로, 이 네 사상가는 모두 신이었다. 그러나 설령 범신론이 주장하는 것처럼 이들 중 누구도 신과 진정 다르지 않다고 하더라도, 실제적으로 그들은 서로 다른 존재였다. 파르메니데스는 실제로 힌두교인이 아니었고, 샹카라는 유다교인이 아니었으며, 스피노자는 독일인이 아니었고, 헤겔은 그리스인이 아니었다. 따라서 파르메니데스 신은 샹카라 신이 아니다. 그래서 "신은 신이 아니다"라는 명제는 자기모순적이다.

다원론이 진정한 하나 됨을 부정하는 것을 의미한다면, 그것 또한 자기모순적이다. 여기서 "다수"의 의미는 여럿으로 존재하는 하나의 "어떤 것"이 많다는 것을 전제하기 때문이다. 다원론은 어떤 하나의 영역에서 일원론과 다원론의 이원성을 포함한 어떠한 이원성도 대립할 수 없다는 입장을 수반한다. 만약 일원론과 다원론이 공통점이 없다면, 이 둘은 다를 수도 없다. (이 둘의 공통점은 둘 다 '주의' 또는 '론'이라는 것이다.) 이는 모든 다수적인 것에 적용된다. 예를 들어 남성과 여성은 둘 다 성별을 공유하기 때문에 서로 성별이 다르며, 인간(이성적 동물)과 짐승(비이성적 동물)은 둘 다 동물이기 때문에 서로 다르다. 그리고 2와 3은 둘 다 숫자이기 때문에 다르며, (아마도 이원성 자체의 본질을 제외하고는) 어떤 것도 단순히 둘일 수만은 없다. 모든 둘은 어떤 하나의 공통된 무언가의 둘이어야 한다.

현실 세계 어디에서나 우리는 하나로 조직된 다양성과 다수로 조직된 단일성을 발견할 수 있다. 우리는 은하계, 건축, 음악, 생물학적 유기체, 책, 인류의 역사, 정부, 이야기 등 여덟 가지 다양한 종류의 존재에서 이를 발견할 수 있다. 이 여덟 가지 실재하는 것 중 어느 것도 다수를 포함하지 않는 하나로, 또는 하나의 부분이나 측면이 아닌 다수로 상상하거나 생각할 수 없다.

존재하는 모든 것은 하나이다. 집단도 하나의 집단이다.

유한한 모든 것도 다수이다. "유한하다"는 것은 "이것이며 저것이 아닌 것"을 의미하기 때문이다. 유한한 모든 것은 경계, 한계가 있으며, 그 한계 안에 있는 것은 그 한계 밖에 있는 것과 다르다. 오직 무한한 단 하나의 존재가 있어야만, 다수가 아닌 "하나"가 있을 수 있다. — 그러나 그 무한하고 유일한 존재가 동시에 다수일 수도 있다. — 말하자면 그것이 많은 존재 중 하나로서 "외부에 있는" 하나가 아니라, 하나의 "내부에서" 다수로 존재하는 것을 의미한다. 이는 그리스도교에 따르면 하나이요 유일한 하느님이 삼위일체의 위격들로 존재하는 것에 해당된다. 삼위일체는 하나와 다수의 궁극적인 화해이다.

그렇다면 모든 존재가 하나인 '방식'은 무엇이고, 여럿인 방식은 무엇인가? 무엇이 존재를 하나로 '만들며', 무엇이 존재를 다수로 만드는가? 실제 사물들이 다수라는 사실을 '설명'하는 것은 무엇이며, 모든 것이 어떤 식으로든 하나라는 사실을 설명하는 것은 무엇인가?

가장 분명한 대답은 사물들이 모두 '있다'는 점에서, 실제로 존재한다는 점에서는 하나이지만, 사물들이 '무엇'이라는 점에서는 다수이고 다르다는 것이다. 실제로 존재하는 모든 것들은 존재를 공유하며, 이들을 구별하는 것은 그들의 본성 또는 본질, 곧 그들의 '무엇'이다.

여기서 '본질'은 '우연' 또는 '우연적인 속성'과 구별되는 것이 아니라 '존재'와 구별되는 것으로 사용된다. 존재와 구별되는 본질은 본질적 속성과 우연적 속성을 모두 포함하여 사물의 '무엇'을 의미한다. 모든 사물은 모두 존재한다는 점에서는 하나이며, '무엇'이라는 점에서는 다수이다. 행성과 식물, 생각과 사물, 천사와 원자는 모두 존재하지만 그들의 본질은 서로 다르다.

따라서 본질은 차이, 한계, 유한성의 원리(곧 근원)인 반면에, 존재는 하나 됨의 원리(곧 근원)이며, 그 자체로는 무한하지만, 마치 강이 제방에 의해 제한되는 것처럼 "외부"로부터 본질에 의해서만 제한된다.

이와 같은 매우 추상적인 개념들이 혼란스럽게 느껴지는가? 이러한 점을 명확히 이해했다고 생각하는가? 다음에 나올 내용을 들어 보면 더 혼란스러울 수도 있다.

우리는 방금 차이 또는 다수의 원리가 본질이고 하나됨의 원리가 존재라고 말했다. 그러나 또한 다수성의 원리가 존재이고 하나됨의 원리가 본질이라는 것도 사실이다. 두 존재는 본질은 같지만(예를 들어 두 인간) 존재의 행위는 다를 수 있기 때문에, 양자는 하나가 아니라 둘이다. 하나가 죽어도 다른 하나는 여전히 살 수 있다. 따라서 본질을 보편화하면서 개별화하는 것이 존재이다. 각각의 사물은 자신만의 존재 행위를 하면서도 다른 사물과 본질을 공유한다. 본질은 인간성, 원형성, 푸르름, 정의와 같은 "보편자"이다. 따라서 본질은 차별화하면서도 통합하고, 존재는 통합하면서도 차별화한다.

이와 같은 역설에 부딪힐 때마다, 그러니까 두 가지 모두 사실이지만 서로 모순되는 것처럼 보일 때마다, 여러분은 중요한 갈림길에 서게 된다. 여러분은 다음 두 가지 중 하나를 선택해야 한다. (1) 지나치게 이성적인 철학자들이 흔히 하는 것처럼, 역설을 발생시키는, 명백하게 상호 모순되는 두 가지 경험적 사실 중 하나를 부정함으로써 역설을 해결하는 것, 또는 (2) 두 가지 경험적 사실을 모두 받아들이고, 용어의 의미를 보다 신중하게 정의하고 구분하여 두 사실을 조화시키려고 노력하는 것이다. 이 두 번째 입장은 아우구스티누스가 하느님의 섭리와 자유의지의 역설을 해결한 방식이며, 현대 물리학자들이 빛이 연속적인 파동이면서 불연속적인 입자라는 역설을 다룰 때 사용한 방법이다. 그리고 설령 조화시키려는 시도가 성공하지 못하더라도, 여전히 그 경험적 사실 자체를 부정해서는 안 된다. 여러분은 그 역설의 두 가지 측면을 모두 긍정하는 셈이다. 좋은 이야기는 섭리와 자유로운 선택을 모두 보여 준다. 실제이든 허구이든 모든 이야기에는 작가의 편에서 예정과 등장인물의 편에서 자유로운 선택 둘 다 있어야 한다. 비록 그것이 어떻게 가능한지 설명하지 않는다고 할지라도 말이다. 우리는 그것이 어떻게 가능한지 알지 못하더라도, 그것이 실제적이기 때문에 그럴 수 있다는 것을 알고 있다.

형이상학을 하는 가장 좋은 방법은 두 번째 방법이다. 말하자면 추상적인 이론 때문에 경험의 데이터를 의심하는 것이 아니라 구체적이고 상식적인 경험적 사실이 추상적 이론을 판단하게 하는 것이다. 이는 나쁜 과학과 구별되는 좋은 과학에서 이루어진다. 좋은 과학에서는 데이터가 가설을 판단하지, 그 반대는 아니다.

이 일반적인 원리는 본질과 존재라는 특수한 문제보다 더 보편적이고 더 중요하다. 그러니 지금은 그 교훈만으로 만족하기로 하자. 그것만으로도 출발점으로는 충분하다.

15 보편적인 것은 실재하는 것인가?

붉은 장미, 어두운 날, 정의로운 행위, 인간 존재, 삼각 피라미드가 존재한다는 것을 부정하는 사람은 거의 없다. 하지만 붉음 자체, 어둠 자체, 정의 자체, 인간성 자체(또는 "인간 본성"), 삼각형 자체는 어떤가? 이러한 형용사들이 지칭하는 것들도 명사로 지칭하는 것들로 지칭되는 것들처럼 존재하는가? 만일 존재하지 않는다면, 왜 우리는 그것들에 대해 참된 진술을 할 수 있는 것인가? 그렇다면 그것들은 어디에 있는가?

그것들은 각각 하나이면서 다수이고, 하나의 성질과 속성 또는 본질이나 본성 또는 많은 것들과 어떤 식으로든 관련되거나 발견되는 "어떤 것"이기 때문에 "보편자"라고 불린다. 붉음은 하나이지만, 붉은색 사물들은 다수이다. 인간의 본성은 하나이지만, 인간은 다수이다. 우리는 단순히 하나의 우주이거나 여러 개의 우주가 아닌, 하나의 우주에 살고 있다. 앞선 장에서 보았듯이 우주는 하나이면서 다수이다. 많은 개별적인 것들(예를 들어 붉은색 사물들)을 어디에서 찾을 수 있는지는 분명하지만, 하나(예를 들어 붉음)는 어디에서 찾을 수 있는가? 나는 여러분의 손에 붉은 사물들을 쥐어 줄 수는 있지만, 붉음 자체를 줄 수는 없다.

철학의 역사는 보편자의 문제에 대해서 네 가지 다른 대답을 내놓았다.

플라톤은 보편자가 그 자체로 객관적인 실재로 존재하며, 개별 사물들과는 별개로 독립적으로 존재한다고 말한다. 우주에 모든 붉은 것들이 사라진다고 하더라도, 붉음 자체는 여전히 존재할 것이다. 이러한 입장은 흔히 극단적 실재론 또는 극단적 형이상학적 실재론이라고 불린다. 보편적인 것이 실재한다고 말하기 때문에 "실재론"이고, 보편적인 것이 개별 사물과는 독립적으로 실재한다고 말하기 때문에 "극단적"이라고 한다.

아리스토텔레스는 플라톤의 형상〔이데아〕을 지상으로 가져와서 실체, 곧 구체적인 개별 사물들의 형태로 만들었다. 아리스토텔레스는 이 사물들이 객관적인 실재로 존재하지만, 그것이 우연적인 형태든 본질적인 형태든 그들의 형상(그들의 본성, 그들의 "무엇임")으로서 변형시키는 사물들에서만 존재한다고 말한다. 아리스토텔레스에 따르면, 만일 우주의 모든 붉은 사물이 존재하지 않게 된다면, 붉음은 객관적인 현실 어디에도 존재하지 않을 것이다. 이 입장은 종종 "수정된(또는 온건한) 형이상학적 실재론"이라고 불린다. 우주가 실재한다고 말하기 때문에 "실재론"이고, 그 자체로는 실재하지 않고 사물들에서만 실재한다고 말하기 때문에 "수정된" 또는 "온건한" 실재론이다. 우리의 정신은 형상들을 그것들이 실제로 존재하는 구체적인 사물들에서 추상화한다.

세 번째 입장은 조금 까다롭다. 이는 개념주의라고 불리며, 여기에는 두 가지 버전이 있다. 페트루스 아벨라르두스(12세기)는 보편은 실재가 아닌 개념일 뿐이지만, 보편은 실재에, 그러니까 개별 사물 간의 실제적 닮음 또는 유사성에 기반한다고 말한다. 칸트(19세기)는 보편이 개념일 뿐이라는 데 동의하지만, 그것은 모든 정신에 의해 무의식적으로 그러나 필연적이고 보편적으로, 실재에 부과되는 것이라고 말한다. 이것이 칸트의 관념론이다. 칸트는 보편자가 객관적 현실에 존재한다는 것을 알 수 없다고 말한다. 즉, 보편자는 생각 속에서만 존재한다는 것이다. 그러나 이러한 보편자 중 어떤 것은 최소한 너무나 자명하고 정당한 사유이며, 어떤 것은 시간, 공간, 원인과 결과, 실체, 우연, 자아, 인격, 의무, 신, 세계와 같이 필연적이고 피할 수 없는 것들이다.

네 번째 입장은 유명론으로, 윌리엄 오컴(14세기)으로부터 시작된다. 그는 보편이 모든 사물 사이에 존재하는 차이를 망각한, 잘못된 착각 속에서만 존재한다고 말한다. 그에게 보편자는 실재도 아니고 명확한 개념도 아니며, 개념과 이름(nomini)을 혼동한 것일 뿐이다. 그것은 마치 우리가 무엇이나 빠르게 줄여서 약칭으로 부르듯, 사물에다 나름의 이름을 불필요하게 갖다 붙여 만든 공통된 칭호에 불과하다. 우리가 서로에게 하는 것처럼, 각각의 붉은 것이나 장미인 것에 특별하고 고유한 명사를 부여하는 대신에, '붉음'이나 '장미'와 같은 막연하고 포괄적인 이름을 명명하여 사용한다는 것이다. 오컴은 심지어 보편적인 것을 한낱 "방귀 소리"(flatus vocis)에 지나지 않는다고도 했다. 이러한 입장은 보편적인 것을 그저 명명된 이름으로만 축소하기 때문에 유명론(唯名論) 또는 "이름론"이라고 한다.

이 문제는 지극히 추상적이고 비실용적으로 들릴 수 있다. 하지만 사실 이 문제는 철학에서 실질적으로 중요한 문제 중 하나이다. 그리고 보편이 실재하는지에 대한 물음에 어떤 대답을 하는가는 엄청난 차이를 만들어 낸다. 장미나 붉음에 관한 문제에서는 큰 차이가 없을 수 있지만, 인간 존재와 인간의 본성에 관해서는 큰 차이를 만든다. 만일 객관적인 현실에 인간 본성과 같은 것이 없다면, "자연법" 윤리와 같은 것은 없다. 인간 본성이 실재가 아니라면, 우리는 인간 본성과 그 필요에 윤리를 세울 수 없다. 본성적인 것과 본성에서 벗어나는 것을 구별할 수도 없다. 우리는 동성애, 일부다처제, 트랜스젠더, 자살, 대량 학살, 식인 풍습과 같은 어떤 인간의 행위가 인간의 본성에 어긋나거나 해롭다고 해서, 그것이 잘못되었다고 말할 수도 없게 된다. 우리는 단지 (1) 그러한 행위가 실제로 드물다고 하거나 (2) 그것을 개인적으로 좋아하지 않는다고 하거나 (3) 의지와 관습에 따라 어떤 식으로든 처벌하여 억제하기로 합의한 것이라고만 말할 수 있을 뿐이다.

또한 우리가 일관된 유명론자라면, 그래서 진정한 보편적 본성과 같은 것이 존재하지 않는다고 한다면, 모든 인간이 본질적인 본성에서 동등하다고 말할 수 없으며, 우리가 원할 경우에만 인종차별과 "열등한 인간"의 하위 종을 너그러이 용인할 수 있을 것이다. 현실을 인식하는 우리의 정신이 아니라 오직 우리 자신의 의지와 선택만이 우리를 구속할 뿐이다. 다시 말해서 우리의 의지와 힘이 진리를 대체하게 된다.

또한 우리가 유명론자라면, 회의주의에 빠질 수밖에 없다. 연역적 논증만이 확실성을 제공하는 유일한 추론이기 때문에, 논리적으로 타당하기 위해서는 최소한 하나의 보편적인 전제가 있을 수밖에 없고, 그 결과 논리적 모순에 빠져 버린다.

반면에 우리가 플라톤의 극단적 실재론자라면, 인간의 본성은 개별 인간 존재보다 더 실제적이며, 추상적인 것이 구체적인 것보다 더 실제적이게 된다. 이는 특히 "인간성"을 위해 실제 개별 인간을 무시하는 정치적 이상주의자들에게는 위험한 무기가 될 수 있다.

늘 그렇듯이, 아리스토텔레스는 양극단을 피하는 상식적이고 중간적인 입장을 취한다. 그는 플라톤의 보편자를 긍정했지만, 신들처럼 독립적으로 존재하는 실재가 아니라 사물의 실제적 속성이나 특성으로 보았다.

아우구스티누스는 창조주이자 설계자인 하느님의 정신 속에 있는 이데아라는 또 다른 집을 부여함으로써, 아리스토텔레스의 이론에 플라톤의 이데아론을 접목시켰다.

토마스 아퀴나스는 아리스토텔레스와 아우구스티누스를 결합하여 보편자가 세 곳에 존재한다고 말했다. (1) 아우구스티누스가 말한 것처럼, 보편자는 "사물 이전에" 설계자인 신의 정신 속에 존재한다. (2) 아리스토텔레스가 말한 것처럼, 보편자는 객관적으로 실재하는 구체적인 개별 물질적 "사물 안에" 사물의 형상으로 존재한다. (3) 개념주의자들이 말한 것처럼, "사물 이후에" 인간의 정신 안에서 사물들로부터 추상화한 개념으로 존재한다. (그러나 칸트는 보편자에 대해서 우리가 추상화하는 것이 아니라 부여하는 것이라고 말했다.)

아리스토텔레스의 상식적인 관점에서 볼 때, 보편자에 대한 두 가지 오류와 극단 중 플라톤주의와 유명론 중 어느 것이 더 위험할까? 철학의 역사는 이 질문에 대한 명확한 답을 제공한다. 플라톤주의자는 자연스럽게 플라톤주의를 수정하여 아리스토텔레스주의자나 아우구스티누스주의자가 되지만, 유명론자는 자신의 유명론에서 벗어나든지, 아니면 흄의 회의론이나 니체의 허무주의로 기울어지게 된다. (니체에게 존재는 없으며, 존재 자체는 보편자이기 때문에 "공허함이며 오류"이다.)

우리가 보편적 원리과 그것의 특수한 사례들, 또는 보편법(자연법 또는 도덕법)과 이 법이 다양한 상황에 다양하게 적용되는 것 사이의 명백한 구별을 처음 발견했을 때, 우리는 본능적으로 믿고 있는 두 가지 진리를 위한 안식처를 발견했다는 사실에 감격하게 된다. 말하자면 정말로 보편적이고 불변하는 원리가 있으며, '그리고' 원리에 대한 지식 그 이상이 필요한 특별한 사례와 상황도 있기 때문에, 원리와 그 원리의 창조적인 적용 모두가 필요한 것이다.

우리가 처음으로 보편자와 개별자 모두가 거주할 수 있는 집을 발견했을 때, 우리는 두 가지 극단적인 입장, 즉 변화하고 우연적이며 예측 불가능한 개별자들을 무시하는 교조주의와 불변하고 필연적인 보편자를 무시하는 회의주의 모두에 대한 대안을 발견하게 된다. 같은 빛이 서로 반대되는 어둠, 즉 교조적이고 율법주의적이며 기계적인 경직성과 원칙이 없고 무작위적이며 자의적인 상대주의, 이 모두를 몰아낸다.

16 본질은 실재하는 것인가?

본질은 '그것은 무엇인가?'라는 질문에 대한 답이다. 그렇다면 그 본질의 본성은 무엇인가?

이는 '보편자는 실재하는가?'라는 질문과 정확히 동일하지는 않지만, 이와 밀접한 관련이 있다. 모든 본질은 보편자이지만, 모든 보편자가 본질적인 것은 아니고 일부는 우연적이기 때문이다. 예를 들어, 이성은 인간에게 본질적이지만, 남성성은 그렇지 않다. 생명은 장미에 본질적이지만, 붉음은 그렇지 않다. 따라서 매우 추상적이고 이론적으로 보이는 본질에 대한 질문은 본질적인 것(또는 실체적인 것)과 우연적인 것 사이에 실제적인 구별이 있는지에 대한 것이다. 여기서 우리는 본질과 존재의 구별이 아니라, 본질과 우연의 구별에 대해서 묻고 있는 것이다. (본질적 형상과 우연적 형상은 모두 넓은 의미에서 본질의 예이다. 이는 있음과 구별되는 본질, 곧 그것이 무엇인지와 그것이 존재하는지 여부와 구별되는 본질이다. 그리고 본질적인 것과 우연적인 것 사이의 이러한 구별 자체는 우리가 상대적인 것을 절대화하거나 절대적인 것을 상대화하지 않는다면, 본질적인 구별이다.)

인간의 본질이나 본질적 본성과 같은 것이 없다면, 인종과 같이 상식적으로 우연적인 것이라고 보는 것을 본질의 지위로 격상시켜 버리게 된다. 말하자면 흑인이나 백인은 이제는 본질로 오인되어 그 우연성이 없는 것이기 때문에 정말로 온전한 인간이라고 말할 수 없게 되는 것이다. 성별에 대해서도 마찬가지로, 남성과 여성은 동일한 인간의 본질을 공유하는 것이 아니라 서로 다른 두 종이라고 생각하게 되는 것이다. "남성은 화성에서 왔고, 여성은 금성에서 왔다"라는 식으로 말이다.

만일 공통의 본질이 없다면, 우리는 모든 개인에 대해서도 토마스 아퀴나스가 천사에 대해서 말한 것처럼 말할 수 있을 것이다. 그에 의하면 천사들은 너무 개별화되어 있어서 각각이 다른 종이다.[1] 천사들은 영희와 철수가 서로 다른 것처럼 다른 것이 아니라, 개와 고양이가 서로 다른 것처럼 다른 것이다. 이는 현재 우리의 문화가 개인의 자율성과 정체성에 대해서 말하는 것과 거의 같다. 우리 문화는 존 던(John Donne)이 말한 "어떤 사람도 섬이 아니다"(No man is an island)에서 사이먼 앤 가펑클(Simon & Garfunkel)이 노래한 "나는 바위이며, 나는 섬이다"(I am a rock, I am an island)로 이동한 것이다.

우연성을 본질로 만들 수 있다면, 본질도 우연성으로 만들 수 있다. 또한 이성성과 같은 본질적인 차이를 우연적인 것으로

---

[1] Saint Thomas Aquinas, *Summa Theologica* I, q. 50, a. 4.

축소하여 인간과 짐승의 본질적인 차이를 없앨 수도 있다. 예컨대 동물을 사람으로 대우하면서 인권을 부여하거나, 아니면 인간을 동물처럼 취급하면서 노예처럼 부리거나 마음대로 죽이거나 식인을 하는 행위를 생각해 볼 수 있겠다. 이는 물론 인류 역사에서 종종 일어났으며, 본질적인 것과 우연적인 것 간의 본질적 차이가 정말로 없다면, 이러한 행위를 정당하게 비난할 수 없다. 이러한 구별이 단지 우리의 선택, 욕망, 발명 또는 편견이라면 말이다. 하지만 우리는 이러한 구별이 '마음에 들지' 않는다고 말할 수는 있지만, 이를 거부하는 것을 '정당화'할 수는 없다. 그렇지 않다면 의지나 감정이 이성을 대체하게 된다. 상대주의나 주관주의의 도덕성은 형이상학적 유명론의 당연한 결과이다.

본질이 없다면, 목적론, "최종 인과관계", 또는 자연적 목적도 존재하지 않으며, 인간을 포함한 어떤 것도 본질적인 목적, 끝, 운명 또는 선(善)을 지닐 수 없다. 그런 경우에 모든 목적은 상대적이고 주관적이 되고, 의지에 의해 선택되거나 감정에 의해 느껴지며, 객관적 사실로 볼 때 맹목적이고 무의미한 질료에 불과한 세계에 강제로 부과된 것이 되고 만다.

존재에 대한 이러한 이론 철학은 코헬렛〔"허무로다, 허무! 모든 것이 허무로다!"(코헬 1,2)〕과 『맥베스』에서 볼 수 있는 실천적 삶의 철학으로 이어진다.

> "내일, 내일 또 내일은 하루하루 조금씩 기어 들어와
> 기록된 시간의 마지막 음절까지 이어지고
> 우리의 모든 어제는 바보들을 인도하여
> 먼지 쌓인 죽음으로 가는 길을 비추었습니다. 꺼져라, 꺼져

라, 짧은 촛불이여!
인생은 걸어 다니는 그림자에 불과하고, 불쌍한 배우일 뿐입니다.
무대 위에서 자신의 시간을 뽐내고 조바심을 내다가
더 이상 들리지 않습니다. 그것은 소리와 분노로 가득 찬 바보가 들려주는 이야기로, 아무런 의미도 없습니다."[2]

여기서 삶의 의미는 무엇인가? 아무것도 없다. 여러분이 원하는 대로이다. 이러한 "실존적" 허무주의는 형이상학적 유명론의 논리적 결과이다. 그리고 이것이 서구 문명이 쇠퇴한 더 깊고 숨겨진 원인이다. 가장 추상적인 철학적 문제가 가장 구체적인 실제적 결과를 가져온 것이다.

2) William Shakespeare, *Macbeth, ed. Joseph Pearce,* Ignatius Critical Editions, San Francisco: Ignatius Press, 2010, pp.115-16.

17 실체는 실재하는 것인가?

철학에서 실체(substance)라는 용어는 화학에서 사용하는 실체와는 다른 의미를 지닌다. 화학에서 실체, 곧 물질은 원자 주기율표에 있는 원소나 원소들의 결합, 특정한 종류의 물질을 만드는 원자 배열을 의미한다. 그러나 철학에서 실체란 쉽게 말해서 명사로 표현되는 존재, 사물, 개체가 다른 것의 속성으로 존재하는 것이 아니라 자기 안에서 고유한 자신으로 존재하는 존재자를 뜻한다. 예를 들어 인간은 실체이지만, 그의 행동, 감정, 장소, 시간, 소유물, 원인, 결과, 성질, 양, 그리고 타인과의 관계 등은, 비록 실재하지만, 실체가 아니라 우연이다.

아리스토텔레스의 용어에서 '우연'(accident)은 갑자기 브레이크가 고장나거나 핸들이 말을 듣지 않아서 사고가 발생하는 것을 의미하는 것은 아니다. 문법적으로 보자면, 철학적 의미에서 우연은 보통 동사, 부사, 형용사, 전치사 또는 접속사로 표현되는

데, 실체는 명사로 표현된다.

흄 같은 근대의 경험론자들은 우리가 지각하는 것만을 알 수 있다는 경험론적 전제로부터, 우리는 결코 실체를 지각하지 못하기 때문에 실체는 실재하는 것이 아니라 단지 우연한 것일 뿐이라고 추론했다. 예컨대 우리는 바위의 색깔, 모양, 크기를 지각하지만, 이 모든 우연적인 속성을 지닌 것을 지각하는 것은 아니다. 말하자면 우리는 '바위다움'을 보거나 듣거나 느끼는 것이 아니다.

따라서 우리가 유명론자이자 경험론자라면, 유명론에 의해서는 보편자를 부정하게 되고, 경험론에 의해서는 개별적인 실체도 부정하게 되는 셈이다.

영어 단어 실체(substance)는 라틴어 '숩스탄스'(substans)에서 유래하는데, 이는 "아래에 서 있다"는 의미이다. 따라서 실체는 나뭇잎의 색깔이 변하거나 풍선이 부풀어 오르며 크기가 변하는 것처럼, 변화하는 우연적인 속성 아래에 계속 서서 그것을 지탱하는 것이다. 하지만 우리가 경험하는 것은 항상 변하는 우연한 것뿐이기 때문에, 우리가 경험론자라면 실체는 알 수 없는 것, "내가 모르는 것"이 되어 버린다. 그러나 흄에 따라 실체가 없다고 한다면, 변하지 않고 남아 있는 것은 아무것도 없게 되고, 심지어 인간의 자아조차도 그렇게 된다. 존재하는 것은 오직 지속되는 우연적인 것과 행위, 형용사와 동사뿐이며, 명사는 없다. 흄은 붓다와 마찬가지로 실체적인 자아나 에고의 존재를 부정했다. (그렇다면 흄이 "나"라고 말할 때, 그 사람은 과연 어느 "흄"을 말하는 것인지 불확실해진다.)

이러한 실체적인 개별성의 부정은 우리 문화에도 반영되어 있다. 우리는 (보편자를 부정하는 유명론 때문에) 보편성의 위기뿐만 아니라, (개별적 실체를 부정하는 경험론 때문에) 개별성 및 개인 정체성의 위기도 경험하고 있다. 따라서 우리의 정체성은 항상 변화하는 우연적인 것, 속성, 질, 행위, 선택 등으로 용해되어 버린다. 그렇기 때문에 자아는 주어진 실재가 아니라 오히려 "투사물"이나 "구성물"로 간주된다. 태어난 아기뿐만 아니라 태어나지 않은 아기도 그저 "잠재적인 인격"으로만 여겨질 뿐이다. 이러한 형이상학의 결과는 매우 급진적이다. 예컨대, 오늘의 나와 내일의 내가 동일한 사람이 아니라면, 당신은 "나의" 약속을 신뢰하지 않는 것이 더 좋을 것이다. 그리고 약속을 지키지 않는다면, 가족부터 시작해서 모든 사회는 붕괴될 수밖에 없을 것이다. 다시 한번 우리는 문화에 대한 가장 급진적이고 실질적인 결과가 그 문화의 철학, 가장 근본적으로는 형이상학적 변화에서 비롯된다는 것을 알 수 있다.

보편성과 개별성 두 가지에 대한 부정은 함께 이루어진다. 본질의 보편성과 개별적으로 존재하는 실체의 특수성은 함께 존재하기 때문이다. 그렇다면 이 둘 중 하나가 사라지면 다른 하나도 사라지는데, 그 자리는 무엇으로 대체되겠는가? 자연에서는 우리가 자의적으로 범주를 부여하는 단 하나의 무작위적 유동성이 그 자리를 대신한다. 사회에서는 자유로운 개인이 없는 집단주의와 전체주의, 또는 연대와 진정한 공동체가 없는 개인주의와 자유주의가 그 자리를 대신한다. 자아 안에서는 유행이나 이데올로기에 맹목적으로 순응하거나, 혹은 자유와 반항을 맹목적으로 절대화하는 것으로, 또는 이 두 가지가 함께 나타난다.

18 범주는 실재하는 것인가?

아리스토텔레스는 존재하는 모든 것은 그 자체로 존재하거나 다른 존재 안에 존재해야 한다고, 상식적으로 말했다. 그는 첫 번째 종류의 존재를 "실체"라고 부르고, 두 번째 종류의 존재를 "우연적인 것"이라고 불렀다. 그는 우연적인 것을 아홉 가지로 분류했다. 그것은 성질, 양, 능동, 수동(수용적인 것, 영향을 받는 것), 시간, 장소, 관계, 상태(내부 부분의 질서), 소유이다. 이 분류가 최선의 목록은 아닐 수 있다(예를 들어 상태와 소유는 다른 것들만큼 근본적이지 않은 것처럼 보이며, 관계는 다른 것들보다 더 근본적인 것처럼 보인다). 그러나 "사물의 가장 높은 일반적인 분류" 또는 근본적인 범주와 같은 목록은 이론적으로도 필요하고 실질적으로도 유용한 것으로 생각된다.

오늘날 대부분의 사람은 범주를, 사물을 구분하기 위해 임의로 설정한 분류라고 생각한다. 예를 들어 내가 관심 있는 것과 그렇지 않은 것, 또는 5파운드 이상 무게가 나가는 오리와 그 외의 존재로 가르듯, 자신이 원하는 방식으로 사물을 분류할 수 있다고 생각한다. 하지만 아리스토텔레스는 자연적이고 객관적으로 실재하는 근본적인 범주가, 인간의 의지나 감정에 의해 만들어지고 억지로 부과된 것이 아니라, 오히려 정신에 의해 발견되어야 하는 것이라고 생각했다.

물론 우리의 생각 속에는 자의적으로 만들어진 주관적인 범주가 많이 있다. 문제는 그것이 현실에서 발견되기 때문에, 우리의 생각 속에 객관적이고 자의적이지 않은 범주가 존재하는지 여부이다. 인간뿐만 아니라 자연도 사물을 질서 있게 배열해 놓았는지도 문제이다. 물론 모든 자연 과학은 그렇다는 대답을 전제로 한다.

문제는 우리의 가장 근본적인 생각이 가장 근본적인 사물의 종류를 반영하는지 여부이다. 만일 그렇다면, 우리의 주관적 지성의 질서와 자연의 객관적인 지성의 질서는 서로 닮아 있으며 서로를 위해서 만들어진 것이다. 아담과 하와처럼 말이다. 그러나 만일 그렇지 않다면, 그러니까 범주가 주관적일 뿐이어서, 신이나 자연이 아닌 우리가 모든 범주를 고안해 낸 것이라면, 그 범주에는 공간과 시간, 빛과 어둠, 삶과 죽음, 선과 악이 포함되어야 한다. 그런 철학은 철학뿐만 아니라 과학과 상식의 죽음을 의미한다.

범주의 지위에 대한 이러한 형이상학적 문제가 신학에 미치는 영향은 그리스도교인들에게 즉각적이고 결정적인 영향을 미친다. "인격"과 "본성"이라는 범주 없이는 하느님이나 그리스도에 대해 명확하고 올바르게 생각할 수 없기 때문이다. 그리스도교의 하느님은 하나의 본성, 실체, 본질 또는 존재의 단일성 안에서 세 위격을 지니신 삼위일체이다. 그리스도교의 그리스도는 인성과 신성이라는 두 본성을 지닌 한 위격이다. 이는 그리스도교의 가장 근본적인 두 가지 교리이며, 이를 설명하기 위해서는 범주가 필요하다. 신학은 단순한 심리학이 아니다. 그리스도교는 단순히 그리스도인들이 하느님과 그리스도에 대해 어떻게 생각하기로 했는지를 말하는 것이 아니라, 하느님과 그리스도가 실제로 어떤 분이신지를 우리에게 말해 준다고 주장한다. 이는 범주에 대한 형이상학적 실재론을 전제로 한다. 가톨릭 신자들은 실체와 우연적인 것의 범주 없이 성체성사를 생각할 수 없으며, 육체와 영혼, 물질과 정신, 질료와 형상이라는 범주 없이 인간을 생각할 수 없다. 여기서 문제가 되는 것은 아리스토텔레스의 권위가 아니라 상식의 권위이다. 아리스토텔레스는 단지 상식적인 예언자였을 뿐이다.

물론 우리가 원하는 범주는 어떤 것이라도 고안해 낼 수 있다. 이는 반박할 수 없는 찬란한 자유를 우리에게 주겠지만, 진리를 발견할 수는 없다. 그러나 참된 범주는 우리의 생각에 의해 만들어지는 것이 아니라, 오히려 우리의 생각을 판단하고 제한한다. 그리고 우리는 깊은 내면에서부터 진리, 실재, 존재에 의해 제한되기를 '갈망한다.' 우리는 스스로 하느님이 되어서 우주를 창조하고 싶어 하는 것이 아니다. 우리의 이름이 "천국에서 섬기기보다 지옥에서 군림하는 것이 더 낫다"라는 철학을 가진 사탄이 아닌 이상, 우리는 자유보다 진리를 더 원한다.

19 정신은 실재하는 것인가?

정신이 실재하는지를 판단할 때, 먼저 용어를 명확하게 정의할 필요가 있다.

'물질'이란 (1) 우리의 감각이나 감각을 확장하는 도구로 관찰할 수 있는 것, (2) 부분이 다른 부분 밖에 존재하는 것, (3) 따라서 필수적인 부분을 제거하면 파괴될 수 있는 것, (4) 공간적이어서 감각적-공간적 상상력으로 상상할 수 있는 것, (5) 양적으로 측정할 수 있는 것(수량화할 수 있고 수학화할 수 있는 것)을 의미한다. 하지만 이 다섯 가지 중 어느 것도 비물질적이거나 비물리적인 정신 또는 영혼이나 마음에는 해당하지 않는다. 우리는 정신을 볼 수 없다. 정신은 부분이 없으며, 불멸하고 상상할 수 없으며, 사진을 픽셀 수로 환원하거나 원자를 아원자의 입자 수로 환원할 수 있는 것처럼 양적인 것으로 환원할 수 없다.

'정신'(spirit)은 물질이 아니다. 정신이나 마음(mind)[1]이 가진

[1] 〔편집자 주〕 mind는 인간의 마음이나 의식의 흐름, 생각, 사고방식, 정신 등을 가리키는 포괄적인 용어이다. 옮긴이는 이 장에서 mind를 '마음'으로 spirit을 '정신'으로 번역했다. 하지만 또 다른 장에서는 맥락에 따라 mind를 '마음'이 아닌 '정신'으로 번역

본질적이고 긍정적인 두 가지 특성 또는 능력은 (1) 추상적이고 이성적인 사유, (2) 자발적이고 자유로운 의지 또는 자유 선택이다. 원자는 사유하거나 선택하지 못하지만, 사람은 사유하고 자유의지로 선택한다.

'영혼'(soul)은 일반적으로 '정신'(spirit) 또는 '마음'(mind)과 동의어로 사용된다. 그러나 예전에는 영혼이 더 넓은 의미를 지니고 있었다. 영혼은 생명, 곧 내면에서 스스로를 능동적으로 움직이는 존재의 힘을 의미했다. 무기 화합물은 생명이 없는 단순한 물질이지만, 식물, 동물, 인간은 더 오래되고 넓은 의미에서 "영혼"을 지니고 있다. 그것은 식물의 생명, 동물의 생명, 인간의 생명이다. 동물과 인간만이 감정을 지니고 있으며, 인간만이 이성적인 사유와 자유의지를 지니고 있다. (기쁨, 고통, 두려움, 욕망과 같은 인간의 감정 중 일부는 동물도 느낀다. 그러나 죄책감, 감사, 의무, 경외감 등은 인간 고유의 정신적 감정이다.)

'인격'이라는 용어는 일반적으로 인간의 인격만을 의미하는데 사용되지만, 하느님이나 신들, 천사가 존재한다면 그들도 인격이다. 그들에게 물질적인 몸은 없지만, 그들은 마음과 의지는 지니고 있기 때문이다. 다른 행성에 이성적인 동물이 존재한다면, 그들도 인격이겠지만, 생물학적으로 인간의 인격은 아니다.

'유물론'은 두 가지 의미로 사용된다. '실천적' 유물론은 물질적 재화만을 추구하거나, 물질적 재화를 실제로는 정신적 재화보다 더 중요하게 여기는 것을 의미한다. 이는 이론적으로 정신적 재화나 정신적인 것들이 실제로 존재한다고 믿는지 여부와 상관

하기도 한다. 이때 mind가 '정신'이라면 spirit은 mind(정신)와 구별하기 위해, 인간의 '영'을 의미하게 된다(e.g. 제30장).

없다. '형이상학적' 유물론은 정신이나 정신적인 것들이 전혀 존재하지 않는다고 부정하는 철학적 이론이다. 이 이론은 존재하는 것은 물질적이라고 주장한다. 따라서 유물론자에게는 신, 정신, 영혼은 존재하지 않는다. (이는 유물론자들 사이에서 가장 일반적인 견해이다.) 이러한 것들이 존재한다고 하더라도, 그것은 물질로 이루어진 것이라고 한다. (이는 홉스의 견해이다.)

형이상학적 유물론이 지니는 즉각적인 논리적 어려움은 그것이 사유의 대상이 아니라 어떤 주의, 사유이기 때문에 자기모순에 빠진다는 것이다. 사유는 물질로 이루어진 것이 아니라 물질에 대한 것이다. 사유는 물질이 갖는 의미이다. 예컨대 '오리'라는 개념은 그 자체가 오리가 아니라, 오리를 지향하거나 인식하는 것이다.

우리 모두는 대부분의 생각이 물질적인 뇌에 의해 조건화되고 제한된다는 점에서 물질에 '의존한다'는 것을 알고 있다. 몸과 뇌에 가해지는 화학물질이나 충격은 우리의 생각을 변화시킨다. 그러나 X가 Y에 의해 '조건 지어진다'고 말하는 것은 X가 Y에 의해 완전히 '결정되었다'고 말하는 것과는 다르다.

그리고 설령 사유가 전적으로 물질에 의해 결정된다(그러니까 물질에 의해 유발된다)고 하더라도, 사유가 단지 물질(그러니까 물질로 이루어진 것)이라는 것을 의미하지는 않는다. 예컨대 부모에 의해 탄생하는 것은 부모가 아니라 자식이며, 예술가에 의해 창조되는 것은 예술가가 아니라 예술이다.

물질적인 뇌가 생각을 만들어 내는 것이 아니라, 마치 "감압밸브"나 수도꼭지처럼 생각을 제한한다는 것은 과학적이고 경험적으로 밝혀진 증거다. 신비 체험을 하는 뇌의 뇌전도(腦電圖)[2]에서 알파파(생명과 의식을 나타내는 파동)가 다른 상태에 비해 강하게 나타날 때, 물리적이거나 화학적 활동이 추가되는 것이 아니라 베타파와 세타파로 나타나는 뇌 활동이 감소되는 것을 보여 준다.

임사 체험과 유체 이탈 체험 중에 뇌가 완전히 죽고 작동하지 않는 상태에서도 사고가 계속된다는 놀라운 과학적 증거가 있다. 예를 들어 뇌사 상태에 있던 사람들이 "돌아와서" 자신이 뇌사 상태였을 때 주변에서 일어난 일들을 보고한 사례들이 확인된 바 있다.[3)]

유물론자들은 종종 신비 체험, 수학적 지능, 도덕적 양심, 인간의 지혜 등 이른바 정신적인 것들을 뇌의 물리적 및/또는 화학적 사건으로 설명할 수 있다고 주장한다. 그리고 그들은 이러한 사실과 함께 오컴의 면도날이라는 과학적 원리(모든 데이터를 설명하는 가장 단순한 설명이 더 복잡한 설명보다 항상 더 선호되어야 한다는 원리)를 결합하여, 유물론이 정신과 물질의 이원론보다 더 간단하기 때문에 옳다고 주장한다.

그러나 모든 것이 정신적이며, 물질로 보이는 것이 실제로는 정신일 뿐이라고 믿는 비유물론자는 소위 물질적인 것도 단지 하나의 사유로 설명할 수 있다고 똑같이 주장할 수 있다. 왜냐하면 아무도 가리키는 행위 없이는 물질적인 것을 가리킬 수 없는데, 가리키는 행위 자체가 사유의 표현이기 때문이다. 우리는 생각할 수 없는 것을 사유할 수는 없다! 그리고 오컴의 면도날은 유물론

---

2) [옮긴이 주] 뇌전도(electroencephalogram)는 전극을 통해 뇌의 전기적 활동을 기록하는 전기생리학적 측정 방법을 말한다. 일반적으로 두피에 전극을 부착하여 신호를 측정하는 경우만 가리켜 말한다. 신경 세포 내부에서 발생하는 이온 전류에 의해 유도된 전위의 요동을 측정하는 것이다.

3) Raymond Moody, *Life After Life*, San Francisco: HarpcrOne, 2015.

보다 비유물론을 더 선호한다. 사유는 공간적인 부분이 없어서 물질보다 더 단순하기 때문이다. 물질로 존재한다는 것은 그 부분이 다른 부분 밖에 존재하는 것을 의미한다.

사실, 우리의 경험 자료를 모두 설명하는 물질과 정신에 대한 네 가지 설명이 있다. (1) 유물론(모든 것이 물질이다), (2) 비유물론(모든 것은 영 또는 정신이다), (3) 이원론(정신과 물질은 독립적으로 존재하며 인과적으로 상호 작용한다), (4) 오래된 아리스토텔레스의 상식적 이론인 질료형상론(문자 그대로 "형상과 물질의 결합 이론") 또는 심리학자들이 우리의 몸과 영혼이 책의 단어와 의미가 결합된 것과 같은 방식으로 관련되어 있다고 생각하는 "심신 통합"이라고 부르는 것이 그것이다. 논리학은 이 네 가지 설명 중 어느 하나도 반박할 수 없지만, 경험은 확실히 아리스토텔레스의 편에 있다.

유물론 철학자로는 데모크리토스, 루크레티우스, 홉스, 마르크스 등이 있다. 비유물론 철학자로는 버클리, 샹카라, 붓다 등이 있다. 이원론자에는 플라톤, 데카르트, 말브랑슈, 알-아샤리가 포함된다. 질료형상론자에는 아리스토텔레스, 토마스 아퀴나스, (현재 증인 보호 프로그램에 숨어 있는) 일반 상식의 주인공이 있다.

유물론에 반대하는 가장 설득력 있는 논증은 그것의 실질적인 결과이다. 유물론은 급진적이며, 서구 사회에서는 거의 실현되지 않았지만, 공산주의하에서는 실행되었다. 한 공산주의 요원은 순진한 의사 지바고에게 다음과 같이 말한다. "러시아에서 개인의 삶은 죽었소. 역사가 그것을 죽였단 말이오." 만약 우리가 단지 아주 복잡한 "고깃덩이로 만들어진 기계"에 불과하다면, 그리고 영혼 또는 정신이 실재가 아니라 그저 미신이라면, 오히려 전체주의가 합리적일 것이고, 인격을 대하는 적절한 처우는 기껏해야 기계에 대한 처우보다 좀 더 복잡한 버전일 뿐일 것이다. 콜라 자판기가 콜라를 제공하지 못할 때, 우리는 그 기계의 양심이나 이성에 도덕적으로 설득하는 것이 아니라, 그 기계를 발로 걷어차거나 새로운 부품을 갈아 넣는다. 이것이 바로 『멋진 신세계』[4]에서 벌어지는 일이며, 여기서 시민-기계들은 발로 걷어차는 것(조건화)이 불쾌하지 않기 때문에 반란을 일으키지 않는다. 사람들은 시험관에서 생산되고, 완전히 조건화되며, 그들에게 오작동이 발생하면 간단히 재조정되거나 고통 없이 폐기된다. '그렇게 안 될 게 뭐가 있는가?' 오늘날 이 질문에 대해서 타당한 대답을 할 사람이 과연 얼마나 될까?

우리 문화에서 형이상학적 유물론을 받아들이려는 가장 흔한 유혹은, 전체주의적 문화와는 달리, 정치적인 것이 아니라 과학적인 것이다. 과학은 물질, 곧 경험적인 물질을 다루는 데 있어서 놀라운 성공을 거두었기 때문에, 그 성공에는 한계가 없어야 한다고 생각하며, 과학의 능력을 넘어서는 "영혼"과 같은 것은 없다고 자연스럽게 생각하는 유혹을 느낀다.

물론 과학과 그 산물인 기술이 없었다면, 병원에서 수백만 명이 치료를 받을 수 없었을 것이다. 또한 아우슈비츠 수용소에서 독가스에 의해 수백만 명이 살해되는 일도 없었을 것이다. 인간의 삶에서 가장 심각한 문제를 물리 과학이 해결할 수 없다는 것은 신비가나 성인이 아니어도 알 수 있다.

[4] 〔옮긴이 주〕『멋진 신세계』는 영국 출신의 작가인 올더스 헉슬리가 1931년에 쓰고 1932년에 출판된 디스토피아 SF 소설이다. 소설의 제목은 윌리엄 셰익스피어의 희곡 『템페스트』의 한 구절에서 따왔다. 과학 문명이 극도로 발달한 미래 세계를 배경으로 하고 있다. 전체주의하에 통제된 세속적 인본주의 시대를 비판하고 있다.

20 변화는 자기모순적인가? 어떻게 같은 것이 달라질 수 있는가?

우리의 몸은 뇌를 포함해서 시간과 공간 모두에 존재한다. (죽을 때까지 뇌를 사용하는) 우리의 정신은 공간에는 존재하지 않지만 시간 속에는 존재한다. 2+2=4와 같은, 시간에서 벗어난 진리를 생각할 때조차도 생각하는 데 시간이 걸린다. 인간의 모든 것이 공간적은 것은 아니지만, 인간의 모든 것은 시간적인 것이다. 공간적인 특성(모양, 크기, 색)이 없는 사유조차도 시간적인 특성을 지닌다. 생각하는 데는 시간이 걸리고, 생각은 시간 속에서 일어나며, 과거에서 미래로 이동하고 변화한다. 우리는 옷을 갈아입는 것보다 더 자주 우리 마음속의 생각을 바꾼다. 설령 인간의 삶에서 시간이 멈춘 것 같은 "시간을 초월한 순간"이 있다 해도, 시간은 실제로 멈추지 않는다. 왜냐하면 이러한 "시간을 초월한 순간"조차도 특정한 시간에 일어나야 하는 순간이기 때문이다. 우리는 시간의 흐름을 의식하는 것을 멈출 수 있을지는 몰라도,

시간 자체를 멈추게 할 수는 없다.

파르메니데스와 같은 몇몇 철학자들은 변화는 논리적으로 불가능하고 자기모순처럼 보이기 때문에 실재하지 않는다고 주장했다. 만일 내가 실제로 변한다면, 그것은 내가 과거의 나와 같지 않다는 것을 의미한다. 그러나 내가 예전과 같지 않다면, 그러니까 과거의 나와 같지 않다면, 내가 변화했다고 말할 수 없다. 파르메니데스는 시간이 X=X라는 동일성의 법칙을 위반하기 때문에 비논리적이라고 생각했다.

아리스토텔레스는 본질적 또는 실체적인 것을 우연적인 것과 구분함으로써 이 문제를 해결했다. 변하지 않는 동일한 실체는 변화된 우연적인 속성을 갖게 된다. 변하지 않는 동일한 물질이 변하는 우연적인 것을 획득한다. 이는 인간의 경험을 설명해준다. 예를 들어, 교육에서 (그 실체나 본질에서) 동일한 학생이 재시험에 합격했을 때, 이전 시험에서 불합격했을 때보다 (그의 지식의 변화라는 우연적인 속성에서) 더 나은 정도로 보상을 받는 것과 같다. 그리고 수술에서 어제 심장이나 신장이 없던 환자에게 새로운 심장이나 신장을 이식한 것은 다른 환자가 아니라 동일한 그 환자에게 이식된 것이다.

아리스토텔레스는 또한 잠재적인 것과 현실적인 것을 서로 다른 두 가지 존재 양식 또는 실재하는 방식으로 구분하여 이 문제를 해결했다. 현재에서 보자면 조금 전에는 잠재적으로 노래를 부르던 사람이었지만, 지금의 시점에서는 실제로 노래를 부르고 있다.

이는 철학에서 가장 시급한 문제는 아니지만, 철학이 일반적으로 어떻게 작동하는지를 다음의 세 가지 단계로 명확하게 보여 준다.

1. 경험에 반성이 더해지면서 딜레마가 생긴다. 본능적으로, 경험적으로, 그리고 상식적으로 알고 있다고 생각되는 것이 논리적으로 알고 있다고 생각하는 것과 상충되는 것처럼 보인다.
2. 철학자는 이 문제를 진지하게 받아들이고, 이를 단순히 무시하거나 상식을 선호하지 않는다. 그는 논리적으로 논쟁에 참여하고, 논리의 원칙뿐만 아니라 경험의 자료도 받아들인다.
3. 그는 이전에 없던 구분을 하거나, 이전에 명확하지 않았던 정의를 내림으로써 우리가 경험으로 아는 것이 어떻게 논리와 충돌하지 않는지를 설명한다.

여기서 아리스토텔레스는 본질적인 것과 우연적인 것, 잠재적인 것과 현실적인 것을 구분했다. 앞선 예에서 학생은 처음에는 실제로 시험에 불합격했고, 잠재적으로만 합격했을 수 있었다. 그런 다음에 재시험에 합격함으로써 실제로 시험을 통과하게 된다. 그러나 여기서 그의 지식수준이라는 우연적인 속성이 변화한 것이지, 그 학생은 본질적으로 동일한 학생이다.

이것이 철학의 유일한 전략은 아니지만 일반적인 전략 중 하나이다. 또 다른 전략은 두 가지 논리적 가능성 중 하나가 모순이라는 것을 보여 줌으로써 다른 하나를 증명하는 것이다. 변화가 실제로 일어나지 않는 경우를 예를 들어 보자. 이때 현재의 나는 변화가 일어난다고 믿고 있다. 그렇기 때문에 변화가 일어나지 않는다고 생각하는 당신의 믿음으로 내 생각이 변화된다는 것은 기대할 수 없을 것이다. 그렇다면 논쟁은 중단될 수밖에 없다.

21 실재하는 것은 서로 정도가 다른가?

하느님은 피조물보다 더 실제적인가? 선이 악보다 더 실제적인가? 본질이 우연보다 더 실제적인가? 정신은 물질보다 더 실제적인가? 인간은 더 "실제적"인 것이 될 수 있는가? 가짜는 "실제"인가?

"존재하느냐, 존재하지 않느냐?"라는 두 가지 가능성만 있는 것인가? 아니면 실재하는 것에는 여러 종류의 정도가 있는 것인가? 다시 말해, 존재는 디지털적인가 아날로그적인가?

존재가 아날로그적이라면, 그것은 "모호한" 것이며, 정확하게 정량화할 수 없는 정도와 차이가 있게 된다. 아름다운 그림과 추한 그림의 차이를 픽셀의 수로 환원할 수 없듯이, 질적인 차이는 양적인 차이로 환원할 수 없다.

숫자는 매우 명확하고 완전히 서로 구별된다. 2와 3이 서로 가까워져서 조금 더 3처럼 될 수는 없다. 그렇다면 문제는 질적인 것이 양적인 것으로 될 수 있는가이다. 야구에서 타자의 "타율"이

3할대를 넘는다거나 어떤 사람의 지능이 120을 넘는다고 해서, 이러한 숫자가 타율이 높은 타자의 실제 경기력이나 지능이 높은 사람이 지닌 지성적 능력의 모든 것을 잘 전달해 줄 수 있는가? 질적인 측면을 나타내는 용어보다 더 정확할 수 있겠는가?

도덕적인 선함은 정량화될 수 있는가? 하느님이 죽은 자를 컴퓨터의 논리로 판단하겠는가? 우리는 천상에서 신용평가 기관에서 받는 "신용 점수"와 같은 것을 받는 것인가?

아리스토텔레스는 그렇지 않다고 말할 것이다. 그는 질과 양을 서로 다른 범주로 구분하며, 어느 쪽도 다른 하나로 환원되거나 다른 것의 하위 집합에 속하거나 그것의 적용이나 변형으로 설명될 수 없다고 말한다. 만일 그렇게 하려고 한다면, "다른 종으로 넘어가는" 오류를 범하는 것이라고 그는 말한다. 종적인 것(genera)은 다른 것으로 환원될 수 없을 정도로 근본적으로 구별되는 존재의 범주이다.

또한 아리스토텔레스는 "존재" 자체를 단순히 "존재하느냐 존재하지 않느냐"가 아니라 "더하거나 덜"한 것으로 본다. 어떤 의미에서 실체(예를 들어, 장미)는 우연적인 것(예를 들어, 장미의 붉은색)보다 더 '실제적'이다. 이것이 사실인 이유 중 하나는 실체(예를 들어, 개)가 변화하는 우연적인 속성(예를 들어, 개의 털색, 크기, 또는 식욕)보다 더 지속적이기 때문이다. 실체는 호텔 방과 같고, 변화하는 우연적인 속성은 그 방에 들어가고 나가는 손님과 같다.

그러나 역설적이게도 변하는 것은 실체이고, 변하지 않는 것은 우연적인 것이다. 예컨대 녹색에서 빨간색으로 변하는 것은 나뭇잎이지만, 녹색 자체가 빨강으로 변하는 것은 아니기 때문이다.

이는 모순처럼 들릴 수 있지만 그렇지 않다. 사실 실체는 그 우연성에 있어서 변할 뿐이며, 그 본질에 있어서는 변하지 않기 때문이다.

실체가 우연적인 것보다 더 실제적이라는 두 번째 이유는, 우연적인 것이 오직 다른 것 안에, 곧 실체 안에서만 존재하기 때문에 의존적이거나 상대적으로 실재하는 데 비해, 실체는 독립적인 실재로, 그 자체로 실재하기 때문이다.

토마스 아퀴나스는 창조주와 피조물은 존재의 정도에서 또한 차이가 있다고 덧붙인다. 하느님은 존재의 충만함이기 때문에 피조물보다 더 실재적이다. 그분은 어떤 것에 의해 제한된 존재가 아니라, 무한하고 제한되지 않은 존재이다. 그분은 또한 독립적으로 실재하는 원인이 없는 원인이다. 반면에 다른 모든 것은 다른 무언가에 의해 존재하게 되었기 때문에, 곧 다른 무언가에 의해 야기되었기 때문에, 의존적으로 존재한다. 그리고 이것은 존재의 차이, 곧 두 가지 다른 존재 방식의 차이이다. 피조물은 오직 다른 존재에 의해서, 궁극적으로는 존재 자체에 원인을 두고 자신이 존재하는 반면, 하느님은 자기 자신의 본질에 의해 영원하고 필연적으로 존재한다.

하느님은 "어떤" 존재가 아니며, 심지어 "주요한" 존재가 아니라, 오히려 존재 자체이다. 그분은 많은 존재 중 하나가 아니다. 그분은 절대적이고 유일무이하다. 하느님과 비교하자면 피조물은 거의 아무것도 아닌 것이나 다름없다.

선과 악도 빛과 어둠처럼 존재의 정도나 종류가 다르다. 어둠은 현실적이지만, 실체적인 실재는 아니다. 어둠은 빛의 부재일 뿐이다. 그리고 악은 현실적이지만, 독립적인 실재가 아니라 선한 존재의 결함이다. 악마조차도 존재론적으로는 선하다. 하느님이 악마를 창조했기 때문에 악마는 존재에 있어서는 선하지만, 하느님이 그 안에 악을 창조하신 것이 아니라, 이 악은 악마 자신의 자유로운 선택이었다.

그래서 우리가 죄를 덜 짓고 더 성화될 때, 더 실재적이 되고 더 하느님을 닮게 된다. 하느님은 실재의 기준이자 척도이다. 지옥에 있는 사람들은 천국에 있는 사람들보다 '선하지도 않고 행복하지도' 않을뿐더러 실제적이지도 않다. (이 원칙의 구체적인 예에 대해서는 C.S. 루이스의 『천국과 지옥의 이혼』을 읽어보라. 이 작품은 단테의 『신곡』의 축소판이다.)

따라서 존재에는 정도가 있다. "존재"는 한 가지 의미만 가진, 한 가지 소리가 나는(univocal) 단일한 의미가 아니라 다양한 의미를 지닌 유비적인(analogical) 의미를 지녀야 한다. 이는 '선, 진리, 아름다움, 행복'과 같은 대부분의 중요한 용어들에 해당된다. 사실 유비를 이해하지 못하면, 숫자 외에는 아무것도 이해하지 못하는 것이나 다름없다. 달리 말하자면 당신은 컴퓨터나 다름 없어지는 것이다.

22 형이상학과 윤리학은 어떤 관련이 있는가?

형이상학과 윤리학의 관계는 기초와 건물의 관계와 같다. 형이상학은 실재하는 것에 관한 것이고, 윤리학은 선한 것에 관한 것이다. 실재하지 않는다면, 그것은 정말로 선할 수 없다. 선(또는 목적, 또는 가치, 또는 이상)이 실제적이지 않고 불가능한 것이라면 추구할 만한 가치가 없다.

또한 이전 장에서 보았듯이, 선의 정도는 존재의 정도에 달려 있다. 하느님은 선과 존재의 기준이다. 신과 닮은 것일수록 더 선하고 더 실재적인 것이다.

하지만 사람들 대부분은 윤리학이 형이상학과 관련이 없다고 생각한다. 거의 모든 사람에게는 윤리가 있고 이를 중요하게 생각하지만, 대부분의 사람에게는 형이상학이 없거나 형이상학이 중요하지 않다고 생각한다.

말하자면 이들은 형이상학에 대해서 잘못 알고 있다. 어떻게 살아야 하고 무엇을 위해 살아야 하는가 하는 가장 중요한 윤리적 물음은 우리 자신보다 더 큰 존재가 있는가, 없는가 하는 가장 중요한 형이상학적 물음에 달려 있다. 다음과 같은 형이상학적 물음도 이와 마찬가지로 중요하다. 신은 존재하는가? 영혼은 불멸하는가? 천국과 지옥은 존재하는가? 초자연적이고 인간을 초월하는 실재가 있는가? 만일 이러한 물음에 대해 '그렇다'라고 대답한다면, 그것을 위해 살지 않는 것은 인생의 가장 큰 비극이다. 만일 '그렇지 않다'라면, 그것을 위해 사는 것은 시간과 에너지를 낭비하는 것이다.

어찌 그렇지 않을 수가 있겠는가? 하느님, 또는 하느님과 같은 존재가 있는지 없는지에 대해 형이상학적으로 대답할 것을 요구하는 것은 마치 당신이 20층 높이의 불타는 건물에서 뛰어내릴 때, 그 아래에 있는 소방관들이 당신을 안전하게 받쳐 줄 그물이 있으니 뛰어내리라고 외치는 것과 같다. 만일 그물이 실제로 존재하는 것이 아니라 환상에 불과하다면, 당신이 "믿음의 도약"을 할 때 만나게 될 운명은 그물이 실제로 존재할 때 만나게 될 운명과는 매우 다를 것이다.

C.S. 루이스는 자신의 자서전인 『예기치 못한 기쁨』에서, 무신론에서 유신론으로 개종하기 전에는 "내가 사랑했던 거의 모든 것이 상상이라고 믿었고, 내가 실재하는 것이라고 믿었던 거의 모든 것은 음울하고 무의미하다고 생각했다"라고 고백한다.

좀 더 추상적으로 말하자면, 선과 진리, 아름다움이라는 세 가지 최고의 가치가 실재가 아니라 단지 주관적이고 이상적인 것일 뿐이라면, 루이스가 개종하기 전에 믿었던 것처럼, 우리는 루이스가 겪었던 딜레마와 일종의 근원적 절망에 빠지고 만다. 이에 대한 대안은 궁극적인 희망이다. 따라서 형이상학이 무슨 차이를 만드는가에 대한 답은 오직 희망과 절망의 차이다.

형이상학과 윤리학에 대한 네 가지 가능성이 있다. (1) 유물론적 형이상학은 당연히 유물론적 윤리학을 수반한다. (2) 이와 반대되는 극단에서 물질과 물질적 선의 실재를 부정하는 비물질주의 형이상학은 당연히 물질적 선, 심지어 생물학적 생명 자체를 무시하거나 경시하는 윤리를 수반한다. (3) 물질을 정신과 대립시키는 이원론적 형이상학은 당연히 삶의 물질적 선과 정신적 선을 연결하거나 통합하지 않는 이원론적 윤리를 동반한다. (4) 그리고 유신론적 형이상학, 특히 그리스도교의 "육화적" 형이상학, 그리고 특히 가톨릭(또는 정교회)의 "성사적" 형이상학은 인간 삶의 모든 선을 긍정하고 질서 지우며 통합하고 위계를 세운다.

III

특수 형이상학 - 우주론

23	인간은 자연과 어떤 관계가 있는가?	*132*
24	인과관계는 실재하는 것인가?	*136*
25	네 가지 종류의 원인은 존재하는가?	*140*
26	목적적 원인(목적론)은 실재하는 것인가?	*143*
27	시간은 실재하는 것인가?	*149*
28	위계는 실재하는 것인가?	*155*
29	진화는 실재하는 것인가?	*160*
30	시간 여행은 가능한가?	*163*
31	자연의 일관된 형태를 어떻게 입증할 수 있는가?	*168*
32	우주는 생각과 무관하게 독립적으로 실재하는가?	*172*

'우주론'이라는 용어 자체에는 철학적이고 암묵적으로 종교적인 가정이 내재되어 있다. 현대인들이 단순히 "우주" 또는 "자연의 세계"라고 부르는 것을 고대인들은 "코스모스"라고 불렀다. 이는 "지성적으로 질서 지어진 전체"를 의미하며, 일종의 인간을 초월하는 지성적 질서자 또는 설계자를 암시한다. 그리고 물론 우리가 이를 "창조"라고 부를 때, 창조자를 전제로 한다.

'우주론'은 말 그대로 우주의 학문('로고스')을 의미하며, 여기서 학문은 철학뿐만 아니라 과학적 방법을 사용하는 특수 학문을 포함하여, 이성에 의해 정돈된 지식을 나타내는 광범위하고 근대 이전의 의미로 사용된다. 철학적 우주론이 다루는 질문 중 일부는 현대 과학이 답했지만, 모든 것이 해결된 것은 아니기에, 이번 장에서 살펴볼 것이다. 현대 철학에서 우주론은 죽은 것이 아니라, 그저 더 간결해졌을 뿐이다. 따라서 이 부분은 이 책의 다른 부분보다 더 짧다.

현대 과학은 근대 이전의 우주론에서 가장 중요한 질문 중 하나를 확실하게 해결하였다. 그것은 우주가 시작이 있었는지, 아니면 영원했는지, 과거의 시간은 무한했는지 유한했는지에 대한 것이었다. 서양의 3대 종교인 유다교, 그리스도교, 이슬람교는 모든 시간이 유한하다고 믿었다. 왜냐하면 물질, 시간, 공간으로 이루어진 우주가 하느님에 의해 창조되었다는 교리가 신적 계시 종교인 그들 신앙의 본질이었기 때문이다.

하지만 이 신앙의 교리가 이성에 의해 증명될 수 있을까? 이 주제에 대한 세 가지 견해가 있었다. (보나벤투라와 같은) 일부 철학자들은 신적 계시 안에서 신앙의 도움을 받지 않고 자연적 이성만으로도 우주가 시작이 있었다는 것을 논리적으로 증명할 수 있다고 생각했다. 토마스 아퀴나스와 같은 다른 철학자들은 철학적 추론만으로는 이를 증명하거나 반증할 수 없다고 생각했다. 아베로에스와 같은 이슬람 철학자와 시제 브라방(Siger of Brabant)과 같은 그리스도교 철학자는 이성이 이를 반증한다고 생각했다. 이성은 우주가 영원하다는 것을 증명할 수 있다고 본 것이다. 그래서 만약 신앙이 우주가 영원하지 않다는 것을 믿으라고 요구한다면, 이것은 이성의 진리와 신앙의 진리, 곧 서로 모순된 "이중 진리"가 존재하게 되는 것이다.

토마스 아퀴나스는 "이중 진리"라는 견해에 강력하게 반대했는데, 이는 신앙과 이성이 모두 위태로워질 수 있었기 때문이다. 이중 진리의 견해는 암묵적으로 이성을 계시된 하느님의 뜻을 판단하는 심판자의 지위로 격상시키는 한편, 신앙을 신화나 "선의의 거짓말"로 축소시켜서, 하느님을 서로 모순되는 두 권의 책을 쓴 교사로 격하시켰다. 그중 한 권은 자연과 자연적 이성의 책이고, 다른 한 권은 성경이다.

한 예수회 사제[1]가 엄밀한 과학적 증거를 바탕으로 빅뱅 이론을 처음 제안했을 때, 신앙이 없던 모든 과학자는 이것을 두고 종교를 과학에 은근슬쩍 끌어들이는 것이라거나, 개방적인 과학적 추론이 아니라 이전의 편견을 합리화하는 것이라고 비난했다. 하지만 현대의 천체 물리학은 빅뱅 이론을 확실하게 증명했고, 우주가 절대적으로 유일무이한 시작을 가졌다는 사실을 입증했다. 이는 신의 존재나 무로부터의 창조를 증명하는 것은 아니지만, 우주에 탄생 날짜가 있다는 것을 증명하는 것이다.

다윈의 자연 선택에 의한 진화 이론을 둘러싸고도 유사한 논쟁이 벌어졌다. 오늘날 대부분의 가톨릭 사상가는 이 이론이 종교적으로 중립적이며, 종교도 이에 대해 중립적이라고 생각한다. 반면에 한편에서는 주로 개신교 근본주의자들과 다른 한편에서는 "근본주의" 무신론자들이 창조에 대한 성경의 가르침과 과학적인 진화론이 서로 모순된다고 주장한다. 가톨릭교회는 현대 과학만으로는 하느님의 존재, 신적인 창조 행위 또는 인간의 불멸하는 영혼을 증명하거나 반증할 수 없다고 항상 가르쳐 왔다. 화석의 기록은 생물학적 진화에 대한 매우 강력한 자료로 보이지만, 하느님이나 영혼은 화석을 남기지 않는다.

[1] 〔옮긴이 주〕 여기서 언급된 예수회 사제는 조르주 르메트르(Georges Lemaître)이다. 그는 벨기에의 천문학자이자 물리학자로, 1927년에 빅뱅 이론의 초기 형태를 제안한 것으로 알려져 있다. 조르주 르메트르는 우주가 팽창하고 있다는 개념을 최초로 제시했으며, 이를 통해 우주가 하나의 "원시 원자"에서 시작되었다는 대폭발 이론의 기반을 마련했다.

23 인간은 자연과 어떤 관계가 있는가?

인간과 자연의 관계는 우주론에서 가장 중요하고 "실존적"이거나 삶을 변화시키는 문제이다.

'자연'이라는 용어 자체도 '우주'라는 용어처럼 그 안에 또는 그것을 사용하는 데 있어서 철학적인 가정이 내재되어 있다. 오늘날 사람들이 '자연'이라고 할 때, 그것은 일반적으로 두 가지 중 하나의 의미를 지닌다. (1) 단순히 공간, 시간, 물질 내에 존재하는 모든 실제적 존재의 총합, 곧 (그런 것이 있다면) 초자연적인 것이나 자연적 우주 내에 있지 않은 것과 구별되는 것, 또는 (2) 인간의 손에, 곧 인간의 예술이나 기술에 의해 변형되지 않은 영역을 의미한다. 그러나 근대 이전의 문화에서 사람들이 의미했던(또는 여전히 의미하는) '자연'은 실제로 보이지 않는 힘, 잠재력 또는 가능성이었다. 예를 들어 이 힘은 불이 열을 내고, 식물이 성장하고, 새가 날며, 인간이 이성을 발휘하는 그들의 본성에 따라서 특정한 방식으로 활동하도록 하는 원인이다.

도덕성 또한 소피스트들을 제외하고 근대 이전의 모든 철학자에게는 인간에게 본성적인 것이었다. 도덕성은 인위적이거나 인간이 만들어 낸 것이 아니었다. 따라서 근대 이전의 모든 문화에서 "자연적 도덕법"이라는 도덕성은 지배적인 것이었다. 하지만 이러한 점은 급격히 변화되었다. 특히 "성 혁명" 이후로 "정치적으로 올바른" 사람들은 더 이상 "비본성적인" 행위에 대해 말할 수 없게 되었다.

역사와 인간학은 현대적 의미에서 우주 또는 "자연"과 인간의 관계에 대한 세 가지 다른 답변을 우리에게 보여 준다.

1. 고대 문명에서는 자신을 자연의 일부로, 자연에 속한 존재로 보았다. (그러나 여기서 자연은 순전히 물질주의적 의미는 아니다.) 자연과 자신을 구별하는 한, 이들은 자연에 대한 경외심과 존경심을 가지고 있었으며, 종종 자연의 일부를 신성하거나 신들이 깃들어 있는 것으로 숭배했다.
2. 유다교, 그리스도교, 이슬람 문화는 자연을 "신화에서 벗어나게" 하여 단순한 피조물이나 창조된 존재로, 곧 신적인 손길에 의해 만들어진 작품으로 간주했고, 자연이나 그 일부를 우상으로 숭배하는 것을 금지했다. 이는 이 종교들이 이교 문화와는 달리 신이 자연의 일부가 아니라 초월적 창조주라는 유일신에 대한 명확한 개념을 가지고 있었기 때문이다. 이러한 자연의 "탈신화화" 또는 세속화[1)]는 현대 과학의 가장 중요한 두 가지 원천 중 하나였

으며, 다른 하나는 특히 고대 그리스 철학자들 사이에서 발전한 논리적이고 과학적인 추론의 발전이었다.

3. 전형적인 현대인은 여전히 생태와 생존이라는 실용적이고 현실적인 이유로 자연을 존중하고 가치 있게 여기며, 때로는 미적 감상의 대상으로 평가하기도 한다. 하지만 더 이상 자연을 지성적으로 설계되어 목적이 부여된 것, 또는 신적 정신에 의해 "의미된" 것으로 보지는 않는다. 오히려 자연을 매우 복잡한 살아 있는 기계로 여기거나, 심지어 (기계는 지적인 설계를 나타내기 때문에) 기계보다 못한 것으로 간주한다. 이는 자연을 어떤 의도나 가치, 목적이 없는 단순한 물질적인 것이나 입자들의 무작위적인 움직임으로 보는 것이다.

따라서 그리스도교의 자연관은 이교도의 우상숭배와 현대의 환원주의와 유물론 사이에, 곧 과도함과 부족함 사이에 위치한다.

우리 현대인들은 보통 자연으로부터 "소외된" 느낌을 받는다. 밤하늘을 바라볼 때, 우리는 인간의 이성과 예술이 만들어 낸 작고 유의미한 세계로부터 거의 무한히 텅 빈 공간을 향해 "바깥"을 바라보고 있다고 느낀다. 우리는 이것을 "우주 공간"이라고 부른다. 고대인들과 중세인들은 이 공간을 이런 식으로 생각하지 않았다. 그들에게 공간은 단순히 물질적인 것의 차원, 곧 "확장"이었다. 그들이 하늘을 지칭할 때 사용한 용어는 공허함이 아닌 충만함을 의미했다. 공간이 아닌 천상(caelum)인 것이다. 천

---

1) 〔옮긴이 주〕 여기서 자연의 '세속화'(secularization)라는 말은 자연을 신성하거나 초자연적인 힘과 분리하여 단순한 물질적, 과학적 현상으로 바라보는 과정을 의미한다.

상은 하늘 자체의 현시이자 계시였다. “하늘은 하느님의 영광을 이야기하고 창공은 그분 손의 솜씨를 알리네”(시편 19,1). 그리스도교 이전의 많은 신화에서 별은 밤의 장막에 난 구멍 사이로 비추는 신들의 불이었다. 이교도나 그리스도인 모두 내부에서 외부를 바라보는 사람처럼 느끼는 것이 아니라, 외부에서 내부를 바라보는 사람처럼 느꼈다.

인간과 자연의 창조주를 거부하거나 잊게 되면서, 인간과 자연은 더 이상 공통의 아버지를 가진 형제자매처럼 여겨지지 않게 되었다. 따라서 인간은 홀로 남겨지게 되었고, “우주에서 길을 잃어버렸다.” 하느님이 더 이상 우리의 아버지가 아니게 되면, 자연은 더 이상 우리의 어머니가 아니다. 우리는 우주의 고아가 되어버렸다.

하지만 인간의 마음은 근본적으로 자연과 다른 관계를 갈망한다. 이러한 갈망은 『도덕경』과 같이 자연에 대한 오래된 관념을 가르치는 책들이 인기가 있는 이유와, 아시시의 프란치스코나 워즈워스, 홉킨스와 같은 시인들이 자연에 대해 근대 이전의 감성을 드러내는 이유를 설명해 준다.

물론 과학은 이 문제에 대해서 아무것도 말할 수 없다. 과학자가 자연을 오직 경험적이고 수학적인 차원에서만 다루어야 한다는 사실이 다른 차원은 전혀 없다는 결론을 수반하지는 않는다. 외과 의사가 자신의 어머니를 수술할 때는, 수술의 목적을 위해서 그녀를 자신의 환자로, 그리고 불멸의 영혼을 지닌 하느님의 자녀가 아니라 망가진 기계로 보아야 한다. 하지만 그렇다고 해서 이러한 점이 그녀의 전부라는 의미는 아니다. 이러한 점은 더 온전하고 근본적인 실재로부터 추상화된 것이다.

24 인과관계는 실재하는 것인가?

인과성이 실재하는가 하는 물음에 대한 대답은 당연히 그렇다는 것이다. 이는 상식에 속한다. 인과관계는 상식적이든 과학적이든 모든 설명의 근본적인 원리이다. 원인 없이는 어떤 것도 생겨나지 않으며, 결과로 나오는 존재는 원인 또는 원인에 있는 존재보다 더 클 수 없다. 왜냐하면 아무것도 없는 상태에서는 무언가를 줄 수 없기 때문이다. 당신은 아무것도 없는 상태에서 무언가를 얻을 수 없고, 더 적은 것에서 더 많은 것을 얻을 수도 없다. (물론 "더 적은 것"이 잠재력을 축적해서 성장하거나 실현하여 "더 많은 것"처럼 보이는 것을 만들어 낼 정도로 복잡하고 강력할 수 있지만 말이다.)

하지만 철학자들이 항상 상식에 동의하는 것은 아니다. 매우 논리적이고 회의적인 "엄격한 경험주의자"였던 흄이 그러한 경우이다. 흄은 우리가 두 사건 사이의 인과적 연결을 감각적으로 '지각'할 수 없기 때문에, 인과관계는 알 수 있는 객관적 실재가 아니라 우리가 보는 사건에 부과하는 정신적 범주에 불과하다고 주장했다. 이는 우리의 주관적이고 심리학적 습관일 뿐, 자연의 객관적 실재와의 연결 고리는 아니라는 것이다. 이를테면 우리는 새와 알을 너무 자주 보기 때문에, 새들이 실제로 알을 낳는다고, 곧 알의 '원인'이라고 생각하게 되지만, 이는 반복적인 관찰과 습관적인 기대 사이의 심리적이고 주관적인 인과관계일 뿐, 실제 새와 실제 알 사이의 객관적인 인과관계는 아니라는 것이다. (하지만 "양육비를 주지 않으려는 무책임한 아버지"가 법정에서 자신의 친자 확인 검사를 부정하기 위해 흄의 철학을 사용하지는 못할 것이다.)

하지만 이러한 '심리적' 인과관계, 곧 하나의 관념(알에 대한 관념)이 우리 정신에 다른 관념(새에 대한 관념)을 불러일으키는 사실도 실제 사실이고 실제 사건이며 실제 인과관계의 예가 될 수 있지 않은가? 흄은 하나의 '생각'이 실제로 다른 생각을 존재하도록 만들 수 있고, 그렇게 반복하여 얻은 경험이 기대치를 '유발한다'고는 말할 수 있지만, 그렇다고 해서 객관적으로 실재하는 것이 또 다른 것을 존재하게 만든다는 의미는 아니라고 대답한다. 우리의 근본적인 정식적 범주가 현실 세계의 어떤 것에 상응하는 것인지 알 수 없다는 것이다.

물론 이러한 사유는 하느님에 대한 모든 이성적 논증을 위태롭게 한다. 왜냐하면 인과성은 창조주와 피조물 간의 연결 고리이기 때문이다. 따라서 인과성은 피조물에 대한 우리의 앎과 창조주에 대한 우리의 앎 간의 연결 고리이다. 이는 예술 작품에 대한 우리의 앎이 예술가의 존재와 본성에 대한 앎과 연결되는 것과 같다. 성경에서 하느님의 존재에 대한 두 가지 주된 논증은 로마서 1장에서 언급하는 두 가지 인과적 논증이다. 이는 자연과 양심의 논증으로, 우리가 유일하게 하느님만을 자연의 질서와 존재를 해명하기 위한 적합한 원인으로, 또한 도덕적으로 선해야 한다는 절대적 의무를 해명하기 위한 적합한 원인으로 여기고 있다는 것이다.

그러나 상식과 종교뿐만 아니라 과학 역시 실제 인과관계에 의존한다. 만일 인과관계가 주관적이고 심리적일 뿐이라면, 실제로는 모든 과학이 심리학의 일부에 불과할 것이다. 과학은 우리가 생각하는 방식만을 알려 줄 뿐, 사물이 실제로 어떻게 존재하는지에 대해서는 알려 주지 않는다.

임마누엘 칸트는 흄의 회의론에 답하기 위해 다음과 같이 말했다. 우리가 가진 모든 앎은 참되지만, 사물 자체나 객관적인 실재에 대해서는 전혀 알지 못하고, 오직 우리 자신에게서 일어나는 필연적인 앎의 방식만을 아는 것일 뿐이다. 이것이 형이상학에 대한 논리적 귀결이라면, "존재" 자체는 객관적 실재가 아니라 오직 정신적 범주일 뿐이며, 그래서 존재 자체는 실재하는 것이 아니게 된다! 누가 이런 주장을 믿을 수 있겠는가? 칸트는 바로 그렇게 믿었다. 그리고 다른 많은 철학자도 칸트가 전통적인 객관적 형이상학을 불가능하게 만들었다는 전제를 수용한다.

앞서 언급한 인식론 부분에서 말했듯이, 모든 형태의 회의론은 자기모순적이며, 칸트의 주장도 여기에 해당된다. 우리가 실제 사실이나 사물 자체를 알 수 없다는 것이 실제적인 사실의 문제인가? 만일 실제적인 사실의 문제라면, 그러한 주장은 스스로 모순된다. 만일 실제적인 사실의 문제가 아니라면, 그것은 무한히 되돌아가는 무한 회귀의 문제로 빠지게 된다. 말하자면 (우리가 알 수 없다는 사실이나 사물 자체를 알 수 없다는) 그러한 생각도 실제적인 사실이나 사물 자체가 아니라는 결과 등이 발생하게 된다.

칸트는 역사상 가장 중요하고 지성적인 철학자 중 한 명으로 거의 보편적으로 존경받고 있다. 하지만 중요하다는 것과 지성적이라는 것이 반드시 옳은 것과 동일하지는 않다.

만일 인과성이 "존재"처럼 단순한 정신적 범주라면, 인과성에 대한 우리의 지식의 원인이 심리적인 것이지 존재론적인(형이상학적인) 것이 아니라는 칸트의 생각 역시 실제 원인이 아니라 정신적 범주에 불과하다.

상식에 배치되는 모순은 엄청나다. 만일 살인자가 실제로 살인을 저지르지 않는다면, 왜 살인 재판을 하는 것인가? 오히려 형이상학의 살인자를 재판에 회부해야 하지 않을까?

25 네 가지 종류의 원인은 존재하는가?

아리스토텔레스는 어떤 것에 대해서든 누구든지 물을 수 있는 모든 종류의 질문을 네 가지 범주로 분류함으로써, 사물을 설명하는데 매우 유용한 도구를 제공했다. 우리는 (1) 그것이 무엇인지, 곧 사물의 본성 또는 본질에 대해서, (2) 그것이 무엇으로 만들어졌는지 또는 무엇으로 구성되어 있는지, (3) 무엇이 그것을 만들었는지 또는, (4) 그것이 무엇을 위해 존재하는지, 곧 그것의 본성적인 목적이 무엇인지를 물을 수 있다. 아리스토텔레스는 첫 번째를 "형상적 원인"이라고 불렀고, 두 번째를 "질료적 원인", 세 번째를 "작용적 원인", 네 번째를 "목적적 원인"이라고 불렀다.

예를 들어, 백악관은 (1) 집이고, (2) 나무와 금속으로 만들어졌으며, (3) 목수에 의해 지어졌고, (4) 가족이 거주하기 위한 건물이다. 인간은 (1) 이성적인 (2) 동물이며, (3) 생식에 의해 탄생하고, (4) 사랑의 삶을 살기 위해, 궁극적으로는 천국과 하느님을 지복직관하기 위해 존재한다. 덕은 (1) 도덕적으로 좋은 (2) 습관으로 (3) 반복적인 행위를 통해 향상되며, (4) 인간의 행복과 완성을 가져다준다. 법은 (2) 실천 이성의 (1) 규칙이며, (3) 권위에 의해 제정되고 공표되며, (4) 공동체의 공동선을 위한 것이다. 트림은 (1) 들을 수 있는 폭발음이며 (2) 소화과정에서 생성되는 가스이고 (3) 식도 내의 공기압에 의해 발생하며 (4) 소화의 긴장을 완화하기 위한 것이다.

그리스어로 "원인들"을 뜻하는 용어인 '아이티에스'(aities)는 어떤 것의 실재를 설명하거나 해명하는 것을 의미한다. 말하자면 이 용어는 어떤 것이 모든 면에서 그러한 것이 되도록 하는 데 책임이 있는 것을 의미한다. 이 원인 없이는 그것이 존재하지 않거나 지금 있는 그대로의 모습이 아니게 된다. 하지만 현대 영어에서 '원인'은 일반적으로 좁은 의미로 사용되며, 이는 아리스토텔레스가 "작용적 원인"이라고 부른 것으로, 어떤 것을 존재하게 하거나 이미 존재하는 상태를 변화시키는 행위자나 기원만을 의미한다.

"작용적 원인"은 밀어 주는 힘이고, "목적적 원인"은 끌어당기는 힘이다. 남자가 여자에게 구애할 때, 남자의 사랑은 작용적 원인이고, 그녀의 아름다움은 객관적인 목적적 원인이며, 여자와 결혼하고 싶은 희망은 주관적인 목적적 원인이 된다.

네 가지 원인은 질문과 답변, 또는 설명을 분류하는 데 매우 유용한 방법이다. 완전한 설명은 이 4가지 원인 모두를 필요로 한다. 형상적 원인과 질료적 원인은 사물 존재 자체의 두 가지 내적 측면 또는 차원이며, 작용적 원인과 목적적 원인은 사물이 그렇게 존재할 수 있도록 하는 원인이 되는 두 가지 외부적 힘이나 요인, 말하자면 존재 "이전"과 "이후"라고 할 수 있다.

아리스토텔레스에게 이성적 영혼은 인간의 형상 또는 형상적 원인이며, 동물적인 육체는 인간의 질료적 원인이다. 이 둘은 두 개의 존재나 실체 또는 물질이 아니라, 하나의 실체에 대한 두 가지 차원이다. 이는 마치 책의 단어(질료)와 그 단어가 담고 있는 메시지나 의미(형상), 또는 음악의 소리(질료)와 그 음악의 아름다움(형상)과 같은 것이다. 하나를 변화시키면 항상 다른 것도 변화하게 된다. 여기서 "형상"은 외부의 형태가 아니라 내부의 본질을 의미한다.

현대 철학은 형상적 원인과 목적적 원인에 대해 의구심을 가지는 경향이 있다. 우리는 형상적 원인을 이 책의 형이상학 부분인 보편성과 본질에 대한 장에서 다루었다. 이제 다음 질문에서는 목적적 원인을 다루겠다.

26 목적적 원인(목적론)은 실재하는 것인가?

물론 목적적 원인 또는 최종적인 원인은 주관적으로 실재한다. 인간은 원하는 목적을 달성하기 위한 수단으로 선택된 목표를 향해 의식적으로 행위한다. 반면에 모든 자연은 목적을 위해 무의식적으로 행위를 하는가? 이것이 바로 〔목적 또는 목표를 의미하는 그리스어 '텔로스'(telos)에서 유래하는〕 목적론(teleology)이 제기하는 질문이다. 이 질문이 논란이 되는 주된 이유는 목적론이 지적 설계를 암시하는 것처럼 보이기 때문이다. 목적은 폭풍처럼 그냥 '발생'하는 것이 아니라, 목적을 세우는 의도자를 전제로 하기 때문이다. 따라서 우주가 설계되어 있다면, 우주적 설계자가 있을 것이고, 이는 신과 같은 존재를 의미하는 것처럼 들린다.

따라서 무신론자들은 자연의 목적론이나 목적을 말할 때, 자연은 실제로 그 안이나 그 배후에는 의식이 없어서 어떠한 의도나 목적도 갖고 있지 않는데, 단지 우리가 의식적으로 설계하고 목적을 정하는 등의 경험을 그 자연에 투사하는 것뿐이라고 하면서 신에 대한 “설계 논증”을 피해 간다.

하지만 그 안에 의식이 없는 것이라도 여전히 목표나 목적을 지닐 수 있으며, 그 배후에 의식이 있을 수 있다. 이는 목표를 향해 날아가는 화살이나 사람을 말에 앉히기 위해 고안된 안장과 같은 것이다. 물론 인간 이하의 자연은 생각하지는 않지만, 그것을 창조하고 설계한 존재는 생각을 한다. 우주가 예술 작품이 되기 위해서 예술가일 필요는 없다.

그리고 위대한 과학자라면 누구나 알다시피, 우주는 최고의 광채와 아름다움을 지닌 예술 작품이다. 우주는 우리가 설계할 수 있는 것보다 훨씬 더 복잡하게 질서 지어져 있고 아름답다.

목적론적 논증은 두 방향으로 움직일 수 있다. 예술가에서 예술로 이동하거나, 예술에서 예술가로도 이동할 수 있다. 신으로부터 우주적 목적론으로, 다시 말해 원인에서 결과로, 아래로 혹은 앞으로 논증할 수 있다. 또는 우주적 목적론에서 신으로, 다시 말해 위로 혹은 뒤로 논증할 수도 있다. 우리는 설계자에서 설계로, 또는 설계에서 설계자로, 원인에서 결과로 또는 결과에서 원인으로 논증할 수 있다. 첫 번째 논증은 신의 실재를 전제로 하는 신학적 논증이며, 두 번째 논증은 피조물에서 시작하는 철학적 논증이다. 이것이 신에 대한 설계 논증이다.

그렇다면 신에 대한 철학적 설계 논증이 타당해 보이게 만드는, 피조물 안에 객관적 목적론이 있다는 이성적 증거는 무엇인가? 신에 대한 선행적인 믿음과는 별개로, 자연이 목적론적이며, 아리스토텔레스의 네 번째 원인이 객관적으로 실재한다고 생각할 이유는 무엇인가?

그 답은 매우 간단하다. 자연의 모든 것들은 변화하고 움직이며, 이는 고속도로를 달리는 자동차와 같다. 작용적 원인은 말하자면, 움직임을 위한 동력이나 에너지만 제공할 뿐, 방향, 도로지도, 목적지를 제공하는 것은 아니다. 경험적 관찰에 따르면, 사물들은 단순히 움직이는 것이 아니라, 특정하고 정해진 방향으로 자연적인 목적을 향해 움직인다. 강아지는 고양이가 아니라 개로 자라고, 새끼 고양이는 개가 아닌 고양이로 자란다. 도토리는 튤립이 아닌 참나무로 자라고, 튤립의 구근은 참나무가 아닌 튤립으로 자란다. 전자는 양성자 쪽으로 이동하고 다른 전자로부터는 멀어진다. 그리고 모든 물질의 덩어리는 다른 모든 물질의 덩어리를 향해 움직이며 반물질로부터는 멀어진다.

우리가 가지고 있는 데이터는 우주이다. 우주는 빅뱅으로 갑자기 나타난 우주의 원초적인 물질/에너지로부터 시작해서 원소, 은하, 별, 행성, 동물, 그리고 결국 인간에 이르기까지 매우 길고 복잡하며 점진적으로 진화해 왔다. 이 데이터는 두 가지 상반된 방식으로 이해될 수 있다. 이 데이터는 (1) 지성, 설계, 목적론이 없는 단순히 비목적적이고 기계적인 과정으로서, 어떤 "끌어당김"이나 목적이나 자연적 방향이 없는 단순한 "밀어냄"으로 이해되거나, (2) 진화의 방향을 설명하는 예정된 목적을 지닌, 설계하는 정신에 대한 경험적 증거가 우주 전반에 걸친 망으로 이해될 수 있다. 어떤 이들은 자연의 질서를 무질서로 인한 결과로 보고, 다른 이들은 (룰렛의 바퀴처럼) 무질서를 질서의 일부로 보거나, 더 많은 질서를 향해 질서 있게 움직이는 것으로 본다. 우주와 생명의 진화는 이렇게 두 가지 방식으로 볼 수 있다. 종교적 신앙 이외에 목적론적 대안을 선호할 만한 타당한 이유가 있겠는가?

이는 단순히 신앙의 문제가 아니라 이성의 문제이다. 신앙으로는 아무것도 받아들이지 않는 많은 불가지론자나 종교적으로 정통적이지 않은 과학자들(예를 들어 아인슈타인)은 두 가지 측면에서 초인적인 정신을 우주에서 추론한다. (a) 우주의 기본적인 물리 법칙 배후에 있는 "형상적 원인" 또는 설계로서의 놀랍도록 정밀한 우주의 "미세 조정"에서, 그리고 (b) 인간 생명("목적적 원인")이 나타날 수 있는 엄청나게 다양한 작은 기회의 창으로 이루어진 거대한 집합에서 이러한 정신을 추론한다. 후자는 "인간학적 원리"라고 불린다. 특별한 데이터베이스는 유전학이다. DNA는 엄청나게 상세한 정보와 자료가 담긴 도서관이나 지침처럼 보인다.

이 모든 것은 모든 종교의 공통 교리, 곧 인간을 초월하는 정신이 있다는 것의 이성적 논증과 같다. 인과율의 원리는 더 적은 것에서 더 많은 것이 나올 수 없다는 것인데, 그렇다면 어떻게 무질서로부터 질서가 나올 수 있겠는가? 설계자가 없는데 어떻게 설계가 있을 수 있겠는가?

무신론자들은 두 가지 의미에서 무에서 유가 나온다는 것을 믿을 수밖에 없다. 첫째는 작용적 인과성에서(빅뱅을 일으킨 존재 없이 빅뱅은 생길 수 없다), 둘째는 목적론적 원인과 형상적 원인에서(설계자 없는 설계는 존재할 수 없다)이다. 만일 우리를 탄생시킨 무의식적인 우주에 목적이 없다면, 우리의 행동과 정신 속에 어떻게 목적적 원인이 존재할 수 있겠는가? 일관된 무신론자들은 보통 그러한 목적적 원인이 없다고 답한다. 즉, 우리가 생각하는, 겉보기에는 자유롭고 이성적인 인류의 사랑은 사실, 인류 발생 이전의 우주에 포함된 물질을 넘어서는 무엇이라는 것이다. 그것은 동물적 본능의 복잡한 형태이고, 근본적으로는 맹목적인 물질이 동물로 진화하는 무작위적 운동 과정의 복잡한 형태일 뿐이라는 것이다. 이는 논리적으로 옹호할 수도 있고 그렇지 않을 수도 있지만, 다른 사람을 사랑해 본 적이 있는 사람이라면 인간적으로 받아들일 수 없는 주장이다. 로미오는 줄리엣에게 "내 DNA가 당신의 DNA에 끌리도록 예정되어 있다"라고 말하지는 않았다.

사랑 자체는 목적론의 최고 단계에 있는 예이다. 동물들도 사랑할 수 있지만, 그들의 사랑은 오직 이기적이고, 자신으로부터 비롯된 것일 뿐이며, 자신의 욕구와 본능에서만 생긴다. 그러나 인간은 지성적으로 이해하고 자유롭게 선택한 목적이나 목표를 위해서 사랑한다. 여기에는 상대방, 곧 사랑하는 사람의 행복이 포함된다. 동물의 목적론은 오직 내면에서 외부로, 그들의 욕망과 필요에서 비롯되지만, 인간의 목적론은 외부에서 내면으로도 작용한다. 이는 미학적으로 아름답거나 도덕적으로 선한 것, 의무와 이상에 대한 반응이다. 인간은 동물 그 이상이며, 우주에서든 인간의 삶에서든 더 높은 것은 더 낮은 것으로 환원될 수 없다.

인간과 우주의 관계에 대한 질문은 우리의 독특한 인간적인 선, 가치, 목표, 이상, 그리고 사랑이 적어도 유비적으로라도 우주의 나머지 부분과 "조화"될 수 있는지에 대한 물음이다. 인간보다 더 낮은 형태의 존재들인 동물, 식물, 심지어 아원자 입자들에 이르기까지 이들에게도 지혜와 사랑의 하위 형태가 존재하겠는가? 사랑과 유사한 것이 사물의 본성 속으로 완전히 스며들어서, 전자기적인 인력이 "입자 간의 사랑"이고, 중력이 "태양과 다른 별들을 움직이는 사랑"이 될 수 있겠는가? 그리고 사랑은 창조주의 본성에까지 미치는 것인가?

궁극적으로 이러한 질문에 대한 답은 인간과 자연이 동일한 창조주의 피조물인지, 동일한 아버지의 자녀인지, 동일한 예술가의 예술 작품인지에 달려 있다. 그렇다면, 자연은 우리의 작은 자매이며, 심지어 인간만의 독특한 도덕성도 "자연법"이라고 말할 수 있다. 만일 그렇지 않다면, 우리의 입장은 정신의 존재를 부정하는 유물론의 입장(19장 참조)이나 정신을 배제하는 입장을 취해야 할 것이다. 그렇다면 우리는 정신이 없는 물질적 기계에 의해 정신이 없이 만들어진 정신이 되며, 우주라는 커다란 유령의 집을 떠도는 유령들이 되는 셈이다. 그런 경우에 우리는 어느 쪽도 아닌, 우주에서 "영적이지만 종교적이지는 않은" 존재가 된다.

27 시간은 실재하는 것인가?

물론 우리는 모두 시간이 실재한다고 알고 있지만, 일부 철학자들은 세 가지 매우 다른 이유로 시간이 실재하지 않는다고 주장한다.

1. 파르메니데스처럼 시간과 변화가 논리적으로 자기모순적이라고 보는 합리주의자들도 있다.
2. 다른 철학자들은 더 신비주의적으로 바라보며, 진정한 실재는 시간적인 일상의 의식을 초월한다고 말한다. 그들은 우리가 그림 위를 기어다니는 개미와 같다고 말한다. 그 그림은 그 자체로 완전하고 시간을 벗어나 있다. 우리는 개미들처럼 조금씩 그림을 볼 수 있을 뿐이다.
3. 칸트와 같은 이들은 시간이 보편적이고 필연적이기는 하지만 우리가 사물을 구성하는 주관적인 방식일 뿐이며,

우리에게 알려진 객관적 실재, 우리의 의식 밖에 있는 사물 자체는 아니라고 말한다.

첫 번째 이유인 파르메니데스의 시간에 대한 부정은 이미 20장에서, 세 번째 이유로서 우리가 객관적 실재를 알 수 없으며, 인식하는 과정에서 이를 구성한다는 칸트의 신념에 대해서는 9장에서 다루었다. 그렇다면 두 번째 이유, 곧 참된 존재가 영원하며 시간을 초월한다는 신비주의적 관념은 어떤가?

시간의 실재를 부정하는 신비주의의 주장은 우리가 이성을 초월하여 신비주의적 체험으로 나아가지 않는 한 이 진리를 보는 것은 불가능하다는 것이다. 신비주의자는 때때로 이러한 시간의 부정에 대한 이성적이고 신학적인 논증을 제시하지만, 철학은 이 논증을 반박할 수 있다. 그 논증은 하느님이 실재의 기준이며, 그분의 정신은 시간을 초월하며 모든 것을 있는 그대로 보신다는 것이다. 그분은 모든 것을 (완벽하게 정돈된 상태로) 한꺼번에, 동시에 시간을 초월하는 현재에서 보시기 때문에, 우리가 실재와 진리에 대한 신적인 기준에 가까워질수록 우리의 생각은 더 참되게 된다는 것이다. 따라서 시간에 대한 가장 참된 설명은 시간의 부재, 곧 무시간성이 진정한 실재라는 것이다.

이 대답을 단순하게 보자면, 하느님이 창조한 것은 실재하며, 하느님은 시간도 창조했기 때문에, 시간도 실재한다는 것을 의미한다.

따라서 신적 계시는 철학이 해결하지 못하는 문제를 해결해 준다. 시간은 하느님이 실제로 창조한 우주의 한 차원이므로 형이상학적으로 실재일 수밖에 없다. 창조 교리는 하느님이 창조한 유한하고 시간적인 우주가 힌두교의 일부 형태에서처럼 단순히 신의 꿈이 아니라는 것을 확증한다. 우주는 하느님의 창조물이다. 우리가 하느님이 아니면서도 존재하듯이, 이 우주도 하느님이 아니더라도 존재한다. (갑작스러운 깨달음에 너무 놀라지 않았기를 바란다.)

그러나 '시간'의 본성은 까다로운 문제이다.

대부분의 언어에는 시간을 나타내는 두 가지 용어가 있다. 그리스어에는 '크로노스'(kronos)와 '카이로스'(kairos)가 있다. 크로노스는 공간을 통한 물질의 움직임을 측정하는 시간으로 물질과 공간을 전제한다. 반면에 카이로스는 마음과 의지 또는 목적의 변화를 측정하는 시간을 의미한다. 카이로스는 "영적인 시간"이다. 이는 천사적 존재의 차원(천사는 순수한 영이다)으로 볼 수 있기 때문에, 카이로스는 천사와 함께 창조되었다고 말할 수 있다. 이와 유사하게, 크로노스는 물질적 존재의 차원이며, 그래서 물질적 우주와 함께 창조되었다고 할 수 있다. 따라서 크로노스는 (창조되었기 때문에) 물질적으로 측정 가능한 시작과 지속적 시간을 지니며, 이는 약 140억 년 전 빅뱅에서 시작되었다. 카이로스 또한 (창조되었기 때문에) 시작을 가지지만, 그 시작은 물질적 시간으로 측정할 수 없다. 우주 속의 물질적 움직임은 물질적 우주의 창조만을 측정할 수 있으며, 천사들의 우주는 측정할 수 없다.

천사는 순수한 영적 존재이기 때문에 물질보다는 하느님을 더 닮았다. 그러나 천사는 하느님과 달리 창조된 존재라서 하느님보다는 물질을 더 닮았다. 그들에게는 또한 이전과 이후, 과거와 미래가 있다. 천사에게는 크로노스가 없지만, 카이로스는 있기 때문이다. 반면에 하느님은 무시간적 존재이다.

물질적이면서 동시에 영적인 인간은 물질과 영, 곧 크로노스와 카이로스라는 두 우주의 부분 모두를 가진다. 인간은 정신과 영혼이 있기 때문에 카이로스를 지닌다. 그리고 인간은 물질적인 몸을 가졌기 때문에 크로노스를 지닌다. 몸이 죽게 되면, 영혼은 더 이상 몸 안에 있지 않고 물질적 우주와 크로노스 안에 있지 않게 된다. 따라서 연옥이나 천국에서 우리의 시간은 크로노스의 잣대로 측정할 수 없다.

이교도 그리스 철학자들은 과거의 시간이 무한했다고 믿었다. 우주는 제작자들 또는 장인이 신들 또는 신과 함께 영원히 존재해 왔다는 것이다. 어떤 이교 철학자도 시간 자체를 창조하고 무에서 우주 전체를 창조한 신의 개념을 제시한 적이 없었다.

유신론자들(유다인, 그리스도인, 무슬림)은 과거의 시간이 유한하다는 것을 알고 있었는데, 이는 창조의 교리가 이들의 "신앙의 유산" 또는 신적인 계시의 일부이기 때문이다. 보나벤투라 성인과 같은 일부 유신론자들은 이 사실(과거의 시간이 유한했다는 사실)을 순수한 이성만으로 증명할 수 있다고 믿었지만, 토마스 아퀴나스 성인과 같은 다른 이들은 이를 증명할 수 없다고 생각했다. 물론 현대 과학은 모든 과학자가 수용하는 빅뱅 우주론을 통해 이 문제를 해결했다. 우주는 겨우 130억 년에서 140억 년 정도밖에 되지 않았다. 사람의 나이로 보자면 아직도 겨우 '청소년'일 뿐이다.

시간에 대한 많은 철학적 역설이 있다. 그중에 아우구스티누스가 제기한 역설이 있다. 아우구스티누스가 바라보는 시간에 대한 올바른 관점은, 현재의 순간이 선 위의 점과 같아서 길이가 전혀 없고, 단지 길이가 있는 과거와 미래를 나누는 지점에 불과하다는 것이다. 만일 그렇다면 과거·현재·미래라는 세 시간의 순간 모두가 비현실로 사라지는 것처럼 보이게 된다. 현재는 길이가 전혀 없기 때문이다. 과거는 더 이상 존재하지 않고, 미래는 아직 존재하지 않는다. 따라서 점과 선의 이러한 공간적 비유는 시간에 대한 올바른 관점일 수 없다.

그렇다면 대안은 무엇일까? 현재는 과거와 미래의 시간을 나누는 단순한 분할점이 아니다. 사실상 현재는 실제로 존재하는 유일한 시간의 차원이다. 미래는 '잠정적으로' 실재하며, 과거는 '실재했었지만', 실제로 살아 있는 현재가 (현재의 기억에 의한) 과거의 과거성과 (현재의 기대와 욕구에 의한) 미래성에 현실성을 부여한다. 현재의 기억이 없다면, 이미 지나간 시간은 '과거'라고 할 수 없을 것이고, 현재의 예측, 욕구, 또는 두려움이 없다면 다가올 시간은 '미래'라고 할 수 없을 것이다.

현재가 실제로 존재하는 시간의 차원이고, (공간적 비유를 사용하자면) 시간이 영원(하느님)과 만나는 또는 접촉하는 "장소"라면, 우리가 영원한 진리를 알거나 영원한 선과 의무를 인식할 때마다, 그리고 우리가 기도할 때마다, 영원을 만지거나 영원에 의해 건드려지는 것이다. 이는 바티칸의 시스티나 성당 천장에 있는 미켈란젤로의 그림에서 아담의 손가락이 하느님의 손가락에 닿는 것과 같다.

"현재"라는 말의 세 가지 의미 간의 연결을 주목해 보자. (1) 하느님은 부재하는 것이 아니라 현재이며, (2) 자신을 드러낸다. 말하자면 그분은 마치 성탄 선물처럼 자신을 피조물에게 적극적으로 내어 준다. 그분은 감추어진 채로 있지 않다. (3) 하느님은 죽은 과거나 태어나지 않은 미래가 아닌 현재 순간에 살아 있다. 로렌스 수사[1]는 『하느님의 현존 연습』(*The Pracitce of the Presence of God*)에서 "현재 순간의 성사"에 대해서 이야기한다. 그는 현재 순간을 성사, 곧 거룩한 것이라고 부르는데, 그 이유는 현재 순간이 그리스도의 몸인 성체성사가 중요한 의미를 갖는 시간이기 때문이다. (이 유비에 대해 잠시, 그러니까 현재 순간 동안 생각할 "시간"을 가져 보자.)

[1] 〔옮긴이 주〕 로렌스(Brother Lawrence, 1614-1691)는 17세기 프랑스의 가르멜 수도회 수사로, 깊은 영적 통찰과 단순하고도 강렬한 신앙생활로 잘 알려져 있다. 본명은 니콜라 에르망(Nicolas Herman)이며, 젊은 시절 군인으로 복무하다가 종교적 소명을 느껴 수도사로 나머지 삶을 봉헌했다.

28 위계는 실재하는 것인가?

만일 근대 이전의 모든 우주론이 받아들였지만, 현재 거의 모든 우주론이 거부하는 단 하나의 철학적 관념이 있다면, 그것은 위계 또는 "존재의 대사슬"이라는 개념이다. 이 개념은 자연이 단순히 양적인 차이뿐만 아니라 질적으로도 다른 여러 수준으로 질서 지어져 있다는 것이다. 예를 들면 인간은 동물 위에, 동물은 식물 위에, 식물은 무생물 위에 있다는 식이다. 그러나 많은 현대 철학자들은 모든 질적 차이를 원자나 아원자 입자 간의 양적인 차이로 축소시킨다.

가장 전형적인 현대 윤리학은 모든 위계 또는 귀족적 우월주의에 대한 공격에서 이러한 현대 우주론과 일치한다. 이러한 위계는 권위와 복종을 말하는 전통적 윤리학의 형이상학적이고 우주론적 기반이었는데, 이 두 개념은 억압적 권력("힘이 정의를 만든다")과 해방을 필요로 하는 노예와 같은 순응으로 급격히 오해되고 축소되어 버렸다. 현대 정치학은 권위주의적이거나 귀족주의적이기보다는 평등주의적이고 민주적이다. 여기에는 왕이나 여왕이 아니라 선출된 대표만이 존재한다. 현대 민주주의는 일반적으로 권리를 양적인 힘, 곧 다수의 의지가 최고의 권위인 것으로 여긴다. 미국 민주주의는 예외로, 의지가 아닌 법의 지배, 인간이 아닌 "자연법", 곧 "자연과 자연의 신"의 법칙이라는 정반대의 철학에 기반한다. 그러나 이러한 토대는 점점 더 약화되고 있다.

이러한 반위계적 평등주의가 종교에 미치는 결과는 분명하다. 현대 평등주의의 주요 적이자 세계에서 가장 "시대에 뒤떨어진" 제도는 가톨릭교회이다. 가톨릭교회의 본질적인 주장들은 모두 위계적이기 때문이다. (여기서 말하는 위계란 단순히 성직자나 평신도의 계급이나 성직자와 평신도의 구별이 아닌 형이상학적 위계질서를 말한다.) 교회는 민주주의가 아니다. 하느님은 절대적인 권위자이며, 그분은 천사, 사도, (사도의 후계자인) 주교, 교황, 사목자, 설교자, 성인들로 이루어진 하위의 권위들을 세웠다. 비판자들이 잊고 있는 것은 이것은 권력의 위계가 아니라 봉사의 위계라는 점이다. 지상에서 최고의 권위는 "섬김을 받으러 온 것이 아니라 섬기러 왔다"(마태 20,28)라고 하신 그리스도이다.

교회와 근대 이전의 모든 문화는 단순히 위계질서와 군주제에 대한 정치적 선호도를 우주에 투영한 것이며, 이것이 위계질서뿐만 아니라 종교 자체와 우주의 왕인 신(神) 개념의 기원이라는 주장이 종종 제기된다. 그러나 이러한 투사 이론에 대한 주장은 그 반대의 논리만큼 설득력이 없다. 즉, 현대인의 정신은 민주주의에 대한 정치적 선호도를 우주에 투사하고 있다는 것이며, 이는 그들의 정치적 평등주의가 '그들'의 형이상학적 또는 우주론적 평등주의의 심리적 기원이라는 것이다. 따라서 이 문제는 해결되지 않은 채로 남게 된다. 과연 하느님이 인간보다 우월할까? 과연 성인(聖人)은 죄인보다 우월할까? 인간은 동물보다 우월할까?

당신이 정말로 인간이 동물보다 우월하다고 믿지 않는다면, 나는 당신의 집에서 식사하고 싶지 않을 것이다. 왜냐하면 당신의 그런 철학을 적용한다면, 당신은 채식주의자이거나 식인종일 것이기 때문이다. 나는 고기를 먹는 것을 좋아하지만, 식인종에게 먹힐 고기가 되고 싶지는 않다. 그리고 나는 "당신은 당신이 먹는 것으로 되어 버린다"라는 말을 믿지 않는다. 베이컨을 먹는다고 내가 돼지처럼 꿀꿀거리게 되는 것은 아니기 때문이다.

본성적인 귀족과 비본성적인 귀족이 있다. 현명하고 정의로운 통치자는 통치에 있어서 본성적으로 우월하며, 이는 정당한 권리로서의 우월함이다. 반면에 어리석고 사악한 통치자는 단지 힘으로서만 우월할 뿐이다. '귀족제'는 말 그대로 "탁월함을 기반으로 하는 통치"를 의미하며, 단순히 권력, 부, 가문의 우월성을 의미하는 것이 아니다.

권위와 순종의 계기가 반드시 가치의 위계와 불평등을 의미하는 것은 아니다. 하느님 안에서, 또는 궁극적 실재 안에서 성자는 성부의 권위에 순종하지만, 모든 면에서 성부와 동등하다. 시민, 자녀, 아내는 왕, 부모, 남편과 가치 면에서 동등하지만, 그들은 서로 다른 역할을 하며, 다른 종류의 권위를 지니고, 다른 종류의 순종을 한다. 요셉 성인은 자기 아내와 아들보다 근본적으로는 열등했지만, 성가정의 아버지로서 가장 큰 책임을 졌다. 그는 가족을 이집트로 이끌었고, 그의 아들에게 말하는 법, 일하는

법, 순종하는 법을 가르쳤다(루카 2,51 참조).

성경은 하느님이 인간의 질서를 뒤집는다고 자주 말한다. 많은 시편과 예언서, 그리고 마리아의 찬가(루카 1,46-55)에서 하느님은 꼴찌(가난한 자, 겸손한 자)를 첫째(부유하고 교만한 자들)가 되게 한다. 그러나 하느님은 이들을 동질화하는 것은 아니다. 하느님은 비본성적이고 거짓된 위계를 본성적이고 참된 위계로 변화시키신다.

위계 자체와 실제적인 우월성과 열등성에 대한 공격 전체는 본질적으로 자기모순적이다. 왜냐하면 그러한 공격은 평등주의가 귀족주의보다 '우월하다'는 위계를 가정하기 때문이다.

일부 철학자들은 객관적이고 보편적인 진리의 개념이 그 자체로 억압적인 미신이라고 주장하며, 로고스 중심주의, 또는 "진리주의"를 공격한다. 이러한 공격은 해체주의의 핵심이다. 그러나 진리에 대한 이러한 공격으로 자신들이 선호하는 "진리"를 제시한다면, 자기모순이 되며, 그렇지 않다면 이러한 공격은 단순히 이성, 정의, 자연에 대한 원초적인 힘의 승리에 불과하므로, 이는 철학이라기보다 성난 야수에 지나지 않는다.

내재적인 탁월함을 지닌 모든 위계에 대한 시기와 원한은 삶과 제도 전반에 퍼져 있다. 이는 경제 분야에서 마르크스주의의 계급적 시기로 나타나며, 갖지 못한 자들이 가진 자들을 향한 시기를 정의나 연민으로 가장하여 감염시킨다. 심지어 성(性)과 내재적이고 본성적이며 신에 의해 질서 지어진 성별 차이에도 영향을 미친다.

모든 "구별"에 대한 이러한 공격은 창조의 본질적인 질서 원칙을 전복하려는 시도이다. 창세기 1장에서 하느님이 창조하는 것은 구별하는 것이다. 하느님은 존재를 비존재와, 빛을 어둠과, "아래의 물"(땅)을 "위의 물"(하늘)과, 육지를 바다와, 생물을 무생물과, 동물을 식물과, 종과 종을 구별한다. 그런 다음, 우리의 종(種) 범위 안에서 남성과 여성을 각자의 형상대로 똑같이, 그러나 다르게 만들었다. (모든 본성적 차이가 본질적 가치의 차이는 아니라는 단순한 점을 평등주의자들은 종종 잊는다.) 그리고 성경 전체는 선이 악보다, 성인이 죄인보다 위계적으로 탁월하다는 도덕적 귀족주의 철학을 통해 이러한 위계적 원리를 인간의 삶과 행동에 적용하는 것을 끊임없이 반복한다.

모든 차별을 공격하는 현대인은 본성적이고 올바른 구별(하느님이 하시는 것)과 비본성적이고 그릇된 차별(인종차별과 같이 인간이 하는 것)을 구분하지 않는다.

모든 본성적 위계에 대한 공격은 하느님이 설계한 자연 질서 자체의 본질적인 원칙에 대한 공격이며, 만일 그러한 공격이 사탄의 초자연적 전략이 아니라면, 다른 어떤 것도 아닐 것이다. 이 공격이 완전히 성공한다면, 그것은 우주에서는 모든 에너지가 균질화되고, 선과 악, 하느님과 사탄이 동일시되는 완전한 엔트로피[1)]를 초래할 것이다. 이는 하느님에 대한 경배를 폐지하는 결과를 낳을 것이다.

---

1) 〔편집자 주〕 엔트로피(entropy)는 '무질서'의 척도로 흔히 이해되는데, 무질서라는 말에 담긴 부정적인 요소 때문에 발생하는 오해를 피하기 위해, '균질화의 과정'이나 '평형으로의 이동'이라고 해석할 수 있는 개념이다. 규칙성을 가진 패턴이 지속되는 것을 '질서'라고 할 때, 이러한 패턴이 사라지고 주어진 계 전체에 걸쳐 평평하게 또는 균등하게 흩어져 가는 과정이 엔트로피의 증가 과정이다. 즉, 엔트로피의 증가는 평형 상태로의 이동이며 에너지 차원에서는 안정화되는 방향이다. 여기에서는 하느님과 사탄이 어떠한 구별점 없이 완전히 동일하게 된다는 것을 의미한다.

29 진화는 실재하는 것인가?

‘진화’라는 말은 네 가지 다른 의미를 지닌다. (1) 점진적인 발전, (2) 어떤 선을 향한 점진적인 발전, 어떤 형태의 진보, (3) 다윈의 생물학적 이론으로서, “자연 선택”이라는 메커니즘에 의해 새로운 종이 진화하는 것(종 내에서의 미세 진화와 구별되는 거대 진화), 또는 (4) 다윈의 무신론적 철학으로, 신의 설계를 배제하고 우연한 기회만으로 종의 진화를 설명할 수 있다고 주장하는 것이다.

여기서는 세 번째 의미에 대해서만 다룰 것이다. 첫 번째와 두 번째 의미는 여러 분야에서 명백한 사실이고, 네 번째 의미는 신적 창조주를 믿는 모든 이들이 분명히 거짓임을 알고 있기 때문이다.

(세 번째 의미의) 진화는 과학적 이론이다. 그러나 (네 번째 의미의) 무신론은 전혀 과학적 이론이 아니다. 왜냐하면 과학은 과학적 방법으로 신을 증명하거나 반증할 수 없기 때문이다. 우

리는 창조주에 대한 통제된 실험을 할 수 없다. 햄릿은 셰익스피어를 믿을지 말지 선택할 수 있지만, 셰익스피어가 자신의 연극 속에 그를 등장시키지 않는 한(그리스도교에 따르면 하느님은 인간을 세상에 등장시켰다), 셰익스피어가 햄릿에게 할 수 있는 일을 햄릿이 셰익스피어에게 할 수는 없다.

화석 기록 전체와 그 연대 순서에는 진화론을 뒷받침하는 인상적인 증거가 있다. 진화론은 이론이지 경험적 사실은 아니지만, 다른 어떤 이론도 이처럼 많은 사실적 데이터를 설명하지는 못한다. 이 이론의 세부 사항에 대해서는 아직 미해결된 질문과 문제가 있지만, 이론 전체에 대해서 단순히 반박할 만한 것은 없다. 그리고 유일한 대안 이론인 각 종의 직접적인 신적 창조에 대해서는 (a) 거의 또는 전혀 증거가 없고, (b) 더 많은 질문을 남기며, 무엇보다 (c) 자연적 사건에 대한 하느님의 일반적인 전략과 일치하지 않는 것으로 보인다. 말하자면 이러한 전략은 초자연적이고 기적적인 개입을 최소한으로 줄이고, 처음에 창조된 존재들과 기관들에 권한을 위임하는 방식이다.

이 점은 아우구스티누스와 같은 근대 이전의 신학자들에 의해 제기되었다. 그는 우주를 하느님이 "씨앗"을 심어서 나중에 자라게 하는 일종의 밭으로 보았으며, 토마스 아퀴나스의 기본적인 신학 원리인 하느님의 은총도 대개 자연과 자연적 인과성을 사용하고 완성시키는 것이지, 그것을 우회하지 않는다는 원리와 일치한다.

창조론과 진화론의 명백한 대립은 인간과 인간에게 고유한 영적이고 이성적이며 불멸하는 영혼에 초점을 맞추고 있다. 영혼은 화석을 남기지 않기 때문에, 신이 각 인간의 영혼을 직접적이고 초자연적으로 창조한다는 주장을 과학적으로 증명하거나 반증할 수 있는 증거는 없다. 오직 종교적 주장과 철학적 논증만 있을 뿐이며, 육체와 같은 경험적인 데이터는 존재하지 않는다. 과학적 진화론이 영혼을 증명하거나 반증하는 것도 아니고, 그렇다고 신을 증명하거나 반증하는 것도 아니다.

인간 몸의 기원에 관해서, 창세기의 기록은 하느님이 인간의 몸을 창조했다는 의미의 히브리어 단어 '바라'(*bara*)를 사용하지 않고, "흙의 먼지로"(창세 2,7) 사람을 빚었다고 말한다. 따라서 성경은 인간 몸의 진화적 기원에 대한 개념을 가르치거나 반박하지 않지만, 그와 유사한 무언가를 암시한다.

반면에 영적인 영혼에 대해서는 하느님이 "그 코에 생명의 숨을 불어넣으시고" 사람을 "하느님의 모습으로"(창세 2,7; 1,27) 만들었다고 말한다.

그러나 진화론이 신학적인 입장이 아니라 과학적인 입장에 머무는 한, 인간의 영혼에 대해서는 아무것도 말하지 않는다. 영혼은 화석을 남기지 않는다. 비물질적인 영혼의 실재에 대한 철학적 논증은 있지만, 엄밀한 과학적 논증은 없다.

따라서 "과학과 종교 간의 전쟁"이라는 가짜 전쟁의 핵심인 "창조론과 진화론의 싸움"에 무기를 제공하려고 쏟아부은 수많은 잉크와 종이는 어느 쪽에도 한 번의 승리도 가져다주지 못했다. 어느 쪽도 상대방을 이기지 못했다. 이것은 사상자가 없는 전쟁이다. 일부 창조론자들은 진화가 신화라고 말하고, 일부 진화론자들은 창조가 신화라고 말하지만, 진짜 신화는 양쪽이 모두 믿고 있는 소위 "과학과 종교 간의 전쟁"이다.

30 시간 여행은 가능한가?

시간 여행이 가능한지 여부는 아마도 특이한 질문일 뿐만 아니라 터무니없고 황당하게 생각될 것이다. 이는 많은 공상 과학 소설이 가정하는 것이지, 과학이 전제하는 것은 분명 아니다. 그럼에도 불구하고 이 질문은 매우 흥미로운 철학적 문제이다. 비록 그 답이 매우 추정적이고 불확실하더라도 말이다.

철학은 매우 간단하고 상식적인 논리적 논증으로 영화나 공상과학 이야기에서 흔히 볼 수 있는 시간 여행의 한 종류를 명백하게 반박할 수 있을 것이다. 만일 내가 정말 물리적인 시간 여행으로 과거로 가서 사건을 물리적으로 바꿀 수 있다면, 나는 내가 태어나기 전의 시점으로 돌아가 내 아버지를 죽일 수도 있을 것이다. 그럴 경우, 내 존재의 필수적인 원인인 아버지가 없다면 나는 존재할 수 없을 것이다. 하지만 내가 존재하지 않는다면 내 아버지를 죽일 수 없다. 따라서 그러한 시간 여행의 개념은 논리적으로 자기모순적이거나 자기 반박적이다.

과거를 물리적으로 변화시키는 것은 논리적으로 불가능해 보인다. 하지만 물리적인 것이 아니라 단지 정신적인 시간 여행을 생각할 수 있는데, 이는 물리적인 변화를 일으킬 수는 없을 것이다. 실제로 우리는 그러한 시간 여행의 약한 형태를 지니고 있다. 그것은 '기억'이라고 불리며, 과거로의 정신적 여행이다. 또한 우리에게는 미래로 가는 시간 여행도 가능한데, 이는 '예측', 또는 '기대'라고 불린다. 그러나 이러한 능력은 물리적인 뇌에 의존하며, 물질과 그 변화가 공간에 의해 측정되는 시간, 곧 '크로노스' 또는 연대기적 시간에 의해 조건 지어지기 때문에 매우 제한적이다(27장 참조).

그러나 또 다른 종류의 시간이 있다. 그것은 목적과 의미 있는 지향을 측정하는 '카이로스'라는 시간이다. (목적은 이해와 의지가 존재하는 곳에만 있으며, 이는 신체의 행위가 아니라 정신과 영혼 또는 마음의 행위이다. 하지만 우리 안에서 이러한 활동은 신체, 뇌, 신경계에 의존하고 그에 의해 조건 지어진다.) 이 "정신적인 시간"은 이론적으로 더 강한 형태의 기억과 또는 예상을 가능하게 할 수 있으며, 따라서 현재의 평범한 기억과 예상보다 더 큰 종류의 시간 여행을 가능하게 할 수 있다. 이와 유사한 현상은 특정한 신비주의적 체험에서 실제로 존재하는 것으로 보인다.

그리고 아마도 이러한 것에 대한 증거는 단지 일반적으로 신비 체험이라고 불리는 것뿐만 아니라, 우리가 현재가 아닌 다른 시간의 사건에 대해 실제든 허구든 이야기를 할 수 있는 능력에서도 나타날 것이다. 이러한 과정에서 우리는 일종의 정신적 유체 이탈 체험을 하며, 실제로도 현재의 존재를 초월하게 된다. 위대한 책 속의 사건들 안으로 정신과 영혼이 깊이 몰입되었던 독자는 책을 덮고 "현실" 세계로 돌아올 때 종종 놀라게 되며, 현실 세계가 오히려 이야기 속의 세계보다 더 믿기 어려운 것처럼 느껴지는 경험을 하게 된다.

죽음을 예상하는 순간이나, 일시적으로 뇌사 상태에 빠졌다가 다시 회복되는 경우(임사 체험)에서 유체 이탈 체험이 일어난다는 과학적 증거는 많다. 이러한 체험에서 자신의 과거 삶의 사건들은 놀랄 만큼 생생하고 명확한 진실로 나타나며, 완벽한 순서로 펼쳐지지만, 이 과정은 전혀 시간이 걸리지 않는다. 그러나 현재의 정신이나 영혼 또는 영이 과거의 앎까지 포함해서 과거의 그 어떤 것도 작용적으로 변화시키는 경우는 없다. 그것은 오직 과거를 관찰하는 것일 뿐이다. 과거의 사건은 여전히 과거로 남아 있으며, 변경될 수 없다.

마치 시간이 정지된 것처럼 보이는 신비적 상태에 대한 증거도 많다. 일부 원시 문화에서는 이러한 상태가 예외적인 것이 아니라 일반적이다. 예를 들어 호주 원주민들의 "꿈의 시간" 또는 "꿈꾸기"는 일상적인 시간을 초월하고, 시간의 성질이 근본적으로 변화되어, 꿈을 꾸는 사람은 원형적인 조상들과 동시대인이 되기도 한다. 기도에서도 이와 유사한 (그러나 동일하지는 않은) 일이 일어난다. 기도를 통해서 역사 속의 그리스도가 단순히 우리의 기억 속에만 존재하는 것이 아니라, 그분이 우리와 동시대인이 되고 우리도 그분과 동시대인이 된다. 그리고 미사에서는 사람이 되신 그분의 몸과 피, 이천 년 전 십자가에서 흘리신 그분의 몸과 피가 우리에게 실제로 현존하게 된다. 심지어 그분의 성체를 영할 때 그분은 우리 안에 현존한다. 이는 단순한 기억을 넘어선다. 이는 시간을 초월하는 것이다.

만약 임사 체험이나 유체 이탈 체험에서처럼 정신이 육체와 분리되었다가 다시 돌아올 수 있는 것이라면, 그 정신은 미래로 가서 그것을 변화시키지 않고 그저 보기만 하다가, 물리적이고 시간적인 현재의 몸으로 다시 돌아올 수 있을 것이다. 이것은 진짜로 예언에서 일어날 수 있다. 영원하신 하느님은 모든 사건과 모든 시간을 자신의 정신 안에 담고 있는데, 그분이 자신에게는 현재인 것이지만 예언자에게는 미래인 것을 알 수 있도록 해 주는 것이다. 이는 또한 과거에 대해서 일어날 수 있다. 임사 체험에서처럼 과거를 살아 있는 과거로 만드는 것이다.

죽음을 경험하고 영원하거나 반(半) 영원적(또는 "항구적")인 존재 상태로 들어가게 되면, 더 이상 우주 안에 있지 않기 때문에, 우리의 시간 경험도 달라질 수밖에 없다. 우주는 모든 물질과 그 (물질적) 공간, 그리고 그 (연대기적·크로노스적) 시간을 포함하는 총합이기 때문이다. 가톨릭 신학에서 죽음 이후의 새로운 몸은 가벼움의 특성을 지니게 되며, 이는 양자 이론에서 아원자 입자가 순간적으로 움직이는 것과 유사하게, 공간을 즉각적으로 이동할 수 있게 해 준다. 따라서 부활한 영혼은 부활한 몸이 공간에서 할 수 있는 것처럼 시간에서도 할 수 있을지도 모른다. 사실 오상의 비오 신부와 두 곳에 동시에 존재하는 양재(兩在, bilocate) 체험을 한 다른 성인들은 이 세상에서, 그리고 이 생애에서도 이런 능력을 어느 정도 가졌던 것으로 보인다. 말하자면 동시에 두 곳에 있는 이러한 능력은 일종의 시간 여행이자 일반적인 시간의 법칙을 초월하는 것이며, 동시에 공간 여행이자 일반적인 공간 법칙을 초월하는 것이다.

물론 이 모든 것은 매우 추정적인 것이며, 시간 여행이 확실하거나 사실이라거나 또는 가능하다고 주장하는 것은 어리석은 일이다. 그러나 불가능하다고 주장하는 것도 마찬가지로 어리석다. 이 장의 요점은 단순히 우리의 마음을 대안적인 가능성에 열어두는 것이며, 이 논의를 막으려는 것이 아니라 개방하려는 것이다.

31 자연의 일관된 형태를 어떻게 입증할 수 있는가?

현대 과학은 순수한 이성에 기반을 두고 있으며, 이성을 초월하고 이성으로 증명할 수 없는 신앙에는 의존하지 않는다고 주장한다. 또한 현대 과학은 경험에서 시작해서, 구체적인 특수한 사례들의 데이터로부터 귀납적으로 추론하여 이러한 데이터를 설명하는 일반 원리에 이르는 경험적 방법에 기반을 두고 있으며, 모든 이론을 감각적 데이터와 감각을 확장하는 도구를 사용한 통제된 실험으로 검증한다. 이는 현대 과학이 종교 및 철학과 구별되는 특징 중 하나이다. 즉, 종교는 적어도 부분적으로는 신앙에 기반을 두고 있으며, 철학은 추상적이고 보편적 원리에서 개별적이고 구체적인 사례를 연역적으로 추론할 뿐만 아니라, 개별적인 사례에서 보편적 원리를 귀납적으로 논증한다는 점에서 과학과 구별된다.

과학자들은 일반적으로 종교나 철학에 의존하거나 그것을

전제로 삼기를 원하지 않는다. 그러나 실제로는 그렇게 해야 하는 것처럼 보인다. 왜냐하면 모든 과학적 추론의 기초가 되는 두 가지 가정이 있는데, 이 가정은 과학 자체에서 나온 것이 아니라, 종교적 신앙이나 철학적 추론에서 비롯된 것이기 때문이다. 아니, 어쩌면 그것은 단순한 상식에서 비롯된 것일 수 있다.

그중 하나는 인과성의 원리이다. 그 어떤 것도 원인 없이 존재하거나 변화하지 않는다는 원리이다. 이 원리의 더 추상적인 버전은 충분한 이유의 원칙으로, 객관적으로 실재하는 모든 것은 원칙적으로 인간의 이성과 합리적인 설명으로 이해될 수 있다는 것이다. 바로 이 점이 흄과 칸트가 했던 객관적으로 실재하는 인과성에 대한 비판이 과학뿐만 아니라 철학에 대한 심각한 도전인 이유이다.

모든 과학의 기초가 되는 또 다른 원리는 자연의 일관된 형태의 원리이다. 중력, 상대성, 빛의 속도, 질량과 에너지의 변환 가능성 같은 자연의 기본 법칙들은 시간이나 장소에 따라 변하지 않는다는 것이다. 물리학 법칙은 천 년 후에도 지금과 동일할 것이며, 다른 우주의 지역에서도 우리 우주와 마찬가지로 동일하다. 만일 자연이 일관되지 않다면, 과학적 추론은 우주에 대한 확실한 지식을 제공할 수 없을 것이다. 이렇게 일관성 없는 자연 법칙이라면, 어떤 시간이나 장소에 따라서는 더 이상 진리이길 포기해야 할 수도 있다.

일부 물리 법칙은 변화한다. 이러한 법칙은 특히 빅뱅 전후에, 곧 원자가 아직 형성되지 않았거나 물질이 응집되어 중력파를 형성하기 전과 같은 특정 시기에 물질이 어떻게 작용하는지를 설명하는 것이기 때문에 변할 수 있다. 그러나 엔트로피와 같은 다른 물리 법칙은 항상 동일하게 적용된다.

다음은 우리가 자연의 일관성을 어떻게 증명할 수 있는지에 대한 가능한 대답이다.

1. 자연의 일관성 원리는 전혀 증명할 필요가 없지만, 이 경우에 모든 과학은 불확실하고 비판적이지 않게 된다. 이는 단순히 포기하는 것이다.
2. 이 원리를 믿는 것은 실용적이고 실제적인 필요성으로, 비록 그것이 증명될 수 없더라도 중요하다. 하지만 그것이 이성을 납득시키지는 않는다. 그것은 그 원리의 진실성을 증명하지도 않는다. 때로는 거짓이 진실보다 더 실용적일 수 있다.
3. 이 원리는 종교적 신앙이 전제되어야 하지만, 비종교적인 과학자들은 합리적 증거를 필요로 한다. 하느님의 신뢰성과 일관성에 대한 믿음은 이 원리를 정당화하지만, 이를 모든 과학자에게 기대할 수는 없다. 과학은 특정한 신앙이 아니라, 보편적 이성을 토대로 해야 한다.
4. 이 원리는 귀납적으로 증명된다. 그러나 귀납적인 것을 귀납적으로 증명하는 것은 원을 돌아 제자리로 돌아오는 순환논증이거나 질문을 회피하는 것이다. 말하자면 증명해야 할 것을 미리 가정하고, 결론을 전제로 밀어 넣는 셈이다.
5. 이 원리는 연역적 추론에 의해 증명된다. 그러나 연역적 추론이 스스로를 증명할 수 없다면, 이 답변도 앞선 답변과 마찬가지로 질문을 회피한다는 비판에 직면하게 된다.

(여기서 질문을 회피한다는 것은 많은 사람들이 오해하듯이 질문을 무시한다는 것을 의미하지 않는다. 그렇다고 질문을 제기한다는 것을 의미하지도 않는다. 이는 증명해야 하는 것을 가정하고, 결론을 전제로 밀어 넣는 것을 의미한다.)

6. 이 원리는 세속적인 믿음에 의해 가정되어야 한다. 예를 들어 이성 자체에 대한 일반적인 믿음처럼 이성은 스스로를 증명할 수 없기 때문이다(6장 참조). 이것은 과학의 기초를 일종의 보편적인 "상식적 믿음"으로 만든다. 결국 과학은 정교한 상식에 불과하게 되며, 우리 모두는 실제로 여기서부터 시작한다. 어쩌면 이에 대한 대안이 없을지도 모른다.

32 우주는 생각과 무관하게 독립적으로 실재하는가?

우주가 생각과 무관하게 독립적으로 실재하는가에 대한 물음은 터무니없어 보일 수도 있지만, 몇몇 특이한 철학자들뿐만 아니라 실제로는 점점 더 많은 일반 사람이 이 물음에 대한 답이 '아니오'라고 믿고 있다.

그 '아니오'라는 답이 나오게 된 가장 대중적인 출처는 이성적인 논증이 아니라, 대중 심리학자들과 졸업식 연설자들에 대한 신뢰이다. 이들은 "당신은 무엇이든 될 수 있다"거나 "자신만의 현실을 창조하라"는 주문을 반복하며, 변호사나 정치인들보다도 더 큰 거짓말을 하는 유일한 사람들이다.

만일 실제로 그들이 의미하는 것이 그들이 말하는 것 그대로라면, 이는 반박할 가치도 없이, 퇴마나 정신분석의 대상이 될 것이다. 가장 명확하면서도 급진적인 광기의 징후는 가장 근본적으로 다른 두 가지 실제, 곧 주관적인 것과 객관적인 것, 또는 꿈과 현실, 우리의 정신과 의지에 의존하는 것과 그것에서 독립적인 것 사이에서 혼동하는 것이다. 가장 극단적인 광기는 자신이 우주의 전지전능한 설계자인 신의 마음이라고 주장하는 것이다. (따라서 논리적으로, 만일 예수가 자신이 주장한 존재가 아니라면, 그는 역사상 가장 정신 나간 광인일 것이다. 혹은 그가 실제로 자신이 주장한 것을 믿지 않았다면, 그는 가장 큰 거짓말쟁이일 것이다. 그렇다면 이 두 가지 가설 중 어느 것이 복음서의 내용을 설명할 수 있겠는가? 만일 둘 다 아니라면, 그다음은 무엇이겠는가?)

우주가 객관적으로 실재하는 것이 아니라 생각의 투사라고 믿는 '철학적' 이유는, 우리가 실제로 존재하지 않는 것을 상상하거나 개념화할 수 있으며, 종종 현실과 비현실을 혼동할 수 있다는 사실에 토대를 둔다. 말하자면 우리는 비현실적인 것을 현실이라고 생각하거나, 현실적인 것을 비현실이라고 생각할 수 있다. 그렇다면 우주 전체에 대해서는 항상 그렇게 착각하고 있지 않다고 확신할 수 있을까? 이는 모순율을 위반하지 않기 때문에 논리적으로는 가능하지만, 우리는 이것이 사실이 아니라는 것을 어떻게 알 수 있는가?

이 물음은 이전 장에서 자연의 일관성의 원리를 어떻게 알 수 있는지에 대한 물음과 유사하며, 이에 대한 가능한 답도 그곳에서 나열된 답과 유사하다.

버클리 주교는 물질적 우주가 정신(인간 또는 하느님의 정신) 밖에 존재하지 않는다는 것을 증명하려고 했다. 그의 주장 중 하나는 우리가 어떤 것을 '생각하지 않을' 때에도 그것이 여전히 존재한다고 '생각하는' 것은 논리적으로 모순이라는 것이었다. 그러나 이것은 문법적 오류, 곧 애매 어법(amphiboly)[1]이다. 부사구인 '우리가 생각하지 않을 때'는 '생각하다' 또는 '존재하다'를 수식할 수 있다. 우리가 생각하지 않을 때 생각하는 것은 분명히 자기모순이지만, 우리가 그것을 생각하지 않을 때에도 어떤 것이 존재한다고 생각하는 것은 자기모순이 아니다.

그러나 우주의 객관적 존재를 반박할 수 없는 이성적 논증으로 증명하려고 한다면, 우리가 생각했던 것보다 훨씬 더 어렵다는 것을 알게 된다. 비유물론자는 우리의 모든 반론에 답변할 수 있다. 하지만 예를 들어, 만일 물질이 단지 우리의 정신적 투영일 뿐이라면, 우리는 결코 죽거나 고통을 겪을 필요가 없을 것이라고 반박할 수 있다. 하지만 어쩌면 이런 악은 우리가 만들어내는 정신적 이야기거나 우리의 의지와 상관없이 꾸고 있는 꿈의 일부일는지도 모른다. 어쩌면 거기에는 우리의 무의식적인 의지뿐만 아니라 무의식적인 정신도 있을 수 있으며, 우리의 정신과 의지 간의 관계는 우리의 정신이 생각하는 것과 다를지도 모른다. 어쩌면 무의식적인 의지가 이러한 악을 원하고 있으며, 이를 원하지 않는 의식적인 정신을 조종하고 있을지도 모른다. 철학자 아르투르 쇼펜하우어가 그런 믿음을 가진 것으로 본다.

더 그럴듯한 "어쩌면"은 철학이 (이처럼) 더 터무니없어 보이면 보일수록, 우리가 철학적 이성을 제한하고 검증할 기준으로서 상식이 더더욱 필요하다는 것을 깨닫게 한다.

---

[1] [옮긴이 주] 애매 어법(Amphiboly)은 문법적 구조나 문장의 구성이 모호하여 여러 가지 해석이 가능한 표현을 가리킨다. 이런 모호성 때문에 논리적 오류가 발생할 수 있다. 예를 들어, "나는 망치로 유리잔을 깨뜨린 남자를 봤다"라는 문장은 "망치로 유리잔을 깨뜨린 사람이 내가 본 남자"인지, 아니면 "내가 본 남자가 망치로 유리잔을 깨뜨렸다"는 것인지 모호하다. 이러한 문법적 애매성 때문에 이 문장을 두 가지 방식으로 해석할 수 있으며, 이로 인해 논리적 혼란이 생길 수 있다.

그러나 비유물론(물질과 물질적 우주의 객관적 실존을 부정하는 철학)과 같이 겉보기에 터무니없고 극단적인 철학조차도, 우리가 일반적으로 생각하는 것보다 이 터무니없고 극단적인 관념론적 이상에 더 가까운 진리를 상기시키는 역할을 할 수 있다. 예를 들어, 전쟁의 결과를 결정하는 데 있어 정신적이고 영적인 요소인 신앙과 의지가 물질적인 요소보다 더욱 결정적인 역할을 한다. 막대한 기술적 우월성을 가진 미국은 군사적으로 가장 강력했던 영국을 상대로 한 독립전쟁과 제2차 세계 대전에서 독일과 일본을 상대로 승리했지만, 가장 약한 상대였던 북베트남과 아프가니스탄과의 두 번의 전쟁에서는 패배했다. 마찬가지로 그리스의 정신적·도덕적 우월성은 페르시아의 더 막강한 물질적 우월성을 무너뜨렸다. 『반지의 제왕』에서 프로도와 샘처럼 육체적으로 작고 약한 호빗족은 사우론과 같은 강력한 마법사를 파괴할 수 있었다. 호빗과 같은 그리스도는 세계의 가장 위대한 제국이었던 로마를 이기고 변화시켰다. 그리고 소크라테스가 암묵적으로 가르친 것은 그리스도가 명시적으로 가르친 것과 같았다는 것을 기억하자. "사람이 온 세상을 얻고도 제 목숨을 잃으면 무슨 소용이 있느냐?"(마르 8,36).

IV

특수 형이상학 - 신

33	신은 실재하는 것인가?	*181*
34	신은 무엇인가? 신은 누구인가?	*186*
35	우리는 신을 어떻게 알 수 있는가?	*192*
36	신이 존재한다면, 왜 악이 있는가?	*196*
37	신과 시간은 어떤 관계가 있는가?	*200*
38	자유의지와 신의 섭리는 조화될 수 있는가?	*204*
39	신은 무로부터 어떤 것을 창조할 수 있는가?	*208*
40	신은 논리를 초월하는가?	*212*
41	삼위일체 개념은 자기모순적인가?	*216*
42	왜 유신론이 범신론이나 이신론보다 더 이성적인가?	*220*

아리스토텔레스는 (그가 "제일철학"이라고 불렀던) 형이상학을 두 가지 의미로 구분했다. 말하자면 형이상학은 존재 자체에 대한 연구, 곧 일반적인 존재에 대한 연구와 첫 번째 존재, 곧 제일 원인 또는 최고 존재에 대한 연구로 구분된다. 그는 이성만으로도 하나, 영원성, 완전성, (우연성이나 의존성에 대비되는) 필연성, (변화의 잠재성에 대비되는) 순수 현실태, 그리고 "자기 자신을 생각하는 사유"라는 신의 여러 속성을 연역해 내었다. 신에 대해 훨씬 많은 것은 신앙(즉, 신적 계시의 내용)을 통해 드러난다. 그러나 철학적 이성만으로도 이성으로 이해하거나 발견할 수 없고 증명할 수 없는 신앙의 내용(예를 들어, 삼위일체나 육화)이 결코 이성과 '모순'되지 않음을 입증할 수 있다. 철학적 이성에 의해 밝혀진 "신"은 신적 자기 계시에 의한 신앙으로 알게 된 "하느님"의 아주 얇은 단면에 불과하지만, 이는 귀중한 "얇은 조각"이다.

이교도 아리스토텔레스와 그리스도교의 토마스 아퀴나스 성인은 가장 위대하고 완전한 것들(신에 관한 것들)에 대한 가장 작고 불완전한 지식이, 오히려 (세상의 것 중에) 가장 작은 것에 대한 가장 위대하고 완전한 지식보다 더 가치 있고, 우리에게 더 큰 완전함을 가져다주며, 더 깊은 행복을 준다고 말했다.[1)]

---

1) Saint Thomas Aquinas, *Summa Theologica* I, q. 1, a. 5 ad. 1, referencing Aristotle, *De Partibus Animalium*, bk. 1, ch. 5.

33 신은 실재하는 것인가?

신의 존재를 증명할 수 있는가? 만일 질문자가 신앙에서 도출한 신의 개념에서 출발해서 이성만으로 이 개념이 가리키는 존재가 정말로 실존하는가를 증명할 수 있는지를 묻는 것이라면, 그 답은 분명히 '아니오'이다. 어떻게 우리의 이성이 신의 의지, 곧 우리에 대한 신의 자유로운 사랑이나 우주의 창조와 같은 것을 증명할 수 있겠는가? 인간의 이성만으로 신의 영원한 내적 삶을 어떻게 알 수 있겠는가?

특히 그 삶이 삼위일체적이라면 더욱 그러하다. 삼위일체에 대한 엄격한 이성적 증명은 한 번도 제시된 것이 없다. 그럼에도 불구하고 삼위일체 교리에 대한 모든 반론에 대해서 답할 수 있다(예를 들어, 본성이나 위격에서의 하나임과 셋임은 서로 모순되지만, 본성에서의 하나임과 위격에서의 셋임은 모순되지 않는다). 그리고 우주와 인간의 영혼에는 삼위일체적인 단서, 유비, 메아리 또는 반영이 풍부하다. 그러나 이것들이 증명은 아니다.

하지만 신, 곧 고유한 신적 속성을 지닌 존재가 실재하는 것에 대한 엄밀하고 이성적인 논증은 그야말로 수십 가지나 된다. 이러한 논증은 어떤 신앙에서 시작하는 것이 아니라, 오직 인간의 공통된 경험에서 출발한다. 말하자면 우리가 감각으로 아는 객관적인 외부 세계에 대한 경험(예를 들어, 우주에서 발견되는 인과적 우연성 및 질서로부터의 논증)과 우리 내면의 주관적 세계에 대한 경험(예를 들어, 영원한 진리에 대한 우리 정신의 인식과 절대적인 도덕적 의무에 대한 양심의 경험) 양자에서 시작한다. 이러한 전제에서 논증은 논리적으로 전개되어, 이러한 데이터가 오직 "신"이라는 이름을 가질 자격이 있는 존재만이 지닐 수 있는 몇 가지 속성을 가진 존재의 실존을 통해서만 충분히 설명될 수 있음을 입증한다. (첫 번째 종류의 논증은 우주론적 논증이고, 두 번째 종류의 논증은 심리학적 논증이다.)

가장 유명한 우주론적 논증의 형태는 토마스 아퀴나스 성인의 인과적 논증에 대한 다섯 가지 변형이다. 그는 다음과 같은 다섯 가지 개념을 제시했다. (1) 변화, (2) 인과적 의존성, (3) 우연성(존재하지 않을 가능성), (4) 완전성의 정도, (5) 목적론적 질서. 이러한 존재가 설명될 수 있는 유일한 방법은 다음과 같은 것들에 의해서만 설명이 가능하다는 것이다. (1) 최초의 불변하는 변화자,[1] (2) 존재의 비인과적 원인, (3) 비우연적인 "필연적 존재", (4) 완전성 정도의 기준이 되는 참으로 완전한 존재, (5) 목적을

---

1) [편집자 주] 여기서 '불변하는 변화자'(unchanged changer)란, 스스로는 변하지 않으면서 다른 것들을 변화시키는 존재를 의미한다. '변화자'라고 해서 자기 존재도 변화한다는 뜻이 아니다. 이는 아리스토텔레스나 토마스 아퀴나스의 사상에서 "제일원인" 또는 "부동의 원동자"(Unmoved Mover)라고 불리는 개념이다.

향한 질서를 그 배후에서 목적론적으로 설계하는 정신. 여기서 다섯 번째 논증은 기술 대신 자연과 함께 살아가는 문화권에서는 거의 보편적으로 이해된다.

다음은 심리학적 논증들의 가장 유명한 형태들이다.

1. 아우구스티누스의 논증에 의하면, 인식할 수 있는 진리의 영원성(예를 들어, 2+3=5 또는 완전한 정의 같은 플라톤의 형상)으로부터 이러한 진리가 반드시 존재해야 하는 영원한 정신으로 나아간다. (사르트르와 같은 무신론자들은 "영원한 진리는 그것을 생각하는 영원한 정신이 없기 때문에 있을 수 없다"라고 주장함으로써 유신론자들이 이 논증을 이해하는 데 도움을 준다.)
2. 객관적인 도덕법에서 법 제정자로 나아가는 도덕적 논증(C.S. 루이스의 『순전한 그리스도교』의 시작 부분 참조) 또는 객관적인 도덕법을 전제하지 않고 오직 개인 양심이 도덕적 권위의 절대성에 의존한다는 뉴먼의 도덕적 논증이 있다. 여기서 양심은 부모나 교사, 사회적 합의, 다른 사람들의 의지나 의견 또는 감정과 같은 더 낮은 권위에 의존할 수 없다. 만일 신적인 것이 없다면, 왜 양심을 신적인 예언자로 대해야 하겠는가?
3. 신앙이 자연스럽게 거룩함과 기쁨으로 이어진다는 심리학적 논증도 있다. 인간의 마음이 원하고 가장 필요로 하는 두 가지 사안이 서로 상충되고 모순될 만큼 그렇게 나쁘게 설계될 수 있겠는가? 이 두 가지 사안은 한편으로는 진리이고, 다른 한편으로는 선과 이타적인 사랑, 그리고

이것이 가져다주는 심오한 기쁨이다. 위대한 성인들과 위대한 죄인들 중 누가 더 어리석겠는가? 신에 대한 가장 효과적인 논증은 언제나 성인들이었다. 철학자들이 아니라 성인들이 완고한 로마 세계를 변화시켰다.

4. 파스칼의 실용적 논증인 "내기"도 있다. 이 논증은 신의 존재를 증명하려는 것이 아니라, 신에 대한 믿음이 세상에서 가장 좋은 "내기"라는 것을 주장하는 것이다. 신의 존재가 증명될 수 없는 만큼 반증될 수도 없으니, 신앙의 도약이나 내기를 통해서 아무것도 잃지 않으면서도 모든 것, 곧 영원한 생명을 얻을 수 있다는 것이다.

다른 논증도 존재하지만, 그것은 보통 더 추상적이다. 예를 들어 안셀무스 성인의 유명한 존재론적 논증은 "그보다 더 큰 것을 생각할 수 없는 존재"[2]로 신을 정의하는 것 외에는 다른 어떤 전제도 두지 않고 시작한다. 그리고 만일 신에게 실재적 실존이 결여되어 있다면, 이미 그보다 더 큰 어떤 것도 생각할 수 없는 존재로 인정된 신(생각할 수 있는 모든 완전성을 소유하고 있는 신)이 우리가 생각할 수 있는 하나의 완전성에 있어서, 곧 우리의 정신과 무관하게 독립된 실재적 실존을 결여했다고 주장하는 것이 되는 셈이다. 따라서 신이 없다고 주장하는 무신론은 논리적으로 자기모순에 빠지게 된다.

이 논증에서 문제가 되는 숨겨진 전제는 존재가 지혜, 힘, 선함과 같은 완전함이라는 것이다. 그러나 이것은 존재와 본질을

[2] Saint Anselm, *Proslogium*, ch. 3.

혼동하는 것이다. 존재와 본질을 구분하는 토마스 성인의 대표적인 가르침을 받아들이는 토마스주의자들은 경험론자들이기 때문에, 이런 안셀무스의 논증을 거부하지만, 데카르트, 스피노자, 라이프니츠, 헤겔과 같은 본질주의자와 합리주의자들은 이를 받아들인다.

그리스도인에게 있어서 신의 존재에 대한 결정적인 논증은 그리스도 자신이다. '너희는 하느님을 어떻게 생각하느냐?'는 물음은 '너희는 그리스도를 어떻게 생각하느냐?'는 물음으로 가장 잘 검증된다(마태 22,42 참조). 하느님이 존재하지 않는다면, 그리스도는 현인과는 거리가 멀고, 오히려 역사상 가장 심각하게 망상에 빠진 사상가였을 것이다. 그리스도는 진리의 말씀인 하느님의 말씀(계시)이었을까, 아니면 광기에 사로잡힌 사람의 말이었을까?

만일 하느님이 제임스 스튜어트의 오래된 영화[3]에서 신화적인 거대한 보이지 않는 하비라는 토끼처럼 상상에 불과하다면, 모든 신자는 이런 토끼를 믿는 제임스 스튜어트처럼 제정신이 아닌 사람들일 것이다. 그리고 모든 성인, 현자, 신비가들은 단지 애어른이 된 두 살짜리 아이들이 유치한 애들 놀이를 하는 것처럼 여겨질 것이다. 반면에 마키아벨리, 마르크스, 스탈린, 무솔리니, 히틀러, 마오쩌둥, 폴 포트, 니체, 사르트르 같은 무신론자들만이 진정으로 지혜로운 사람들로 생각될 것이다.

[3] 〔옮긴이 주〕 여기서 언급된 영화는 1950년에 개봉한 영화 "하비"이다. 이 영화에서 제임스 스튜어트(James Stewart)는 엘우드 P. 다우드라는 캐릭터를 연기하며, 하비(Harvey)라는 거대한 보이지 않는 토끼와 친구가 되어 대화를 나눈다. 하비는 엘우드에게만 보이고, 다른 사람들에게는 보이지 않는 상상 속의 존재이다. 이로 인해 엘우드는 사람들이 보기에 이상한 사람으로 비치지만, 그는 하비와의 관계에서 행복과 평화를 느낀다.

34 신은 무엇인가? 신은 누구인가?

토마스 아퀴나스는 네 살 때 자신의 스승에게 "하느님은 무엇입니까?"라고 물었다. 그는 스승의 대답에 만족하지 못했기 때문에, 결국 역사상 가장 위대한 신학자가 되었다.

그리고 더 중요한 것은, 그가 '성인'(聖人) 토마스가 되었다는 것이다. 성인은 사랑하는 사람이고, 사랑은 인격들을 이해하는 데 가장 필요한 원인이기 때문이다. 그래서 성인들은 신학자들보다 하느님을 더 잘 이해하는 사람들이다. 심리학자들은 평범한 사람들보다 인간에 대해 더 많은 '사실들'을 이해할 수 있을지는 몰라도, 오직 사랑할 수 있는 존재인 '인격들'만이 인간을 인격 자체로 이해할 수 있다.

신적 계시 없이 이성과 철학만으로 '신이란 무엇인가?'라는 물음에 완벽한 답을 내리는 것은 적절치 않다. 이는 마치 벼룩이 개를 이해하려고 하는 것과 같다. 신적 계시 개념이 신을 이해하는데 적절하다고 하는 이유이다. 즉, 어떤 것이 더 실재할수록, 그것은 우리에게 자신을 드러내는 작용을 더 많이 해야 한다는 뜻이다. 숫자는 단지 정신적 추상 개념에 불과하며, 실체나 사물이 아니다. 또한 숫자는 작용하지 않고 정적이다. 바위는 살아 있지 않다. 하지만 그 구체적인 존재는 우리에게 영향을 미칠 수 있다. 만약 바위가 길을 막는다면 우리의 삶을 조금 바꿀 수 있는 것이다. 식물은 내적으로 활동적이다(이것이 바로 생명이 있다는 의미이다). 우리는 식물을 퍽 잘 이해하고 예측할 수 있지만, 바위만큼 명확하게 예측할 수는 없다. 동물은 훨씬 더 활동적이며, 고등 동물을 이해하는 데는 동물들이 우리에게 자신을 얼마나 드러내느냐에 크게 의존한다. 서로를 이해하는 데 있어서, 드러내는 자와 드러나는 자에게 요구되는 활동은 대체로 동등하다. 단, 성인과 어린아이 사이의 관계에서는 그 활동이 동등하진 않다. 따라서 우리가 하느님과 맺는 관계에서, 하느님(하느님이 그 이름에 합당하다면)은 우리나 어린아이, 동물들보다 훨씬 더 우월한 분이므로, 대부분 또는 모든 활동은 하느님으로부터 나와야 할 것이다. 그래서 신적 계시가 필요한 것이다.

그러나 신적 계시 없이 인간의 이성만으로도 '어떤' 답을 찾을 수 있으며, 사실 그것만으로도 한 사람의 삶을 변화시키기에는 충분하다. 만일 신이 완전한 존재이고 모든 완전성의 기준이라면, 하느님은 생각할 수 있는 어떤 완전성도 결여되어서는 안 된다. 신은 "그보다 더 큰 것을 생각할 수 없는 존재"[1]라는 정의는 신에 대한 긍정적인 정의는 아니지만, 부정적인 정의로는 훌

[1] Saint Anselm, *Proslogium*, ch. 3.

륭한 것이다. 안셀무스 성인은 자신의 존재론적 논증에서 이 정의를 사용했으며, 이 논증이 신의 존재를 증명하는 데 실패하더라도 그 논증이 시작되는 정의 자체에는 아무런 문제가 없다.

완전한 존재가 제한 없이 지녀야 할 세 가지 속성은 지식, 선함, 능력이다. 그래서 신은 전지(全知, 모든 것을 앎), 전선(全善, 완전히 선한 존재), 전능(全能, 모든 할 수 있음)한 분이다. 앎은 무엇보다 이해를 의미한다. 선함은 특히 인간에게 있어서 다른 사람에 대해 가장 좋은 것을 바라는 선한 의지를 의미하는데, 이는 성경과 그리스도가 말하는 '사랑'(아가페)의 정의이기도 하다. 그리고 능력이란, 알게 되었고 사랑하게 된 선함이 무엇이든 이룰 수 있는 힘을 의미한다.

이 세 가지 최소한의 신적 속성으로부터 논리적으로 따라오는 것, 곧 무신론을 거부한 것의 필연적이고 논리적인 결과는 다음과 같은 문장이다. 이 문장은 인간의 삶과 그 삶에 대한 태도를 완전히 바꿀 수 있다. "하느님을 사랑하는 이들, 그분의 계획에 따라 부르심을 받은 이들에게는 모든 것이 함께 작용하여 선을 이룬다는 것을 우리는 압니다"(로마 8,28). 이는 믿음을 강력하게 요구하는 구절이며, 믿음을 시험하는 것이자 신앙에 대한 도전이다. 왜냐하면 이는 분명히 자명한 진리와는 거리가 멀기 때문이다. 사실 그것은 놀라운 주장일 뿐만 아니라, 이에 반하는 증거도 많다. "악의 문제"가 바로 그것이다. 하느님이 선하다면, 왜 그분은 이렇게 많은 악을 허용하는 걸까? 그러나 로마서 8장 28절의 이 놀라운 주장은 '하느님의 본성은 무엇인가?'라는 물음에 대한, 세 가지 타협 불가능한 답의 전제로부터 논리적이고 필연적으로 따라 나오는 것이다. 즉, 신의 본성이 어리석거나 사악하거나 나약한 것이라면 하느님이라고 불릴 자격이 없다는 것이다.

이러한 정의로부터 연역하여 논리적으로 증명할 수 있는 다른 신적 속성도 있다. 예를 들어 신의 영원성이다. 신의 선함이 무한하다면, 그것은 더 나쁜 것에서 변화할 수 없고, 더 나쁜 것으로 변할 수도 없다.

또한 신적 속성에는 단일성도 있다. 두 신이 있을 수는 없다는 것이다. 왜냐하면 만약 신이 완벽하고, 불완전함이 아닌 오직 완전함만을 가진 존재라면, 두 신 중 어느 하나의 완벽함이 다른 하나를 구별해야 할 것이기 때문이다. 그러면 그 둘 중 완전함이 결여된 어느 하나는 온전히 완벽한 것이 아니므로 신이 될 수 없게 된다.

또한 신이 전적으로 선하다면, 그분은 전적으로 정의로워야 한다. 그렇다면 자비는 어떤가? 만일 자비가 정의를 완화하는 것이라면, 신은 자비로울 수 없다. 그러나 우리 사이에서도 자비는 하나의 완전함이다. 따라서 자비는 정의의 완화가 아니라, 정의를 전제로 하고 도덕적 완전함 안에서 이를 넘어서야 하는 것이다. 이로써, 우리는 신의 본성에 대해 신학적으로 추론하는 것이 어떻게 인간의 삶과 행동에 실질적인 도덕적 결과를 가져올 수 있는지 알게 된다.

하느님이 우리를 창조한 것은 정의 때문일 수는 없다. 왜냐하면 아직 존재조차 하지 않는 존재는 어떤 것도, 심지어 실제로 있게 되는 그런 존재조차도 받을 자격이 없기 때문이다.[2] 따라서

[2] 〔편집자 주〕 여기서 '아직 존재조차 하지 않는 존재'란 하느님께 창조된 인간이다. 그리고 '실제로 있게 되는 그런 존재'란 우리가 세상에서 실제로 볼 수 있는 정의를 말한다. 즉, 피조물인 인간 창조의 기원이 역시 세상에 존재하게 될 정의에서 비롯될 수는 없다는 의미이다.

우리의 창조는 정의 이상의 무엇, 자비나 순수 관대함 같은 것에 기인해야 한다.

그러나 하느님의 자유로운 선택에 의존하는 것은 그것이 무엇이든지 논리적으로 추론될 수 없다. 따라서 우리를 창조하고 용서하고 구원하며, 우리를 영광스럽게 하고 우리의 비천한 삶의 모든 측면을 섭리로 돌보는 하느님의 선택은 엄밀하게는 추론될 수 없다. 반면에 이에 대한 모든 반론은 답변될 수 있다. 예를 들어, 비천하고 가치 없는 존재를 돌보는 것과 사람뿐만 아니라 가치 있는 것을 돌보는 것은 불완전함이 아니다.

하느님은 호랑이나 새끼 고양이 같은 고양이류를 반드시 창조해야 했던 것은 아니다. 그것은 하느님의 자유로운 선택이었기 때문에, 이 고양이류는 하느님의 본성에서 논리적으로 추론될 수 없다. 천사들도 마찬가지이다. 그러나 일단 고양이가 존재하게 되면, 우리는 하느님의 모든 완전함, 그러니 예측할 수 없는 창조성과 놀라운 관대함을 지닌 완전함과의 합리적 일관성을 볼 수 있다. 또한 우리는 이성적으로 천사가 존재하는 것이 가능하며, 심지어 그럴 개연성이 높으며, 아마도 무수한 종류와 계급으로 존재할 것임을 입증할 수 있다. 천사들은 우리와 하느님 사이의 간극을 메우기 때문이다. 이는 마치 많은 종의 동물이 우리와 식물 사이의 간극을 메우는 것과 같다. 만일 하느님이 고양이와 복어를 고안할 만큼 창조적이라면, 천사도 고안할 수 있을 것이다. 이는 증명이 아니라, "적합성에 대한 논증"이다. 중세인들은 이 논증을 즐겨 사용했지만, 현대의 사고방식은 이를 불신한다. 왜냐하면 이러한 논증은 과학보다 예술에 훨씬 더 적합하기 때문이다. 하지만 우주는 기계인가, 아니면 예술 작품인가? 우리에게도 동일한 질문이 적용된다.

'신의 본성에 대해 이성만으로 얼마나 많은 것을 증명할 수 있는가?'라는 물음에 대한 두 가지 분명한 오답은 '모든 것'과 '아무것도'이다. 왜냐하면 신앙으로 알 수 있는 진리와 이성으로 알 수 있는 진리의 두 가지 범주는 동일하지도('모든 것'에 대한 답), 그렇다고 서로 완전히 배타적이지도 않으며('아무것도'에 대한 답), 오히려 부분적으로 겹치기 때문이다. 철학적 이성이 알 수 있는 신에 대한 "얕은 부분"은 우리가 그리스도와 그분의 교회, 그리고 교회의 성경을 통한 신적 계시 안에서 신앙으로 알게 되는 하느님의 "깊은 부분"의 일부에 해당한다. 물론 그 "얇은 조각"이 얼마나 큰지에 대해서는 어느 정도 정당한 논쟁과 불확실성의 여지가 있을 수 있다.

35 우리는 신을 어떻게 알 수 있는가?

'우리가 신을 어떻게 알 수 있는가?'라는 물음은 우리가 신을 알 수 있는지 여부가 아니라, 우리가 이미 신을 알고 있다는 것을 의미한다. 앞의 두 장에서는 이 점을 보여 주려고 했다. 그러나 어떻게 신을 알 수 있는가? 이것이 어떻게 가능한가?

우선, 두 가지 종류의 앎을 구별해야 한다. (1) 우리가 서로를 알고 우리 삶 속에서 만나는 사물들을 알게 되는, 구체적이고 참여적이고 경험적이며 실질적인 앎(*kennen, connaître*)[1] 그리고 (2) 사람과 사물에 대한 진리를 추상적이고 편견 없이 오롯하게, 그리고 과학적이고 이론적으로 아는 앎(*wissen, savoir*)[2]이다. 우리는 이 두 방식 모두에서 하느님에 대한 실제적이지만 불완전한

---

1) 〔편집자 주〕 저자는 앎의 의미를 더 명확하게 드러내기 위해서 독일어와 프랑스어로 표기하였다. kennen은 식별해서 안다는 뜻이 담긴 독일어이고, conaître는 같은 의미의 프랑스어이다.

2) 〔편집자 주〕 wissen은 이해하여 안다는 뜻의 독일어이고, savoir는 프랑스어이다.

앎을 지니고 있다.

우리는 첫 번째 의미(*kennen*)에서 적어도 여덟 가지 방식으로 하느님을 안다. (1) 기도를 통해서, (2) 우리 영혼 속에서 들리는 하느님의 음성인 양심과의 진정한 만남을 통해서, (3) 드물지만 신비적 체험을 통해서, (4) 우주적 감사나 경외감 또는 놀라움 같은 직관적인 종교적 경험을 통해서. 이는 일종의 태아기적 경배라 할 수 있다. (5) 그리고 죽음과 죽음에 대한 두려움을 통해서. 여기서 두려움은 악이나 상실에 대한 두려움이 아닌 경외감과 경이로움이다. (6) 아름다움과의 만남을 통해서 그것이 때때로 불러일으키는 무언가 불가사의하고 초월적인 것에 대한 갈망(*Sehnsucht*)[3]을 통해서, (7) 하느님이 유다 민족들과 상호 작용하신 역사를 통해서, 그리고 무엇보다도 (8) 예수 그리스도를 통해서 하느님을 알게 된다.

하지만 두 번째 의미에서, 곧 이성적 철학을 통해 하느님을 어떻게 알 수 있을까?

회의론자와 불가지론자는 우리가 신을 알 수 없다고 말한다. 유한한 존재가 어떻게 무한한 존재를 알 수 있겠느냐는 것이다. 이에 대한 답은 간단하다. 그것은 본질과 존재를 구분하는 것이다. 우리는 반려동물이 우리의 본질을 알 수 없는 것처럼, 신의 본질을 알 수 없다. 하지만 우리는 신의 존재는 알 수 있다. 우리의 반려동물이 우리의 존재를 아는 것처럼 말이다. 우리의 삶에서 신의 존재를 드러내는 많은 사건과 일들이 있다. 마치 반려동물들의 삶에 우리의 존재를 드러내는 것들이 있는 것처럼 말이

[3] 〔편집자 주〕 sehnsucht는 그리움과 동경을 의미하는 독일어이다.

다. 그리고 이 중 일부는 33장에서 언급한 것처럼 논리적 논증으로 표현될 수 있다.

불가지론자와 정반대에 있는 (스피노자, 헤겔과 같은) 합리주의자는 우리가 신의 본질을 충분히 알 수 있다고 주장한다. 그러나 실제로 신을 아는 사람이라면 누구나 이 뛰어나지만 오만한 철학자들이 자신들이 무슨 말을 하고 있는지 전혀 모른다는 것을 분명하게 알 것이다. 그들은 실재가 아닌 단지 개념만을 다루고 있는 것일 뿐이다.

언제나 그렇듯이, 올바른 답은 두 가지 극단적인 오류 사이에 있다. 그것은 우리가 하느님에 대해 세 가지 종류의 것을 알(wissen) 수 있다는 것이다.

1. 우리는 하느님이 '아닌' 것에 대해 알 수 있으며, 이는 문자 그대로, 그리고 일의적으로 (단 하나의 명확한 의미만을 지닌 용어를 사용하여) 알 수 있다. 예를 들어 하느님은 동물도 아니고, 단순한 개념도 아니며, 비인격적인 힘도 아니다.
2. 우리는 일의적 용어보다는 유비적 용어를 사용하여 하느님이 '어떤' 분인지, 또는 어떤 것이 다른 것보다 하느님과 더 '닮았는지'를 알 수 있다. 예컨대, 하느님은 탕자의 형보다는 그의 아버지와 닮았고, 나쁜 목자보다는 착한 목자와 닮았다. 그리고 하느님은 양보다는 목자와 닮았고, 하느님의 상을 지니지 않은 것들보다는, 인격을 지니고 하느님의 상을 지닌 인간과 더 닮았다. 하느님은 감각적 추함보다는 감각적 아름다움을 더 닮았다. 하느님은

생물학적 죽음보다는 생물학적 생명과 더 닮았다. 하느님은 어리석은 이보다는 현자와 더 닮았으며, 무엇보다도 죄인보다는 성인과 더 닮았다.

3. 우리는 또한 하느님이 (초월성과 내재성 또는 현존을 통해) 자신의 피조물과 어떻게 '관계'를 맺고 있는지도 알 수 있다. 우리는 하느님이 자신의 피조물에게 하는 일부 '활동'을 알 수 있다. 하느님은 피조물을 창조하고 보존하며 사랑하고, 예언자들, 성인들, 기적, 그리고 신적 섭리를 통해 그들에게 자신을 드러낸다.

이런 불완전한 지식만으로도 우리가 하느님에게 책임 있는 존재가 되기에 충분하다. 우리는 응답할 수 있을 때에만 책임이 있다.[4] 이는 바오로 사도가 로마서 1장에서 주장하는 것이다. 우리는 응답할 수 있는 경우에만 책임이 있고, 먼저 요청받았을 때에만 응답할 수 있다. 말하자면 응답은 하느님이 먼저 자신을 우리에게 드러냈을 때에만 가능하다. 바오로 사도가 말하듯이, 하느님은 이성적인 인간에게 종교적 신앙과는 별개로, 자연과 양심이라는 두 가지 방식으로 자신을 드러냈다. 칸트가 언급한 유명한 말인 "우리 위의 별이 빛나는 하늘과 우리 안의 도덕 법칙"이라는 표현처럼 말이다.

---

[4] 〔옮긴이 주〕 영어의 응답(response)과 책임(responsibility)은 동일한 어원에서 유래한다. 책임은 우리가 자유의지로 행위에 대한 응답을 할 수 있을 때 비로소 부과된다. 자유롭게 선택할 수 있기 때문에 선택의 결과에 대해서 책임을 지는 것이다.

36 신이 존재한다면, 왜 악이 있는가?

신이 있다면 왜 악이 존재하는지에 대해서 가장 간결하게 할 수 있는 대답은 문장이 아니라 거울을 들여다보라는 것이다.

하지만 우리는 철학적이고 신학적인 대답도 필요하다.

"악의 문제"는 분명히 무신론을 지지하는 가장 강력한 논거이다. 무신론자들은 신과 악이 논리적으로 양립할 수 없다고 주장한다. 적어도 다음 네 가지 명제 중 하나는 논리적으로 거짓이어야 한다고 말한다. (1) 신은 전능하다. (2) 신은 전적으로 선하다. (3) 신은 모든 것을 알고 있다. (4) 악은 존재한다. 만일 (1) 신이 모든 악을 없앨 수 있고, (2) 없애기를 원하며, (3) 그 방법을 안다면, 악은 완전히 제거되었을 것이다. 그러나 악은 제거되지 않았고, 물리적 악과 도덕적 악, 곧 고통과 악행이 존재하므로, 전능하고 전적으로 선하며, 전지한 존재는 없다. 따라서 신은 존재하지 않는다는 것이다.

토마스 성인은 이 논증을 가장 간단하게 제시한다. "만일 두 가지 반대되는〔상반된〕 것 중 하나가 무한하다면, 다른 하나는 완전히 파괴될 것이다. 하지만 '신'이라는 말은 그분이 무한히 선하다는 것을 의미하므로, 만일 신이 존재한다면, 세상에서 발견할 수 있는 악은 없을 것이다. 그러나 세상에는 악이 존재한다. 따라서 신은 존재하지 않는다."[1]

토마스의 대답은 전제의 어떤 것도 부정하지 않고, 거기에 시간과 자유의지라는 두 가지를 추가하는 것이다.

첫째는 시간이다. 하느님은 실제로 모든 악을 제거하지만, 그분의 창조와 인간 안에 있는 형상이 모두 시간 속에 존재하기 때문에, 육체적 악과 도덕적 악을 제거하는 일도 둘 다 존재의 과정이다. 이는 자연의 다른 모든 것들처럼 하나의 과정이며, 그 완성은 드라마의 마지막에 이르러서야 이루어진다. 그래서 토마스는 아우구스티누스의 말을 인용하여 다음과 같이 대답한다. "하느님은 최고의 선이므로, 그분은 자기 작품에 어떤 악도 존재하도록 허용하지 않으실 것이다. 다만, 그분의 전능함과 선함은 악으로부터도 선을 이끌어낼 수 있을 정도로 완전하기 때문에, 악이 존재한다고 해도 결국 그 안에서 선을 이루실 것이다."[2] 이에 대한 최고의 예는 그리스도의 십자가 처형, 곧 육화된 하느님을 살해한 것이다. 그리스도인들은 이를 "좋은 금요일"〔성금요일〕[3]로 지내며, 세상의 구원을 기념한다. 하느님은 가장 큰 악에

---

1) Saint Thomas Aquinas, *Summa Theologica* I, q. 2, a. 3, obj. 1.

2) *Ibid.*, I, q. 2, a. 3 ad. 1.

3) 〔옮긴이 주〕 주로 영어권에서 성금요일을 이렇게 부른다. 이날을 '좋은 금요일'이라고 부르는 이유는, 예수님의 죽음이 단순한 비극이 아니라, 인류를 죄에서 구원하는 구원의 사건이기 때문이다. 그리스도교 신앙에 따르면, 예수님은 인류의 죄를 대신해 십자가에서 죽으셨고, 이를 통해 하느님과 인간 사이의 관계가 회복될 수 있는 길을 열어

서 가장 큰 선을 이끌어 내었다.

둘째는 자유의지이다. 만일 인간에게 자유의지가 없다면, 인간은 인격체도 도덕적 행위자도 아니며 모든 도덕적 언어도 무의미해진다. 우리는 아무리 복잡한 기계라 해도, 그것을 명령하거나, 조언하거나, 보상하거나, 벌하거나, 칭찬하지 않는다. 인간에게 자유의지가 있다면, 죄를 짓고 악을 행할 수 있다. 따라서 도덕적 악의 근원은 하느님이 아니라 인간의 자유의지이다. (일부 천사들도 반역을 선택하여 악마가 되었다.)

반면에 물리적 악은 물질의 본성에 내재되어 있다. 두 개의 물체는 동시에 같은 공간을 차지할 수 없으며, 두 개의 식물은 동일한 물방울을 받을 수 없고, 두 마리의 동물은 서로를 잡아먹어서 자신에게 양분을 공급할 수는 없다. 인간 이하의 우주는 적자생존의 법칙에 의해 움직여야 한다. 산다는 것은 적어도 육체적으로는 고통을 수반하는 것이다.

전능한 신은 인간의 의지에 완전히 종속된 물질을 만들 수도 있었을 것이다. 그래서 우리가 원하는 것은 무엇이든 정신이 물질을 지배하는 마법처럼 이루어지게 할 수 있었을 것이다. 하지만 그렇게 되었다면, 인간 공동체, 소통, 관계는 불가능해졌을 것이다. 왜냐하면 이는 각자가 자신이 만든 꿈의 세계에서 살아가게 되는 것을 의미할 것이기 때문이다. 이는 "자신만의 현실을 창조하라"거나 "네가 되고 싶은 것은 무엇이든 될 수 있다"는 철학이 참이라는 것을 의미하며, 이것이 바로 에덴동산에서 악마가 아담과 하와를 유혹했던 거짓말이다.

주셨다. 그래서 이날을 '좋은' 의미로 기념하는 것이다.

또한 이러한 “마법”은 물리적 악(고통)을 제거했을지 모르지만, 도덕적 악(죄)은 제거하지 못했을 것이다. 그리고 실제로 우리가 죄와 이기심에 빠진 이상, 그런 물질에 대한 마법 같은 힘은 마치 핵폭탄을 두 살짜리 아이의 손에 쥐어 주는 것과 같을 것이다. 사실 이는 현대인들이 기술적 진보와 도덕적 퇴보를 겪으면서 실제로 해온 일에 대한 좋은 설명이 된다. 재앙을 불러일으키고 자멸을 초래하는 가장 효율적인 공식은 힘을 극대화하고(우리는 기술을 급격히 발전시켜서 이 일을 해 왔다), 도덕성을 최소화하는 것이다. (우리는 전통적인 도덕성을 급격히 줄여왔고, 이것은 자유를 수단이 아닌 목적으로 대함으로써, 또한 자유를 도덕적 진리나 절제, 자기 통제의 제약을 받지 않는 고유한 선으로 간주함으로써 이루어졌다. 이는 억압적인 것으로 보인다.)

어쩌면 하느님은 우리가 하는 것과는 반대로 더 지혜로우셔서, 우리의 능력은 제한하고 우리의 도덕성은 확장하는 것이 가능하지 않을까? 인간이 번영하기 위한 열쇠는 인간의 힘으로 고통을 제거하는 것이 아니라, 신성함을 통해 고통을 변모시키는 것이 아닐까? 그러니까 악의 문제에 대한 실질적인 해답은 인간이 가진 “힘을 향한 의지”에 자연을 복종시키는 것이 아니라, 인간의 의지를 하느님에게 복종시키는 것이 아닐까?

하느님에게 승복하는 것은 단순히 이론적으로뿐만 아니라, 실제적으로도 악의 문제를 위한 해결책이다.

37 신과 시간은 어떤 관계가 있는가?

신도 우리와 마찬가지로 시간과 변화의 "과정" 속에 있는 걸까? 과정 신학(Process theology)[1]은 그렇다고 주장한다. 만약 신이 그렇지 않다면, 우리는 신과 인격적인 관계를 맺을 수 없다고 보기 때문이다. 우리가 절대 변하지 않는 어떤 것, 예를 들어, 어떤 관념이나 원리와 어떻게 인격적인 관계를 맺을 수 있겠는가, 라고 생각하는 것이다. 신을 시간 안의 존재로 놓기 위한 또 다른 논거는 신이 하나 또는 그래봤자 세 인격에 불과하다는 것이다. 신이 우리의 다양하고 변화무쌍한 태도에 일일이 다르게 변화하는 방식으로 반응하지 않는다면 어떻게 인격일 수 있겠는

[1] 〔편집자 주〕 과정 신학은 과정 철학(Process philosophy), 즉 변화와 발전을 갖는 형이상학적 실재에 대해 생성의 존재론을 기반으로 규명하려는 신학 사상이다. 이러한 사상에서 신의 본질적 속성은 세계의 변화 과정에 의해 영향을 주고 받는 존재다. 따라서 과정 신학은 신의 영원성, 곧 신은 세계에 의해 변화되거나 영향을 받지 않는다고 하는 유신론적 요소들을 부정한다.

가?

이에 대한 답은 간단하다. 태양은 구름이나 옷 또는 자외선 차단제로 그 빛이 가려지든 그렇지 않든 변함없이 빛을 발한다. 이렇게 태양 빛은 변하지 않지만, 태양과 우리의 관계는 변화한다. 왜냐하면 우리가 변하기 때문이다. 오래된 괘종시계의 진자를 생각해 보자. 축에 달려서 왔다 갔다 하는 진자는 시간 속에 사는 우리이고, 진자를 매달고 있는 움직이지 않는 축은 영원 속에 있는 하느님이며, 축과 진자를 연결하는 팔은 둘 간의 관계이다. 축은 변하지 않지만 팔은 움직이며 변한다. 하느님은 사랑, 그것도 무한한 사랑이며, 그 사랑은 줄어들거나 커지거나 변할 수 없다. 그러나 그 완전하고 변함없는 사랑은 변화하는 인간에 의해 다양하게 받아들여지고 체험된다. 우리가 성화될 때 그 사랑은 행복으로, 우리가 선택할 때에는 자유의지에 대한 호소로, 죄를 지을 때는 용서와 자비의 제안으로, 회개를 거부할 때에는 정의의 위협으로 나타난다. 순수한 사랑이신 하느님도 위협과 적으로 체험될 수 있다. 다섯 살 무렵, 심한 반항과 분노가 가득했던 시절에, 어머니가 안아 주면 위로를 받는다기보다는 오히려 고통스러운 기분이 들었던 기억이 있지 않은가?

대부분의 유다인과 무슬림은 그리스도인들처럼 하느님을 영원히 완전하며 불변하는 분으로 믿는다. 그러나 그들은 그리스도인들처럼 하느님이 육화를 통해 시간 안으로 들어왔다고 믿지는 않는다. 만약 과정 신학이 주장하는 것처럼, 시간 안에 들어와 있지 않은 신과는 살아 있고 인격적인 관계를 맺는 것이 불가능하다고 한다면, 유다인과 무슬림은 하느님과 살아 있고 인격적인 관계를 맺을 수 없을 것이다. 그러나 그들은 육화를 믿지 않음에도 불구하고 신과 인격적인 관계를 맺고 있는 것으로 보인다. 그러한 유다인과 무슬림의 거룩함에 대한 자료들은 과정 신학의 전제, 곧 인격적이고 종교적인 관계를 맺기 위해서는 변화하는 신이 필요하다는 가설을 반박한다.

신이 완전하다면, 신은 변할 수 없다. 왜냐하면 변화는 어떤 완전성의 추가 또는 감소이기 때문이다. 따라서 신이 변화한다면, 신은 과거 또는 미래에 어떤 완전함이 결핍되었다는 것을 의미할 것이다.

또한 변화를 신의 본질적인 속성으로 돌리는 것은, 하느님이 시간 '속으로' 육화했다는 그리스도교의 핵심적인 교리와도 논리적으로 모순되는 것처럼 보인다. 만일 신이 항상 시간과 변화를 지닌다면, 신이 시간과 변화 속으로 들어오셨다는 개념은 마치 물고기가 바닷속으로 들어가는 것과 같을 것이다.

신의 영원성과 시간의 초월성을 부정하는 것은 또한 하느님의 자유의지와 섭리를 조화시키는 것도 불가능하게 만든다(38장 참조). 왜냐하면 영원성은 이 조화에 필요한 전제 중 하나이기 때문이다.

과정 신학은 또한 하느님의 우주 창조 행위를 불가능하게 만드는 것처럼 보인다. 시간은 물질에 상대적이기 때문이다. (따라서 뉴턴은 틀렸다. 절대적 시간은 존재하지 않는다.) 그리고 하느님은 물질적 존재가 아니다. 만일 하느님이 물질을 창조했다면, 시간도 창조했음에 틀림없다. 따라서 하느님은 시간을 초월해야 한다.

이 문제는 물론 신학적인 문제이지만, 자연 신학이나 이성 신학, 곧 철학적 신학의 문제이지 계시 신학의 문제는 아니다. 이를 해결하는 데에는 믿음이나 신적인 계시를 전제로 하지 않으며, 단순히 하나의 사상을 논리적으로 비판하는 것이다. 그리고 서구 유신론적 3대 종교의 정통 신앙은 같은 답을 말한다. 계시된 신앙과 올바른 이성은 서로 모순될 수 없기 때문이다. 진리는 진리와 모순될 수 없다.

38 자유의지와 신의 섭리는 조화될 수 있는가?

제한된 힘을 가진 신에게 "하느님"이라는 이름은 합당하지 않다. 그러나 자유의지가 없는 인간에게 "인간"이라는 이름도 합당하지 않다. 자유의지가 없는 기계에게 인간에게만 있는 도덕적 영웅심, 창조적 상상력, 그리고 지성적 지혜는 기대할 수 없다.

신적 주권, 전능, 전지, 섭리는 인간의 자유와 모순되는 것처럼 보인다. 이러한 생각은 사르트르와 니체를 무신론으로 이끌었다. 사르트르는, 만일 신이 존재한다면, 인간은 원인이 아닌 결과인 기계, 제품, 대상으로 전락한다고 주장했다. 니체도 보다 감정적이고 의지적인 차원에서 신이 모든 것을 알고 통제하는 세상에서 사는 것을 견딜 수 없다고 고백했다.

신의 무한한 자유와 인간의 제한된 자유는 어떻게 공존할 수 있을까? 그 답은 다음의 비유에 있다. 이 두 자유는 햄릿의 관점에서 보면, 셰익스피어의 무한한 자유와 힘이 햄릿의 제한된 자유와 힘과 공존하는 방식과 같다. (자유와 힘은 완전히 동일하지 않지만, 서로를 내포하고 있다. 둘 다 죽음, 절망, 질병, 마비, 감옥, 박해, 폭정, 고문 등으로 인해 약화된다.) 사실 셰익스피어가 원하는 모든 것을 창조할 수 있는 힘이 바로 햄릿의 자유의지의 원천이다. 이는 셰익스피어의 그 힘이, 햄릿의 검(劍)과 성(城)이 자유롭지 않은 본성을 갖게 되는 원천이기도 하다는 말이다. 이와 마찬가지로, 신의 힘은 우리의 자유의지를 창조했다.

(하느님을 포함해서) 누군가 들려준 모든 좋은 이야기에는 우리가 섭리와 자유의지라고 부를 수 있는 두 가지 차원이 있다. 그것은 저자의 초월적인 힘과 자유, 그리고 등장인물들의 제한된 힘과 자유이다. 등장인물들은 자유의지를 지녀야 한다. 왜냐하면 누구도 기계에 대한 위대한 드라마를 쓰지는 않기 때문이다. 저자는 이야기가 무작위적인 혼돈이 아니라 목적을 가지도록 예정된 힘을 가져야 한다. 어떤 이야기든 작가와 이야기꾼의 창조적 의지가 없이는 자신과 사건, 등장인물을 배치할 수 없다. 이는 인간이 고안한 허구와 하느님이 창조한 사실 모두에 해당된다. 우리의 창의력은 하느님의 창조력과는 달리 허구에 국한되어 있다. 셰익스피어조차 실제 세상에서 햄릿을 만들 수는 없다. 그가 하느님처럼 햄릿과 같은 자식을 낳지 않는 한 말이다. 자식을 낳는다는 것은 인간이 할 수 있는 가장 강력하고 창의적이며 신과 같은 행위로, 예술가의 어떤 걸작보다도 훨씬 위대한 업적이다.

신이 진정으로 자유로운 등장인물을 창조할 수 없다고 생각하는 것은 등장인물의 자유의지를 부정할 뿐만 아니라 신적인 저자의 주권적인 능력도 부정하는 것이다. 이는 또한 신과 그의 피조물이 서로를 제한하는 경쟁자라는 가정을 포함한다. 마치 영국

엘리자베스 시대의 작가들인 셰익스피어와 벤 존슨처럼, 또는 엘시노어 성에서 경쟁하던 검객 햄릿과 레어티즈처럼 말이다. 하지만 이러한 가정은 잘못된 것이다. 왜냐하면 은총은 본성을 감소시키는 것이 아니라 오히려 완성하기 때문이다. 이는 빛이 색을 완성하는 것과 같다. 빛은 모든 색을 초월하므로 모든 색을 완성한다. 하느님 또한 피조물을 초월하기 때문에 그분의 은총은 모든 피조물과 그들의 힘, 곧 자유의지까지도 완성한다.

하느님의 영원성은 신적 섭리와 인간의 자유의지가 공존할 수 있게 한다. '영원성'은 "시작도 끝도 없는 지속적인 시간"을 의미하는 것이 아니라, 시간 자체를 초월하는 것을 의미한다. 만일 하느님이 시간 속에 있다면, 그분의 전지함은 미래를 확실하게 예견하는 것을 포함할 것이며, 만일 하느님이 내일 당신이 트럭에 치일 것임을 확실히 예견한다면, 당신이 집 밖을 나가지 않더라도 이를 피할 수 없을 것이다. 어쩌면 트럭이 집을 부수거나, 혹은 토네이도가 당신의 집을 트럭 경주 대회 중인 경기장으로 날려 보낼 수도 있을 것이다. 만일 하느님이 내일 당신이 어머니를 살해할 것을 오늘 확실히 알고 있다면, 당신은 그 행위를 피할 수 없을 것이며, 로봇처럼 자유롭게 선택할 수 없을 것이다. 따라서 당신은 자유롭지 않아서 그 일에 대해 책임을 지지 않아도 될 것이다. 그러나 하느님이 시간 속에 있지 '않다면', 그분은 문자 그대로 어떤 것도 '미리' 아는 것이 아니며, 문자 그대로 어떤 것도 기억하지 않는다. 그분은 단지 모든 것을 알고 있다. 하느님은 자신의 현재 속에서, 우리에게는 과거나 미래인 모든 것을 자신의 현재에서 알고 있다. 그분은 도미노를 밀지 않는다. 우주가 그 일을 한다. 그분은 우리가 자유롭게 행동하도록 강요하지 않는다(이는 자기모순이다). 하느님은 그저 우리가 자유롭게 선택하는 것을 지켜볼 뿐이다. 그중 일부는 우리에게 과거이고, 일부는 현재이며, 일부는 미래이다. 하지만 이는 그분에게는 과거도 미래도 아니다. 왜냐하면 그분에게는 과거나 미래가 없기 때문이다. 과거와 미래를 지닌다는 것은 그것에 의해 제한된다는 뜻이므로, 무한하지 않다는 의미이다. 그분의 무한한 존재와 삶은 이미 끝나고 결정된 과거나 아직 태어나지 않은 미래의 제한을 받지 않는다. 그분은 생명 자체이다. 그분은 죽은 과거나 아직 태어나지 않은 미래도 아니다. 다시 말해서, "'미리' 정해진 운명"은 없으며, 그저 운명만 있을 뿐이다.

39 신은 무로부터 어떤 것을 창조할 수 있는가?

신은 기껏해야 자기모순적이고, 그래서 무의미한 개념에 불과한 아무것도 아닌 것에서 무언가를 창조하지 않는다. 그러한 창조는 마치 전능하다면서 자기가 들 수 없는 바위를 만든다거나, 무한히 선하다면서 악한 존재가 된다거나, 이미 실재했던 과거를 실재하지 않았던 것으로 만드는 것과 같다. 자기모순적이고 그로 인해 무의미한 소리의 조합은 "신이 이것을 할 수 있다."라는 말을 덧붙인다고 해서 갑자기 의미를 갖게 되는 것은 아니다.

그러나 전능하신 분이 무에서('*ex nihilo*') 유를 창조하는 것은 자기모순이 아니다. 사실 하느님이 무에서 모든 것을 창조하는 것은 자기모순이 아니다. 단, 하느님 자신만은 예외이다. (왜냐하면 무언가가 자신을 창조하는 것은 자기모순이며 불가능하기 때문이다.) 그리고 이러한 창조에는 물질세계의 모든 것뿐만 아니라 영의 세계의 모든 것(천사)도 포함된다. 창조는 하느님에게 가능한 일이다. 왜냐하면 전능함을 제한하거나 방해하거나 대적하는 것이 없기 때문이다. "하느님께는 모든 것이 가능하다"(마태 19,26). 여기에 자기모순은 결코 없다. 자기모순은 심지어 생각할 수 있는 것도 아니다.

유한한 것들은 유한한 힘을 지니고 있으며 정의될 수 있다. 그것들은 '존재론적으로' 제한되어 있기 때문에, '개념적으로'도 제한될 수 있다. 따라서 우리는 그것들을 정의할 수 있는데, 이는 자연이 이미 그렇게 했기 때문이다. 〔'정의하다'(define)는 말은 '유한하다'(finite)라는 말과 같은 어원을 공유한다.〕 반면에 무한한 존재는 무한한 힘을 지니고 있으며, 실제로나 생각 속에서도 제한될 수 없다. 우리의 생각은 사실을 반영하기 때문이다.

우리는 하느님이 무엇이 아닌지를 정의할 수 있을 뿐, 하느님이 무엇인지는 정의할 수 없다. 따라서 하느님은 오직 부정적 명제로만 정의될 수 있다.[1] 예를 들어 하느님은 동물이 아니고, 비인격적인 힘도 아니며, 추상적 개념도 아니고, 인간도 아니다. 이러한 것들이 무엇인지 알 때, 우리는 하느님이 아닌 것을 알 수 있게 된다. 이는 참된 앎이며 매우 실용적인 앎이다. 왜냐하면 이것은 (하느님을 하느님이 아닌 것들과 혼동하는) 모든 형태의 우상숭배를 피할 수 있게 해 주기 때문이다.

인간의 정신이 지금까지 긍정적으로 상상하거나 개념화한 모든 신은 우상에 불과했다. 이 신들은 인간의 사유에 의해 정의되고 제한될 수 있었기 때문이다. 이들은 존재하는 방식과 인식

[1] 〔편집자 주〕 이를 '부정의 신학'(theologia negativa)이라고 한다. 무한한 하느님에 대해서 유한하고 불완전한 언어로 진술하거나 정의하는 것은 불가능하므로, 오히려 '하느님은 무엇이 아니다'라는 방식으로 하느님을 이해하려는 신학 사상이다. 신플라톤주의의 고대 그리스 철학자 위디오니시우스(Pseudo-Dionysius Areopagita, 5세기 말-6세기 초)는 '긍정의 신학'보다 이 '부정의 신학' 방법론이 하느님의 초월성과 특성을 이해하는데 더 적합하다고 보았다.

되는 방식에 제한이 있었기 때문에, 그 능력도 제한되었다. 이들은 무에서 어떤 것을 창조할 수 없었고, 실존하는 세계에 책임을 질 수도 없었다. 모든 이교 철학자는 세계(우주)가 시작이 없으며, 창조된 것이 아니라 어떤 영원한 물질로부터 형성된 것이라는 점에서 일치했다. 이교 철학자들은 우주의 존재를 당연하게 여겼고, 단지 그 본성에 대해서만 물었다. 유다인의 하느님이 크게는 그리스도교의 승리를 통해 알려진 후에야 비로소 철학자들은 하이데거가 "형이상학의 근본 물음"이라고 부른 질문을 제기하게 되었다. 이 질문은 "왜 아무것도 없는 것이 아니라 무엇이 존재하는 것인가?"이다. 이 새로운 질문은 신앙에 대한 답이 계시된 후에야 비로소 이성 안에서 제기되었다. 마치 하느님이 우리에게 수수께끼를 낸 것처럼 말이다. "여기 답이 있다. 내가 그것을 창조했기 때문이다. 이제 질문이 무엇인지 말해 보아라."

유다인 필론[2)]은 최초로 그리스 철학자들과 공부하기 위해 아테네로 갔다. 그가 전능하고 완전히 정의롭고 전적으로 지혜로운 유일신에 대해 말했을 때, 철학자들은 그를 매우 지혜롭다고 생각했다. 그러나 필론이 이 신이 무에서 모든 존재를 창조했다고 덧붙이자, 그들은 자신들의 판단을 바꾸어서 필론이 제정신이 아니라고 생각했다. 그리스인들이 기적이나 초자연적 현상을 믿지 않았던 것은 아니지만, 그들의 언어에는 히브리어에서 사용된 것(*bara'*)처럼 창조 행위를 나타내는 단어 자체가 없었기 때문이

---

2) 〔옮긴이 주〕 필론(Philo of Alexandria, 기원전 20년경-기원후 50년경)은 고대 유다 철학자이자 신학자로, 주로 알렉산드리아에서 활동했다. 그는 유다인으로서 히브리 성경을 깊이 연구했으며, 동시에 그리스 철학, 특히 플라톤주의와 스토아 철학의 영향을 받았다. 필론은 유다교와 그리스 철학을 조화시키는 시도를 한 인물로, 그의 저작은 주로 성경 해석을 철학적으로 접근하는 방식을 보여 준다.

다. 이 개념은 유다인을 제외한 어떤 인간의 정신이나 문화에서도 나타난 적이 없었으며, 유다인들에게서 배운 사람들(주로 그리스도인과 무슬림)만이 이 개념을 이해하게 되었다.

창조 교리는 심오한 실천적·존재론적인 결과를 가져온다. 만일 하느님이 우리의 존재 자체의 원인이라면, 우리는 하느님에 대해서 어떠한 권리도 가질 수 없으며, 오직 서로에 대해서만 권리를 가질 뿐이다. 우리가 이 결론을 처음에 접하면 하느님의 통치는 정의가 아니라 폭정인 것처럼 들릴 수도 있다. 그러나 실제로는 정반대이다. 하느님의 모든 선물, 곧 우리의 존재 자체를 포함한 모든 것이 우리에게 주어지는 동기는 정의가 아니라 순수한 이타적 사랑이어야 한다. 왜냐하면 정의는 모든 당사자의 존재가 선재(先在)함을 전제로 하지만, 사랑은 그렇지 않기 때문이다. 정의는 창조적이지 않지만, 사랑은 창조적이다. (성관계에서 피임을 하지 않을 때 어떤 일이 일어나는지를 보라!) 존재하지도 않는 사람이 어떻게 어떤 것을 정의롭게 받을 자격이 있겠는가?

하느님이 창조주라는 생각이 가져오는 또 다른 결과는 다음과 같다. 만일 하느님이 우주의 모든 존재에 대한 책임이 있다면, 그 모든 것은 존재론적으로 선해야만 한다는 것이다. 비록 그 일부(예를 들어, 블랙홀이나 전갈)가 우리에게 불편하거나 자유의지를 가진 모든 존재가 '도덕적으로' 선한 선택을 하지 않을지라도 말이다. 악마조차도 자신이 본래적으로 지닌 존재론적 선함을 없앨 수는 없으며, 다만 스스로 도덕적 선함만을 상실하는 것일 뿐이다. 하느님을 증오하면서도 존재적으로는 하느님에게 의존할 수밖에 없다는 그 사실이 악마 자신에게 분노와 고통을 일으키는 것임에 틀림없다.

40 신은 논리를 초월하는가?

경건한 사람들은 신이 논리를 초월한다고 생각할 유혹을 느낄 수 있다. 또한 경건할수록 "신은 ~을 할 수 없다"라는 문장으로 시작하는 어떤 주장도 부정해야 한다고 생각할 유혹을 받을 수 있다. 이러한 경건함은 도덕적 의지와 마음, 감정의 완전함뿐만 아니라, 지성과 이성의 완전함과도 관련이 있는 것처럼 여겨질 수 있다. 결국 창조주 하느님은 모든 것을 초월하며, 그 안에는 모든 인간적인 것들이 포함된다. 그렇다면 하느님이 어떻게 우리의 논리를 초월하지 않을 수 있겠는가? 우리의 논리는 인간적인 것에 불과한 것이 아닌가?

이에 대해 유일하게 할 수 있는 대답은 '아니오'이다. 논리는 인간적인 것만이 아니라 신적인 것이다. 논리는 "우리의" 논리가 아니다. 우리가 그것을 만든 것이 아니기 때문에, 그것을 변경할 수 없다. 우리는 그것이 표현되거나 형성되는 방식을 변경할 수는 있다(우리는 명제를 정식화하는 "형성자"로서 교과서를 쓴다. 하느님이 그렇게 하는 것이 아니다). 우리가 발명한 것들은 바꿀 수 있지만, 그 기본 원칙을 바꿀 수는 없다. 우리는 그 기본 원칙을 바꾸는 것을 '상상'조차 할 수 없다. 중력이 없거나 다른 성질의 시간이 있는 우주에 대한 공상 과학 소설을 쓸 수는 있겠지만, 1이 1이 아니라 2인 우주, 곧 본질적으로 하나임의 본성과 본질적으로 둘임의 본성이 두 개의 서로 다른 본성이 아니라 하나의 본성인 그런 우주는 상상할 수 없을 것이다.

논리는 인간이 만든 것이 아니므로, 우리에게 상대적이지 않다. 미국식 논리나 중국식 논리, 고대 논리나 현대 논리, 여성적 논리나 남성적 논리, 자유주의적 논리나 보수주의적 논리 같은 것은 존재하지 않는다. 단지 논리만 있을 뿐이다. 그 근본 원칙은 보편적이고 필연적이며 변하지 않는다.

논리의 여러 원리는 모두 하나의 원칙에 기반하고 있으며, 그것은 긍정적으로는 동일성의 법칙(x=x)으로 표현되고, 부정적으로는 비모순의 법칙(x는 x가 아닌 것이 아니다)으로 표현된다.

이 원칙과 이로부터 필연적으로 따르는 모든 것은 보편적으로 참이며, 정신이나 상상력에 의해 진리가 아닌 것으로 생각할 수 없는 이유는, 그것이 하느님의 영원하고 불변하는 본성을 표현하기 때문이다. 실재의 시금석인 하느님은 자신과 동일하다. 그래서 논리적 동일성의 법칙은 참이다. 하느님은 자신과 모순되지 않으므로 비모순의 법칙도 참이다. 논리는 영원하며, 피조물이나 선택이 아니다. "태초에 논리가 있었고, 논리는 하느님과 함께 있었으며, 논리는 하느님이었다."

(신학적으로, 이 인용구는 잠재적으로 오해를 불러일으킬 수

있다. 왜냐하면 요한이 로고스라고 언급한 것은 '인격', 곧 삼위일체의 두 번째 위격인 하느님의 "말씀"이나 "정신" 또는 "존재론적 진리"를 의미하기 때문이다. 반면에 논리는 삼위의 모든 위격에 공통적인 하느님의 영원한 '본성'의 한 측면이다.)

'소포모어'(sophomore)는 "현명한 바보"라는 의미이다. '신이 자신이 들어 올릴 수 있는 것보다 더 큰 바위를 만들 수 있는가?'라는 질문은 문자 그대로 소포모어적인 물음이며, 종종 소포모어 같은 사람들로부터 실제로 들을 수 있는 질문이다. 만일 이 질문에 그렇다고 한다면, 그가 할 수 없는 것이 있게 된다. 바로 그 바위를 들어 올리는 일이다. 그러나 그렇지 않다고 한다면, 또다시 그가 할 수 없는 것이 있게 된다. 그 바위를 만드는 일이다. 따라서 전능의 개념은 자기모순적이다. 전능이라는 개념에 자기모순이 있다는 것이 아니라, "전능함이 들어 올릴 수 있는 것보다 더 큰 바위"라는 개념이 자기모순적이라는 것이다.

하느님이 무한히 지혜로운데 알지 못하는 것이 있을 수 있을까? 모든 생명의 근원인 하느님이 죽을 수 있을까? 무한히 선한 하느님이 악의 유혹을 받을 수 있을까? 이 모든 질문에 대한 대답은 '아니다'이다. 하느님이 자신의 신적인 본성에 인간적이고 육화한 시간적 본성을 더하지 않는 한, 신적인 본성에 의해서는 불가능하다. 그리스도교에 따르면, 하느님의 아들이 실제로 그렇게 했다. 따라서 하느님이 수정란에서 태아, 아기, 청소년, 성인으로 자랐고, 우리와 마찬가지로 모든 면에서 변화하고 성장했다는 것이 사실이 되었다. 따라서 그분은 태어날 때부터 히브리어를 완벽하게 할 줄 몰랐다. 그리고 복음서에서 분명하게 확인하듯이, 하느님은 악의 유혹을 받았다(그 유혹은 가짜가 아니었다). 그리고 십자가에서 실제로 죽었다(이 죽음도 가짜가 아니었다). 하느님의 두 번째 위격은 인간 본성으로 이 모든 일을 했지만, 신적인 본성으로 한 것은 아니었다.

이 문제는 신학에서 비롯되었기 때문에 철학과는 무관한 것처럼 보일 수 있다. 하지만 일단 문제가 제기되면 철학적 문제이기도 하며, 철학적 추론의 법칙에 따라 다뤄져야 한다.

41 삼위일체 개념은 자기모순적인가?

삼위일체 개념은 분명히 자기모순처럼 보인다. 왜냐하면 셋은 하나가 아니고 하나는 셋이 아니므로, 하느님이 동시에 (혹은 영원히) 하나이자 셋일 수는 없고, 초록색이면서 초록이 아닐 수 없으며, 영원하면서 영원하지 않을 수도 없다. 이전 장에서 주장한 바와 같이, 하느님이 비모순의 법칙을 초월하지 않는다면, 삼위일체는 모순이기 때문에 하느님은 삼위일체일 수 없다.

그러나 이에 대한 대답은, 삼위일체는 자기모순이 아니라는 것이다. 하느님은 본성, 본질, 실체 또는 존재에서는 한 분이지만, 위격으로는 세 분이라는 것이다. 단 하나의 본성을 가지고 있으면서 동시에 세 본성을 갖는 것은 분명 모순이며, 한 인격이면서 동시에 세 위격이 되는 것도 마찬가지이다. 그러나 하나의 본성 안에 세 위격을 가지는 것, 혹은 한 본성을 세 위격 안에 가지는 것은 모순이 아니다.

동일한 구분(인격과 본성의 구분)은 그리스도에 대한 유사한 물음에도 답을 제공한다. 그리스도가 인간이자 하느님이며, 창조주이자 피조물이며, (시간을 초월해서) 영원하면서 (시간 안에서) 시간적인 존재라는 것은 논리적으로 자기모순처럼 보인다. 그러나 그리스도교가 주장하는 것은 이 한 인격이 두 개의 반대되는 본성을 지니고 있다는 것이다. 심지어 우리도 같은 방식은 아니지만 어느 정도는 두 개의 반대되는 본성을 지니고 있다. 우리는 가시적이지만 동시에 비가시적인 존재이다. 우리 각자는 하나의 인격을 지닌 존재이지만, 동시에 두 가지 반대되는 본성, 곧 더 정확히 말하자면 하나의 보편적인 인간 본성 안에 있는 두 가지 상반된 특성을 지니고 있다. 물질적이면서도 비물질적인 육체와 영혼을 동시에 지니고 있는 것이다. (다음에 나오는 '철학적 인간학'에서 다룰 것처럼, 육체와 영혼은 유령과 기계처럼 두 개의 별개 실체가 아니다. 이 둘은 연설에서의 의미와 단어처럼 하나의 동일한 실체의 두 가지 특성이다. 다른 하나를 바꾸지 않고서는 어느 하나를 바꿀 수 없다. 하지만 이는 유령과 기계에는 해당되지 않는다.)

삼위일체라는 개념, 곧 하느님이 본질적으로 하나이지만 세 위격으로 존재하며, 그리스도가 두 본성(인성과 신성)을 가진 하나의 인격이라는 육화의 개념은 철학적 추론에서 비롯된 것이 아니라 성경의 자료에서 비롯된 것이다. (1) 하느님은 한 분이시며, 참 하느님은 오직 한 분이시다. (2) 성부 하느님은 하느님이시다. (3) (예수가 여러 가지 다양한 방식으로 주장하듯이) 아들 하느님인 예수는 하느님이시다. (4) 성령도 하느님이다. (5) 성부와 성자와 성령은 동일한 위격이 아니라 세 분의 구별된 위격이다.

왜냐하면 성자는 성령과 마찬가지로 성부에게 순종하고 성부에 의해 파견되었기 때문이다. 이 모든 자료를 설명할 수 있는 유일한 가설은 삼위일체의 가설이다.

이 교리에 대한 증명은 없지만 반증도 없다. 그러나 이를 믿을만한 이유가 있다. 우주에는 삼위일체에 대한 단서나 유비가 존재하기 때문이다. 예를 들어, 공간(높이, 너비, 깊이)과 시간(과거, 현재, 미래)은 모두 삼중으로 이루어져 있다. 또한 삼각형은 2차원 도형 중에서 가장 기본적인 도형이며, 가장 강력하게 구축된 구조이다.

영혼에도 삼위일체가 있는데, 이는 "하느님의 모상"이다. 영혼에는 세 가지 신학적 덕목인 믿음, 희망, 사랑이 있으며, 절대적 가치인 진리, 선함, 아름다움이 있다. 또한 그리스도가 자신을 "길이요 진리요 생명"(요한 14,6)이라고 동일시한 말씀에도 삼위일체가 나타난다. 이는 힌두교의 삿(sat), 칫(chit), 아난다(ananda)[1]와 유사하다. 영혼의 능력에서도 삼위일체를 볼 수 있는데, 이는 지식, 의지, 감정(또는 창조력)이다. 플라톤, 그리고 프로이트와 같은 다양한 심리학자들이 이를 정신, 의지, 마음으로 인식했다. 모든 종교에는 신조(creed), 규범(code), 숭배(cult)[2]라는 세 가지 차원이 있으며, 구약성경의 이스라엘에는 예언자·왕·사제라는 세 권위

---

1) 〔옮긴이 주〕 이는 힌두교에서 궁극적 실재인 브라만의 본질을 표현하는 삼위일체적 개념으로, 영원한 존재(삿), 의식(칫), 그리고 기쁨(아난다)을 통해 완전하고 무한한 신성한 상태를 설명한다. 이 세 가지 속성은 종종 함께 언급되며, 신성한 본질의 측면들을 나타낸다.

2) 〔편집자 주〕 종교를 이루는 세 가지 핵심 요소를 한 단어로 말하기란 어렵다. 첫째, creed는 신앙 고백을 의미한다. 이는 믿음의 체계를 이루는 기초가 되며 신앙의 핵심 교리를 바탕으로 한다. 둘째, code는 종교가 가르치는 도덕적 가르침 또는 윤리적 지침이다. 이는 종교적 계율이자 덕목, 법규이자 그 종교의 생활 규범을 이룬다. 셋째, cult는 믿음을 드러내는 종교의식을 의미한다. 숭배, 예배, 의례, 제사, 제의 등 모든 종교적 실천 활동이 이에 해당한다.

가 있었다. 또한 위대한 서사시에서도 세 명의 주인공이 등장한다('반지의 제왕'에서 간달프, 아라곤, 프로도. '카라마조프가의 형제들'에서 이반, 드미트리, 알료샤 카라마조프 형제. '스타트렉'에서 스팍, 커크, 맥코이. '죠스'에서 후퍼, 퀸트, 브로디. '오즈의 마법사'에서 사자, 양철 나무꾼, 허수아비).

만일 하느님이 셋이 아니라 하나라면, 그분은 타자를 창조하기 전까지는 그 자체로 이타적 사랑(사랑하는 자, 사랑 자체, 사랑받는 자)이 될 수 없고, 이기적 사랑일 수밖에 없다. 그러나 이는 하느님의 본질이자 완전함인 이타적 사랑이 피조물에 의존하게 되므로, 불가능하다.

다시 한번 말하지만, 이전 물음에서와 마찬가지로, 철학적 이성이 아닌 종교적 신앙에서 발생하는 문제는 철학적으로 심각한 결과를 초래한다.

42 왜 유신론이 범신론이나 이신론보다 더 이성적인가?

유신론(theisem)[1]은 확실히 기묘한 데가 있고 의외로 까다로우며 범신론(pantheism)이나 이신론(deism)에 비해서 분명하지 않은 부분이 있다. 우주 "밖에" 있는 하느님과 우주 "안에" 있는 하느님으로 상정하는 것은, 하느님을 우주와 동일한 존재(범신론) 아니면 동일하지 않은 존재(이는 이신론을 수반하는 것으로 보인다)로, 또는 우주와 동떨어져 있는 존재(이신론) 아니면 그렇지 않은 존재(이는 범신론을 수반하는 것처럼 보인다)로 생각하게 하기 때문에, 더 쉽게 떠올릴 수 있을 뿐만 아니라(그런 상상은 공간적인 이미지를 사용하므로),

---

1) 〔편집자 주〕 유신론(有神論, theism)은 매우 포괄적인 개념으로 무신론(無神論)과 대립하여 신의 존재를 인정하는 모든 사상을 의미한다. 이를테면, 신은 유일한가 아니면 최소한 하나 이상인가에 따라 일신론과 다신론으로 구분할 수 있다. 한편, 신이 우주 '밖'에서 세계를 창조한 것이 아니라 세계 내 모든 자연과 피조물이 곧 신이라는 범신론(pantheism)과 우주 밖에 있는 신이 세계를 창조했지만 더 이상 인격적으로 관계하지 않으시고 자연과 우주의 법칙 '안'에서만 존재하는 신을 인간의 이성으로 이해할 수 있다는 이신론(deism)도 유신론에 포함된다. 이런 맥락에서 저자는 유신론을 매우 '기묘하고 이해하기 까다로운' 개념으로 본다.

더 논리적인 것처럼 보인다. 어떤 존재가 어떻게 다른 존재를 초월하면서, 동시에 그 안에 내재할(또는 그 안에 현재할) 수 있는지 이해하기란 쉽지 않다.

이에 대해서는 두 가지 대답이 있다. (1) 만일 하느님이 다른 존재들과 같은 존재라면, 유신론적 주장은 불합리하게 보일 수 있다. 그러나 유신론자들은 하느님이 단순히 다른 유한한 존재 중 하나가 아니라, 유일무이하게 존재의 충만함이라고 믿는다. (2) 하느님이 다른 모든 존재를 무에서 창조했다면, 이는 그분이 자신의 창조물에 초월적이면서도 내재적일 수 있음을 설명한다. 이는 마치 작가가 자신이 창작한 연극이나 소설에 초월적이면서도 내재적인 것과 같다.

우주 안에서도 과학은 우주에 대한 우리의 기대가 지나치게 단순하다는 것을 끊임없이 상기시킨다. 과학의 더 깊은 탐구가 드러내는 실제 우주는 우리가 예상했던 것보다 훨씬 더 기묘하고 놀랍고 복잡한 경우가 많다. 피조물조차 우리를 놀라게 한다면, 창조주가 우리를 더욱 놀라게 하지 않는 것이야말로 매우 놀라운 일일 것이다.

또한 범신론과 이신론 모두 해결할 수 없는 본질적인 문제를 지니고 있다.

범신론은 본질적으로 신과 모든 것을 동일시하는 것이다. ('pan'은 "모든 것"을, 'theos'는 "신"을 의미한다.) 범신론에서 신과 우주의 관계는 전체와 부분의 관계, 또는 영혼과 육체의 관계와 같다. 말하자면 이 신은 모든 것의 부분 또는 양태 또는 현상으로 구성된 전체이거나, 모든 것의 보편적인 영혼 또는 생명 또는 의미로서 예술 작품의 통일성과 같다. 범신론에서 신은 인격과 성격, 의지와 도덕적 명령을 지닌 인격적 존재가 아니라, 비인격적이고 모든 것을 포함하는 힘 또는 의식이다. 따라서 범신론의 신은 유신론의 하나님만큼 위대하지 않다. 이는 마치 (작품 전체로서) '햄릿'이 그 초월적인 창작자인 셰익스피어만큼 위대하지 않은 것과 같다. 만일 신이 "생각할 수 있는 그 어떤 것보다 더 위대한 존재"라면, 이성은 범신론보다는 유신론의 편에 서 있는 것이다.

또한, 범신론이 주장하는 바와 같이, 신이 모든 것이라면, 이 신은 선일 뿐만 아니라 악이기도 해야 한다. 따라서 범신론에는 절대적인 도덕성이 없다. 왜냐하면 이 신은 히틀러 안에서도, 예수 안에서도, 죄 안에서도, 성스러움 안에서도 똑같이 나타나기 때문이다. 이는 조지 루카스의 범신론적 영화 '스타워즈'의 신과도 같은데, 이 영화의 내용은 비이원론적인 힌두교의 교리에서 유래한 것으로, 최고 신인 브라만은 "어두운 면"을 가지고 있다. 브라만은 파괴자인 시바이기도 하고, 창조자(제작자)인 비슈누이기도 하다. 하지만 그(또는 그것)에게는 인격도 없고 성격도 없으며 도덕적 의지도 없고 명령도 없다. 그는 우리에게 도덕법을 주기보다는 다양성과 포괄성을 가르친다. 그는 "차별하지" 않는다. 그는 보편적으로 관용적이다. 그는 비판하지 않는, 매우 진보적인 미국 대중 심리학자의 이미지로 만들어진 신이다. 그는 동료이며 친구이다. 사실 그는 물고기를 잡는 데 쓰이는 미끼통에 들어있는 미끼이다. 그는 모든 사람에게 모든 것으로 각자의 필요와 기대에 맞추어 다양하게 해석될 수 있다. 그는 대중문화에서 특정한 형태나 정체성을 가지지 않은 존재와 같다.

범신론자들이 두루뭉술한 신(Blob God) 개념을 지닌다면, 이신론자들의 신은 차갑고 낯선 신(Snob God)으로서 부재하는 집주인이나 무책임한 아버지의 모습이며, 초월적이지만 내재적이지는 않다. 이신론은 적어도 신을 모든 피조물 위에 두어서 신을 경배하고 숭배할 수 있게 하지만, 동시에 이신론의 신은 우리를 사랑하고 보살피지 않는다는 점에서 한계가 있다. 창조자와 피조물 사이에 무한한 거리가 있기 때문에, 여기에는 인격적인 친밀함이 들어설 여지가 없다.

이슬람은 문자적으로는 유신론적이지만, 수피즘을 제외하면 유다교나 그리스도교보다도 이신론에 가까운 경향이 있다. 유다교는 하느님의 육화를 거부하면서도 하느님과의 일종의 친밀함을 유지해 왔으며, 이는 그리스도교의 유신론과 유사하다. 유다교는 초월성과 내재성의 역설을 보존해 왔다.

이신론의 차갑고 낯선 신은 범신론의 두루뭉술한 신만큼이나 불완전하다. 이 신은 어떤 것을 결여하고 있는데, 그것은 신 자신이 아닌 모든 것에 대한 완전한 지식과 사랑이다. 철학의 위대한 이신론자인 아리스토텔레스는 완벽하고 영원한 신은 일시적이고 열등한 피조물에 대해서 알거나 신경 쓰지 않을 것이라고 주장했다. 왜냐하면 그렇게 하지 않는다면, 신 자신의 신성한 완전함을 더럽히고 폄하하는 결과를 초래하기 때문이다. 분명히 이신론의 신은 인간의 정치적 사상과 인간의 이미지 안에서 만들어진 또 다른 신이다. 이 신은 민주적인 것이 아니라 군주적인 것을 반영한다.

범신론과 이신론은 주로 철학자와 신학자 사이에 인기가 있지만, (유다교와 수피즘, 그리스도교의 다양한 형태에서) 유신론은 항상 성인, 호빗, 그리고 일반 대중에 의해 더 풍요롭고 기쁘게 수용되어 왔다.

많은 미국인은 범신론자이면서 동시에 이신론자이기도 하다. 한편으로 그들은 하느님을 우월하지 않고 위계적이지 않으며 군주적이지 않다고 생각하지만, 다른 한편으로는 하느님이 "멀리서 우리를 지켜보고 있다"라고 여기고, 천상에서 하느님과의 합일을 "언젠가 저 멀리서 하늘에서" 이루어질 일로 여긴다. 오류는 종종 한 쌍의 모순으로 나타난다. 괴롭히는 자는 종종 비겁하기도 하고, 절망은 자존심의 한 형태이며, 현대의 개인주의는 집단주의이자 순응주의이기도 하다.

V

철학적 인간학

43	영혼은 무엇인가?	*230*
44	지성과 의지 중 무엇이 우선적인가?	*233*
45	우리에게 자유의지가 있는가?	*237*
46	감정의 역할은 무엇인가?	*241*
47	성, 결혼, 가족의 의미와 중요성은 무엇인가?	*247*
48	인류는 선한가, 악한가?	*250*
49	우리를 악하게 만드는 것은 무엇인가?	*254*
50	행복은 무엇이며, 우리는 행복을 어떻게 얻을 수 있는가?	*261*
51	영혼은 불멸하는가?	*264*
52	죽음에서는 무슨 일이 일어나는가?	*268*

"너 자신을 알라"는 문구는 고대 그리스의 델포이 신탁의 첫 번째 명령이었다. 세계 최초이자 전형적인 철학자인 소크라테스는 이 문구를 "너의 독특한 개인성을 발견하기 위해 상담사를 찾아가라"라는 의미가 아니라, "인간 존재가 무엇인지 이해하고, 인간 삶의 의미를 발견하며, 다른 모든 인간과 공유하는 본질적인 인간의 본성과 목적을 알아라"라는 의미로 해석했다.

하지만 이 명령은 보편적인 인간 본성이 존재한다는 전제를 깔고 있다. 다시 말해, 이는 형이상학적 유명론이 거짓이라는 것을 전제로 한다. 따라서 개인의 (철학적) 인간학은 그 사람의 형이상학에 의존한다. 그리고 인식론(인간이 어떻게 알 수 있고, 실제로 어떻게 알고 있으며, 마땅히 어떻게 알아야 하는지를 다루는 앎에 대한 철학)과 윤리학(인간의 선, 권리 또는 의무를 다루는 철학)도 인간학에 의존한다. 인식론 부분에서 본 바와 같이, 인간의 인식은 인간 본성에 의존한다. 만일 우리가 천사처럼 순수한 영이라면, 우리의 지식은 순수하게 영적이고 지성적일 것이다. 만일 우리가 동물처럼 순수한 물질적 생물체라면, 우리의 지식은 순전히 경험적이고 신체적일 것이다. 그리고 만일 우리가 심신이 통일되어 있는 형이상학적 양서류라면, 우리의 지식은 두 개의 날이 있는 가위와 같을 것이다. 윤리학 부분에서 보겠지만, 인간에게 좋은 것은 분명히 인간의 본성에 의존하며, 천사나 동물에게 좋은 것과는 다르다.

하지만 인간의 본성에 대한 물음은 유명론자에게는 무의미하다. 인간과 다른 동물 간의 구분에 대한 문제도 마찬가지이다. 왜냐하면 본질이 없다면, 본질적인 구분도 없기 때문이다.

이로 인해 우리는 신에 대한 어떤 철학보다도 훨씬 더 엉뚱하고 광기 어린 인간 철학들을 보게 된다. 어떤 이들은 인간이 망각하는 신이라고 말한다. 어떤 이들은 인간이 정신, 사유, 영 같은 환상을 발명한 존재라고 말한다. 말하자면 인간은 생각하는 자와 생각의 실재와 같은 신화를 만들어 낸 사상가들이라는 것이다. 어떤 이들은 인간이 육체에 갇힌 영, 기계 속에 갇힌 유령 같은 천사라고 말한다. 어떤 이들은 인간이 그저 가장 영리한 동물일 뿐이며, 그 뇌는 "고기로 만들어진 컴퓨터"라고 말한다. 어떤 이들은 인간이 단순히 복잡한 기계나 화학 방정식이라고 말한다. 어떤 이들은 인간이 악마이거나 악마의 발명품으로 고통과 좌절에 빠져 있다고 말한다. 어떤 이들은 인간이 우주적 진화 과정에서 우연히 생겨난 존재라고 말한다. 어떤 이들은 인간이 자신이 원하는 대로, 꿈꾸는 대로, 생각하는 대로 될 수 있는 존재라고 말한다. 어떤 이들은 인간이 여성을 싫어하고 두려워하는 사람들이 고안한 단어에 불과하다고 말한다.

교황 요한 바오로 2세, 교황 베네딕토 16세, 알렉산드로 솔제니친 같은 위대한 그리스도교 비평가들에 의하면, 현대 서구 문화의 핵심적 위기는 철학적 인간학에 있다. 그 이유는 명백하다. 만일 인간이 실제로 하느님의 형상대로 창조되었다면, 하느님이 부정되거나 잊히거나 축소될 때, 인간에게도 똑같은 일이 일어난다. 마치 거울 앞에 있는 실제 물체가 사라지면, 그 거울 속의 이미지도 함께 사라지는 것과 같다.

43 영혼은 무엇인가?

'영혼'이라는 용어는 "생명"을 의미한다. 이 개념의 기원은 종교적인 것이 아니라, 상식적인 관찰에서 비롯된 것이다. 두 마리의 소를 소유한 원시인이 있다고 생각해 보자. 그중에 한 마리가 죽는다. 이 원시인은 관찰력이 매우 뛰어났다(그가 생존할 수 있었던 이유도 바로 그 때문이다). 그가 관찰해 보니, 두 소의 몸에 차이가 없었다. 죽은 소는 여전히 완전한 형태를 유지하고 있지만, 더 이상 몸을 움직일 수 없고 숨을 멈추었다. 원시인은 이 죽은 소에서 빠진 것이 숨 혹은 "생명의 호흡" 혹은 "영혼"이라고 결론을 내린다. 왜냐하면 세상의 모든 것을 얻고도 그 영혼을 잃는다면 무슨 이득이 있겠느냐는 생각이 들었기 때문이다. 하지만 이 실재, 곧 이 "영혼"은 물질로 이루어져 있지 않다. 이것은 신체 기관도 아니고, 심지어 뇌도 아니다. 다시 말해, 원시인은 유물론자가 될 만큼 원시적이지 않았으며, 눈에 보이는 뇌와 눈에 보이지 않는 정신을 혼동하지 않았다. 오히려 고도로 지혜롭다고 하는 현대인이 그렇게 원시적인 유물론적 생각을 할 수 있는 것이다. 오직 컴퓨터처럼 생각하는 사람만이 컴퓨터를 발명하고 프로그램을 만들고 그것을 사용하는 사람을 슈퍼컴퓨터로 환원할 수 있으며, '인공지능'이나 '지능형 기계'와 같은 자기모순을 말할 수 있는 것이다.

우리가 감히 아리스토텔레스처럼 "원시적"으로 되려고 한다면, 세 가지 다른 종류의 영혼이 있다는 것도 알게 된다. 식물의 영혼은 식물이 내부에서 성장할 수 있게 해 주며, 이는 돌이나 바다, 모래가 할 수 없는 일이다. 동물의 영혼은 그들이 움직이고 느끼고 욕망을 가지며 물질세계를 감지할 수 있게 해 준다. 그리고 인간의 영혼은 영혼과 같은 추상적인 개념을 이해하고, 자기인식을 통해서 죄책감, 감사, 탐욕과 같은 인간 고유의 감정을 느끼며, 자유로운 선택을 할 수 있게 해 준다.

우리 문화는 실질적으로 물질주의적이며, 이는 사고방식도 물질주의적으로 만든다. 그래서 예전 영화에서 누군가가 죽으면, (오늘날 영화 제작자들은 종종 영혼이 있다는 것을 믿지 않지만) 그 영화 제작자는 보통이 영혼이 몸 위로 옅은 가스나 엑토플라즘[1]이 떠오르는 장면으로 보여 준다. 이는 마치 몸이 영혼보다 더 단단하고 실체적인 것처럼, 그리고 몸이 영혼을 담고 있는 것처럼, 몸은 무거운 가방이고 영혼은 그 안에 있는 아름다운 꽃과 같이 표현된다. 그러나 이 이미지는 반대로 되어야 한다. 만일 영

---

1) 〔옮긴이 주〕 엑토플라즘(Ectoplasm)은 원래 심령학이나 초자연적인 맥락에서 사용되는 용어로, 영혼이나 영적 존재가 물리적으로 나타날 때 생기는 신비한 물질을 가리킨다.

혼에 대한 물리적인 이미지가 있다면, 영혼은 몸보다 더 무겁고 더 실체적이고 본질적이어야 한다. 몸이 오히려 얇고 연약하며 덧없는 것이다.

또한 토마스 성인이 말하듯이, 육체가 영혼을 담고 있는 것이 아니라, 영혼이 육체를 담고 있다.[2] 육체는 다른 육체만을 담을 수 있지만, 영혼은 이야기 속 배경이 이야기를 담기 전에 이야기가 배경을 담고 있듯이 육체를 담고 있다. 그리고 삶은 배경이 아니라 이야기이다. 연극에는 배경이 있지만, 배경이 있기 때문에 연극이 있는 것이 아니라 연극이 있기 때문에 배경이 있는 것이다. 물리적인 배경은 연극의 다섯 가지 측면 중 하나일 뿐이며, 나머지는 줄거리, 등장인물, 주제, 스타일이다.

아리스토텔레스와 토마스 아퀴나스는 영혼이 육체의 형상이며, 이와 상응하여 육체는 영혼의 질료라고 말한다. 이 둘은 둘이 아니라 하나의 실체나 존재를 이룬다. 이에 대한 전문적인 용어는 '질료형상론'(hylomorphism) 또는 "질료와 형상 주의 또는 이론"이다. 현대 심리학에서는 이를 "심신(육체-영혼) 통합성"이라고 한다. 우리는 유령도 기계도 기계 안의 유령도 아니다. 우리는 인간이다. 우리는 작은 성사, 작은 육화이다. 우리는 이를 육화된 영 또는 영혼화된 육체라고 부를 수 있다.

---

[2] Saint Thomas Aquinas, *Summa Theologica* I, q, 76, a. 3.

44 지성과 의지 중 무엇이 우선적인가?

인간의 능력 중 영혼이 가진 두 가지 고유한 힘은 다른 동물들이 갖고 있지 않은 것인데(비록 어떤 동물들은 그 능력에 더 가까이 다가갈 수 있지만), 그것은 지성과 의지, 또는 이성과 자유 선택이다. 동물들은 지능을 가지고 있지만, 추상할 수 있는 이성적 지능은 없다. 동물들은 고집을 부릴 수 있지만, 그들의 의지는 자유롭게 선택할 수 없다. 동물들은 인간의 유아와 같아서, 이론적이거나 실천적인(도덕적인) 보편 개념을 이해하는 수준에 이르지 못한다. 또한 동물들은 건강한 (그리고 건강하지 않은) 본능들로 가득 차 있지만, 자유롭고 책임 있는 선택을 하고 죄를 짓거나 성스러움에 이를 수 있는 능력은 없다. C.S. 루이스가 사용한 한 표현을 따르자면, 동물의 본능은 피아노의 건반과 같다. 하지만 언제 어느 건반을 쳐야 할지 알려 주는 악보는 없다. 동물에게는 항상 가장 강한 본능이 먼저다. (하지만 우리에게는 그렇지 않다. 우리는 단식을 할 수 있다.) 우리 모두는 이것을 알고 있다. 그래서 우리는 그들(그러니까 동물과 아직 이성을 사용할 수 있는 나이에 도달하지 않은 유아들)을 '훈련' 시키는 것이지, 이성적으로 '교육' 시키는 것은 아니다.

이 두 가지 인간 고유의 능력, 곧 추상할 수 있는 이성적 지성과 도덕적 의지 중 어느 것이 우선일까? 이 물음은 사실 두 가지 물음을 하나로 묶은 것이다. 어느 것이 시간적으로 우선하며, 다른 것의 원인이 되는가, 그리고 어느 것이 더 가치 있는가?

우리는 딜레마에 처해 있는 것 같다. 한편으로, 지성이 우선이라고 말하면, 우리는 지성주의자가 되어 플라톤에 동의하게 되고, 모든 도덕적 악은 지성적 무지에 의해 발생한다고 생각하게 되며, 의지의 자유를 불가능하게 만들게 된다. 왜냐하면 의지가 지성에 의해 결정되기 때문이다. 반면에, 의지가 우선이라고 말하면, 우리는 의지론자가 되어, 마치 지성이 무엇을 생각해야 할지를 명령할 권위가 의지에 있다는 것처럼, 그것을 합리화하고 정당화하게 된다.

이를 신에게 적용했을 때, 지성주의는 모든 것을 필연적으로 만들고, 자유로운 사랑을 위한 여지를 없애는 것처럼 보인다. 반면 의지주의는 모든 것을 궁극적으로 자의적으로 만들어서, 진리의 절대성을 상실하게 한다. 이것을 '에우튀프론'의 문제라고 하는데 다음과 같다. 어떤 것이 선한 이유는 오직 신이 원하기 때문인가(에우튀프론의 의지주의), 아니면 그것이 선하다는 것을 신이 알기 때문인가(소크라테스의 지성주의)?

신에 대한 해결책은 간단하다. 지성과 의지, 두 가지는 동일하다. 신 안에는 정신과 의지, 진리와 선 사이에 시간적·가치적·인과적 간극이 없다. 선에 대한 신의 앎은 곧 선을 향한 그의 의지'이고', 신의 의지는 곧 그의 앎'이다'. 삼위일체의 세 위격 간에는 실제적인 구별이 있지만, 신의 단일한 신적 본성에 있는 속성 간에는 어떠한 구별도 없다. 이는 오직 우리의 관점에서만 차이가 있는 것으로 보인다. 신의 모든 속성은 우연적인 것이 아니라 본질적이며, 그 본질은 하나이다. 따라서 신의 정의는 그의 자비'이며', 그의 자비는 그의 정의'이다.' 또한 그의 지혜는 그의 사랑'이며', 그의 사랑은 그의 지혜'이다.'[1)]

하지만 우리에게는 실제적인 구별이 있다. 우리의 의지는 이성에 반하여 행동할 수 있고, 우리의 이성은 의지에 반하여 생각할 수 있다. 두 가지 능력 사이에는 인과적 관계가 있다. 하나가 다른 것보다 인과적으로, 시간적으로, 그리고 어쩌면 가치적으로도 앞설 수 있다.

그러나 지성주의와 의지주의가 잘못 주장하는 것처럼, 단일한 관계나 우선순위가 있는 것이 아니라, 오히려 이중적이고 상호적인 관계가 있는 것이다. 이는 성별 관계와 유사한데, 차이를 기반으로 한 상호 보완성이다. 남성은 여성이 필요하고 여성은 남성이 필요하듯이, 의지는 이성을 필요로 하고 이성은 의지를 필요로 한다. (이는 가치에도 해당된다. 남성은 남성으로서 여성보다 뛰어나고, 여성은 여성으로서 남성보다 뛰어나다.)

이중 인과성은 다른 종류의 원인이 있기 때문에 작동한다. 이성은 의지의 형상적 원인으로서, 지도 제작자처럼 의지가 선택

---

1) 〔편집자 주〕 이 단락에서 저자가 be동사를 강조하고 있는 것은 신에게 있어서 지성과 의지가 동일하다는 것을 나타내기 위해서이다. 예를 들어, "신의 정의는 그의 자비이며, 그의 자비는 정의이다"라고 할 때, 신에게 정의와 자비는 시간적, 인과적, 가치적 간극 없이 신 안에서 합치되어 있음을 의미한다.

할 올바른 방향을 결정한다. 하지만 의지는 이성의 작용 원인으로서, 이성이 생각할지 말지를 명령하며, 진리를 추구할 의지나 그 의지의 부재(혹은 니체가 악마적으로 칭송한 거짓을 추구하는 의지)로 작용한다. 각각의 능력은 서로 다른 방식으로만 상대방을 결정하는데, 이는 남성과 여성이 서로를 필요로 하는 방식과 어느 정도 유사하지만, 그 차이는 이 경우처럼 네 가지 원인 중 두 가지의 차이가 아니다. 이러한 해결책은 토마스 아퀴나스에게서 비롯된다.

그러면 어느 쪽이 더 높은 가치를 지니는가? 토마스에 의하면, 우리보다 아래에 있는 것들(세상)에 대해서는 아는 것이 그것에 대한 의지나 사랑보다 더 높은 가치를 지닌다. 그러나 하느님에 대해서는 사랑이 앎보다 더 높은 가치다. 왜냐하면, 사랑은 사랑하는 주체를 사랑하는 대상에 더 가깝게 변화시키고 일치시키는 반면에, 앎은 그 대상을 아는 주체가 지닌 조건과 한계에 종속시키기 때문이다. 따라서 우리가 하느님을 사랑하면, 우리는 하느님을 더 닮게 되고, 세상을 사랑하면, 우리는 더 세속적이게 된다. 하지만 우리가 하느님을 안다고 하면, 우리는 우리 정신의 한계에 따라 그분을 알 수밖에 없어서, 그분을 우리의 수준으로 끌어내리는 꼴이 된다. 반면 세상을 안다고 하면, 세상을 우리 정신과 영혼의 영적인 수준으로 끌어올리는 셈이 된다. 우리가 하느님을 사랑하면 그분이 우리를 신적인 존재로 변화시키지만, 우리가 세상을 알면 세상이 인격적인 존재로 변화된다.

45 우리에게 자유의지가 있는가?

우리가 자유의지를 가지고 있는지 그렇지 않은지에 대한 딜레마가 있다. 만일 우리에게 자유의지가 없다면, 모든 도덕적 언어는 무의미해진다. 왜냐하면 우리는 기계가 일을 하거나 하지 않는 것에 대해 칭찬하거나 비난하거나 조언하거나 명령하거나 보상하거나 처벌하지 않기 때문이다. 그리고 만일 자유의지가 없다면, 우리는 원칙적으로 완벽하게 예측 가능한 매우 복잡한 기계에 불과해 버린다.

하지만 우리가 정말로 자유롭다면, 우리의 선택은 어떤 원인이 없이 일어나게 된다. 이는 비합리적이고 불가능한데, 왜냐하면 아무 일도 원인 없이 일어나지는 않기 때문이다. 시간 안에서 일어나는 모든 것, 변화하는 모든 것, 시작되는 모든 것에는 그것이 왜 시작되었는지 설명해 주는 원인이 있다. 아무 이유 없이 무언가가 갑자기 나타난다면, 앞마당에 갑자기 용이나 산, 궁전이 나타나는 것을 볼 수도 있을 것이다.

하지만 만일 우리가 이전의 원인들에 의해 결정된다면, 우리는 자유롭지 않다. 도미노는 밀려서 차례대로 쓰러지는 것이지, 스스로 쓰러질지 말지를 선택하는 것이 아니다. 우리가 그 일부인 우주는 마치 거대하고 복잡한 도미노 세트처럼 보인다. 그러나 반대로 도미노가 스스로 자유롭게 쓰러질지 말지를 선택할 수 있다면, 그것은 다른 도미노에 의해 밀리거나 결정되지 않는 것이다. 하지만 우리는 사실 우리가 자유롭게 선택할 때조차도, 물리적, 정신적 힘에 의해 또 내적·외적인 힘에 의해 떠밀리고 영향을 받는다.

윌리엄 제임스[1]는 밤에 잘 곳을 찾고 있는 철학자의 재미있는 우화를 들려준다. 그는 거리의 한쪽에서는 결정론자들의 클럽과 맞은편에서는 자유의지론자들의 협회를 발견한다. 그는 결정론자들의 클럽에 가기로 결정하고 문을 두드린다. 문지기가 문을 열고 그가 왜 왔는지 묻는다. 철학자가 "내 자유의지로 왔소"라고 대답하자, 그의 얼굴 앞에서 문이 쾅 닫혀 버린다. 그래서 그는 길을 건너서 자유의지론자들의 협회 문을 두드린다. 문지기가 문을 열고 그에게 왜 왔는지 묻는다. 철학자는 "길 건너에서 쫓겨났기 때문에 선택의 여지가 없었소"라고 대답하자, 그 문도 그의 얼굴 앞에서 쾅 닫혀 버린다.

이 이야기는 자전적이다. 제임스는 이 문제를 포함한 대부분의 철학적 질문에 대해 열린 마음을 가진 불가지론자였기 때문이

1) 〔옮긴이 주〕 윌리엄 제임스(William James, 1842-1910)는 미국의 철학자이자 심리학자로, 미국 실용주의(pragmatism) 철학의 창시자 중 한 명으로 잘 알려져 있다. 또한 그는 현대 심리학의 아버지 중 한 명으로 불리며, 심리학과 철학을 연결한 중요한 사상가로 평가받고 있다.

다. 그래서 단순히 그는 자유로운 선택으로 자유의지를 믿기로 결정하고, 그 질문에 대한 답을 발견하기보다는 답을 만들어 낸다.

우리는 자유로운 선택을 할 때조차도, 실제로는 많은 것들에 의해 원인이 제공되어서 움직인다. 그러나 모든 원인이 '결정적인' 원인은 아니다. 이 원인들은 단순히 '조건적' 원인일 수 있다. 예를 들어, 이 원인들은 조언이나 유혹, 또는 내적 외적 영향, 그리고 영적이든 육체적이든 영혼이나 육체로부터 오는 것들이다. 우리의 자유는 이러한 조건에 의해 제한되지만 제거되지는 않는다. 우리가 레몬을 받으면 오렌지 주스를 만들 자유는 없지만 레모네이드를 만들 자유는 있다. 혹은 만들지 않을 자유도 있다. 많은 영향력 있는 조건적 원인이 없다면, 우리는 선택할 수 없을 것이다. 따라서 조건적 원인은 선택을 하는 데 있어서 '필요한' 원인이지만 '충분한' 원인은 아니다. 조건적 원인은 선택에 기여하지만 결정하지는 않는다. '우리가' 결정하는 것이다. 우리는 "'나는' 그렇게 하기로 결정했어. 왜냐하면 ~때문이야"라고 말한다. 그리고 '왜냐하면' 다음에 무엇을 추가하든, '나'는 '나'의 "왜냐하면"보다 더 큰 존재이다. 우리는 이유(becauses)가 아니라 사람(persons)을 보상하거나 처벌한다.[2)]

우리가 자유의지를 부정함으로써 치르게 되는 대가는 모든 도덕적 의미, 언어, 논증을 잃는 것이다. 도덕적 의미, 언어, 논증의 경험이라는 도덕적 자료는 구체적이고 방대하며 엄청나게 중요한 것이다. 이것들은 큰 차이를 만들어 낸다. 이것들은 의심스

---

2) [편집자 주] 인간 선택의 본질을 단순히 조건적 '이유'(becauses) 즉, 인과성으로만 환원할 수 없다는 것을 의미한다. 이는 '사람'(persons)이 가진 독립적이고 고유한 가치, 즉 자유의지가 결정적이며 매우 중요하다는 뜻이다.

럽거나 불확실한 것이 아니다. 불확실한 것은 결정론의 가설이다. 자료가 가설을 결정해야 한다.

그러나 여기서도 우리는 명백한 자료에도 불구하고 선택할 자유가 있다. 자유의지를 믿지 않기로 선택하는 것은 자유의지를 믿기로 한 선택만큼이나 자유의지를 잘 보여 준다.

자유의지를 부정하는 것은 사랑을 불가능하게 만든다. 만일 우리가 자유롭지 않다면, 사랑도 유전자, 환경, 진화, 뇌의 연결 상태, 그리고 방금 먹은 저녁 음식에 의해 결정되는 것이지, 자유롭게 선택되는 것은 아니다. 이는 인류에 대한 엄청난 모독이다! 우리는 "'나'는 당신을 사랑합니다"라고 말할 권리가 없어지고, 대신에 "내 유전자, 환경, 진화, 뇌의 연결 상태, 그리고 방금 먹은 저녁이 당신을 사랑합니다"라고 말할 수밖에 없을 것이다. 이런 말을 당신의 줄리엣에게 해 보라. 그러면 왜 여성이 남성보다 더 나은 철학자인지 알게 될 것이다.

46 감정의 역할은 무엇인가?

루소와 연관된 한쪽의 극단적인 입장은 감정이 신성하며 힘과 가치 면에서 다른 모든 것을 능가한다고 주장한다. 다른 쪽의 극단은 스토아학파와 관련이 있으며, 이들은 감정이 기껏해야 방해되고 유혹이 될 뿐이어서, 이성에 의해 엄격히 통제되어야 한다고 주장한다. 그리고 루소가 말하듯이, 연민과 동정이라는 감정은 본질적으로 선한 것도 아니며, 본질적으로 지혜롭지도 않고 오히려 해롭다고 한다. 그러나 대부분의 일반인에게는 감정이 이성과 의지와 구별되며, 본질적으로 선하거나 악한 것이 아니라, 이성과 의지가 잘 작용하거나 나쁘게 작용하게 할 수 있는 기본 재료에 불과하다는 것은 분명하다. 이는 말을 아무렇게나 풀어놓지 않고 길들여서 타야 하는 것과 같다. 따라서 감정을 주로 다루는 정신분석이 잘 이루어질 경우, 그것은 지성적 지혜와 도덕적 미덕에 중요한 도구가 될 수 있으며, 이는 비료가 식물에 도움이 되고 비타민이 신체 건강에 도움이 되는 것과 같다. 아리스토텔레스의 언어를 사용하자면, 잘 준비된 질료는 올바른 이성이 부여하는 형상과 질서를 더 잘 받아들일 수 있다는 것이다. 이는 농업, 예술, 도덕에도 모두 해당된다.

경험적으로 볼 때, 확실히 감정에 지나치게 많은 주의를 기울이거나 너무 적게 신경을 쓰면, 이 두 극단 모두 큰 문제를 일으킬 수 있다. 역설적이게도 감정을 두려워하고 억압하는 경향이 있었던 스토아학파는 감정에 지나친 두려움을 줌으로써 실제로는 감정에 지나치게 많은 관심을 기울인 셈이다. 또 다른 역설은, 루소가 감정에 대해 무비판적으로 이상화하고 감정을 교육하고 훈련시키지 않으려는 태도가 사실은 감정을 방치하는 것과 같다는 것이다. 이는 마치 사유하는 것을 교육하고 훈련하지 않으려는 태도가 결국은 사유를 무시하고 평가절하해 버리는 것과 같은 이치다.

현대의 미국인들은 거의 항상 사랑을 감정으로 분류하는 경향이 있는데, 이는 '사랑하라'는 하느님의 계명을 무의미하게 만든다. 감정은 명령이 될 수 없기 때문이다. 이는 또한 인간 문명의 가장 중요한 제도인 결혼이 붕괴되는 주요 원인 중 하나이기도 하다. 왜냐하면 이는 "사랑에 빠지는 것"을 결혼의 유일한 이유로 삼고, 마찬가지로 "사랑에서 벗어나는 것"을 결혼을 끝내는 이유로 삼으면서, 결혼과 가정이라는 고층 건물을 항상 변화하는 감정이라는 불안정한 모래 위에 세우는 것이기 때문이다. 토마스 아퀴나스는 사랑을 '상대방의 선을 원하는 의지'라고 정의한다.[1)]

---

1) Saint Thomas Aquinas, *Summa Theologica* I-II, q. 26, a. 4.

결혼을 하는 더 나은 이유는 자신을 행복하게 만드는 것이 아니라, 사랑하는 사람을 행복하게 만드는 것이다. 왜냐하면 당신은 당신이 상대방에게 하는 행동에 대해서는 통제할 수 있지만, 상대방이 당신에게 하는 행동에 대해서는 통제할 수 없기 때문이다. 그리고 또 다른 역설은, 자신의 행복을 추구하는 것이 대개 자신을 불행하게 만든다는 것이다. (이는 건강을 걱정하는 건강 염려증 환자들이 오히려 스스로를 병들게 하는 것과 같다.) 반면에 자신과 자신의 행복을 잊고 사랑하는 사람의 행복을 추구하는 것은 당신을 더 깊은 행복으로 이끌어 준다.

감정에 대한 문제는 복잡한데, 그 이유 중 하나는 대부분의 유럽 언어에서 '마음'(heart)[2)]이라는 용어가 모호하기 때문이다. 이 용어는 감정보다 더 깊은 것을 의미할 수 있다. 말하자면 마음은 생각, 선택, 감정을 지니거나 소유하는 자아의 깊은 중심, 곧 "나"를 의미할 수 있다. 또는 감정적 사랑과 의지적 사랑을 포함한 모든 종류의 사랑의 원천을 의미할 수도 있다. 또한 영혼의 주인이나 지휘관으로서의 의지를 의미할 수도 있고, 단순히 감정을 의미할 수도 있는데, 이것이 대중적으로 가장 흔히 쓰이는 의미이다.

감정을 중심에 두고 그것이 본질적으로 선하다고 여기는 사람들은 감정을 연민, 감사, 경이, 감상, 죄책감, 의무감, 경외심

---

2) 〔편집자 주〕 heart는 mind와 구별되어야 한다. mind는 인간의 의지나 사고 안에서, 사물을 판단하고 식별하는 활동에서 발견된다. 이런 점에서 역자는 mind를 주로 '정신'으로 번역한다(11장 참조). 다만, spirit을 '정신'으로 번역했을 때는 그와 구분하기 위하여 '마음'으로 번역하였다(19장 참조). 즉, 마음(mind)은 본질적으로 앎과 의지를 포함한 인간의 '정신'이다. 이에 비해, heart는 인간의 감정과 관련한 용어이다. 이 감정으로서의 '마음'(heart)은 비물리적이지만, 때로는 그것이 물리적이고 육체적인 감각을 통해 느껴진다는 점에서 신체 기관인 '심장'(heart)을 가리킨다.

같은 것으로 생각한다. 이러한 감정들은 (1) 생물학적인 것뿐만 아니라 영적이며, (2) "지향적"[3)]이다. 말하자면 생각이나 선택처럼 자기 자신 외의 다른 것과 관련이 있다. (3) 이는 고등 동물들도 가지지 못한 감정들이다. (4) 여기에는 우리가 받아들이고 성장시킬 뿐만 아니라, 부정하거나 무시할 수 있는 자유의지가 포함되어 있다. (5) 이는 도덕성의 필수적인 부분으로, 우리는 이러한 감정이 없는 사람을 본능적으로 도덕적 결함이 있거나 불완전한 사람으로 판단한다.

반면에 감정을 비인간적이고 방해가 되는 것으로, 혹은 적어도 부정적인 가치로 여기는 (스토아학파와 같은) 사람들은 감정을 쾌락, 고통, 배고픔, 목마름, 피로, 만족감, 성적 욕망과 충족, 외로움, 수치심, 지루함과 같은 것으로 생각한다. 이들에 의하면, 이러한 감정은 (1) 영적이지 않다. 다시 말해서 고유한 인간의 영혼에서 나오는 것이 아니다. (2) 이러한 감정은 "지향적"이지 않다. 그러니까 이 감정은 단지 자기 자신에 관한 것이지, 정의할 수 있는 어떤 대상에 관한 것이 아니다. (3) 고등 동물도 이러한 감정을 가지고 있다. (4) 이 감정은 순전히 수동적이고 자유롭게 선택된 것이 아니다. (5) 이러한 감정은 도덕적으로 중립적이며 지성과 의지가 이를 다루고 사용하여 나쁜 습관이 아닌 좋은 습

3) [편집자 주] '지향'(intention)은 철학적 논의에서 인간의 정신이 어떠한 목표를 성취하고자 애쓰는 '~을 향한 의도'를 의미한다. 이는 라틴어 intentio의 사전적 의미를 반영하고 있는데, 의식이 세심하게 주의를 기울이는 '기분'이나 '염려'까지도 나타낸다. 현대 철학의 주요 사상 가운데 하나인 현상학의 체계를 놓은 후설(Edmund Husserl, 1859-1938)은 인간의 의식이 항상 무엇(대상)과 관계를 맺고 있기 때문에, 인간 의식의 '지향성'이 대상을 대상으로 다룰 수 있도록 매개하는 기능을 한다고 보았다. 저자는 이러한 현상학적 노선에 따라 감정을 단순한 심리적 요인이 아니라 인간 이성과 의지와 관련이 있는 것으로 보았는데, 따라서 감정은 무엇을 향한 의지적이고 의도적인 인간 정신의 활동으로서 '지향적'이다.

관으로 형성하고 구조화하기 위한 단순한 재료일 뿐이다.

플라톤은 훈련된 감정의 중요성을 알고 있었다. (이는 앞서 언급된 두 가지 종류의 감정, 곧 고차원적 감정과 저차원적 감정 모두에 해당한다.) 그래서 그는 음악과 체육(신체 활동)을 어린 시절 교육의 시작으로 규정했다. 그는, 이성적이고 자유로운 선택이 아직 배아 단계에 불과한 나이 때부터, 소리, 그림, 인간의 신체와 그 우아한 동작과 같은 물리적 사물의 아름다운 형태에 빠져드는 것이, 도덕적으로 좋은 행위와 삶을 영적으로 이해하고 선택하는데 좋은 훈련이 된다는 것을 알고 있었다. 이러한 이해와 선택은 인간이 성숙해 감에 따라서 점점 더 발전할 수 있다고 보았다.

반은 루소주의를 따르고 반은 스토아주의를 따르면서, 감정에 대한 명확한 지위를 확보하지 않은 문화 속에서, 가톨릭 신자들은 이 문제에 대해 특별히 명확한 태도를 지닐 필요가 있다. 이는 특히 성 윤리에 관한 문제에서 더욱 중요하다. 우리는 수동적인 감정을 그 자체로 신성시하거나 비난하지는 않는다. 우리는 한편으로, 이성애적이든 동성애적이든 성적인 욕망과 같은 수동적이고 자유롭지 않은 감정을 덕이나 죄로 판단하지는 않는다. 이러한 욕망이 그 자체로는 올바르게 질서 지어진 것이 아니라 무질서하더라도, 우리는 물려받은 이러한 욕망에 대해 책임이 없으며, 오직 우리가 선택한 행동에 대해서만 책임을 지는 것이다.

세상의 모든 종교는 동성애적 욕망을 객관적으로, 그리고 그 자체로는 본질적으로 무질서한 것으로 간주한다. 이성애적 욕망 중에서도 많은 것이 무질서하지만, 그 이유가 이성애적이기 때문은 아니다. 역사상 모든 문화는 이러한 판단에 대체적으로 동의했지만, 현대 사회는 이에 대해 대대적으로 동의하지 않게 되었다. 인류 역사상 이처럼 급진적이고 심각한 윤리적 판단의 전환은 전례가 없었다. 이는 의견이 아닌 사실이며, 누구나 이 문제에 대해 수동적으로가 아니라 비판적으로 생각해야 할 충분한 이유가 된다. 특히 성이 인간이나 미디어에 의해 설계된 것이 아니라, 하느님에 의해 설계되었다고 믿는 사람이라면 더욱 그러하다.

감정은 미덕도 악덕도 아니다. "사랑에 빠지는 것"은 도덕적으로 미덕이 아니며, 욕정의 유혹을 받는 것(이는 그 유혹에 굴복하기로 선택하는 것과는 구별된다)은 죄가 아니다. 도덕적 기준에 따라 미덕이냐 악덕이냐 판단하는 것은 오로지 우리의 선택이다. 선택이 수동적 감정을 받아들이고, 선이거나 악이라고 판단한 그것을 행동으로 옮기도록 부추기는 것이다.

이는 가톨릭 신자들이 인류 가족의 형제자매인 동성애자들에 대한 증오와 차별에 반대하면서도 (많은 이성애적 성행위도 포함하여) 동성애적 성행위에 반대하는 이유를 해명해 준다.

이것은 아마도 오늘날 서구 문화가 가장 합의하기 어려워하면서, 동시에 가장 격렬하고 광범위하게 반대하는 가톨릭 신앙 교리일 것이다. 이는 더 위대한 것을 담고 있는 가톨릭 신앙보다 성에 중독되어 있고 집착하는 그 문화에 대해 훨씬 더 많은 것을 말해 준다. 물론 어머니(또는 어머니인 교회)가 자녀들의 집착과 중독에 대해서 이따금씩 부드럽게 경고하면, 그 자녀는 오히려 어머니가 그것에 대해 집착하고 있다고 비난한다. 그리고 어머니가 그것에 대해 말하는 것이 사랑에서 비롯된 것이라 하더라도, 그 자녀는 이를 "혐오 발언"이라고 부른다.

47 성, 결혼, 가정의 의미와 중요성은 무엇인가?

무엇보다 먼저, 성, 결혼, 그리고 가정에는 다 의미가 있다. 성은 단순히 생물학적이고 심리적인 사실이 아니며, 결혼은 단순한 문화적 관습이 아니다. 또한 가정은 단순히 성과 결혼에 기반한 사회적 합의를 의미하지 않는다.

둘째, 이러한 의미들 때문에, 이 세 가지는 우리의 현재 문화가 인정하는 것보다 이생과 죽음 이후의 삶에서 인간의 선함, 번영, 행복을 위해 훨씬 더 중요한 역할을 한다.

성 요한 바오로 2세 교황이 자신의 '몸의 신학'에서 가르쳤듯이, 성은 궁극적 실재, 곧 삼위일체의 위격들을 하나로 묶는 창조적 사랑의 물질적 상징이다. 어떤 것의 의미는 궁극적으로 그 최종 원인(25장 참조), 곧 그것의 목적, 설계, 완전함, 그것이 "존재하는 이유"에 있다. 그리고 성의 의미는 무엇보다 '인격'에 있으며, 이는 자녀의 창조와 부모 간의 사랑, 기쁨, 일치이다.

성은 또한 영혼과 육체가 맺는 최고의 결합이며, 영혼과 육체의 완전한 자기 헌신을 의미한다. 여기에는 육체의 생식력(물론 정의상 강간, 수간, 또는 피임된 성관계는 제외된다)도 포함된다.

우리의 "버려지는 사회"(교황 프란치스코)와 "죽음의 문화"(교황 성 요한 바오로 2세), 그리고 성 윤리에 대한 "상대주의의 독재"(교황 베네딕토 16세)는 성의 가장 중요한 의미인 아기와의 관련성을 부정하거나 잊고 있다. 출산은 인간이 창조에 가장 가까워지는 것이며, 인간이 할 수 있는 가장 신적이고 창조적인 행위이다. 출산은 고유하고 절대적인 가치를 지닌 유일한 존재, 영원하고 무한하며 상상할 수 없는 황홀함을 위해 예정된 유일한 존재, 하느님이 그 자체로 사랑하는 (따라서 우리도 그렇게 해야 하는) 유일한 존재를 생산하는 것이다. 성의 의미의 가장 핵심적이고 본질적인 것을 망각하는 것은 모든 성적인 죄의 바탕에 자리 잡고 있으며, 이는 간통, 불륜, 수간에서부터 피임과 낙태에 이르기까지 다양하다.

이는 단지 "가톨릭 윤리"만이 아니라, (정도의 차이는 있지만) 역사상 모든 위대한 고대 문명들의 도덕성이다. 성을 생식 체계가 아니라 오락 체계로 보고, 자녀를 하느님의 가장 큰 축복이 아니라 "사고(事故) 재해(災害)"(accidents)로 보는 "성의 혁명"은, 성자의 육화와 성령 강림으로 교회가 창설된 이래로 인류 역사상 가장 급진적인 혁명이다. 역사상 그 어떤 것도 종교를 사회에서 이토록 효과적으로 약화시키고 파괴하는 데 성공한 적은 없었다. 그 어떤 논쟁이나 박해도, 전염병이나 역병도, 전쟁이나 증오도, 심지어 가장 추악한 죄악까지도 그렇게 하지는 못했다.

성은 결혼을 위한 것이며, 결혼은 가정을 위한 것이다. 결혼은 하느님이 에덴에서 제정한 첫 번째 성사이다. 결혼은 이생에서 인간 사이에 가능한 가장 근본적이고 완전한 관계이다. 결혼은 하느님의 "수직적" 관계를 나타내는 가장 중요한 "수평적" 형상으로, 이는 완전한 사랑, 충실함, 그리고 자기 헌신의 관계이다.

가정은 성과 결혼에 의해 설계된 결과물로서, 단순한 생물학적 실체, 곧 단순히 자녀를 낳고 기르는 "무리"가 아니라 인간 삶에서 가장 중요한 근본적인 제도이다. 안정된 가정을 가진 모든 사회는 번영했고, 가정을 잃은 사회는 모두 쇠퇴했다. 가정은 인생에서 가장 중요한 교훈인 자기희생적인 사랑을 배우는 유일한 장소이다. 가정 밖에서는 우리가 사랑받는 경우가 있더라도, 그것은 오직 우리가 제공할 수 있는 것(즐거움, 도움, 서비스, 편리함, 오락, 성과, 유용성, 부, 권력) 때문이지 우리가 존재하는 그 자체(또는 우리가 있는 그대로의 '존재')로 사랑받지는 않는다.

인간 본성에서 성, 결혼, 가정을 지우면 남는 것은 무엇일까? 자율적인 "천사"나 컴퓨터를 사용하는 동물 정도밖에 남지 않을 것이다.

48 인류는 선한가, 악한가?

인간이 선한지 악한지에 대한 질문에는 네 가지 가능한 대답이 있다.

마키아벨리와 홉스의 대답은 인간은 본성적으로 악하다는 것이다. 즉, 인간은 이기적이고 경쟁적이며, 오직 힘(마키아벨리)이나 공포(홉스)만이 그의 행동을 변화시킬 수 있을 뿐이다.

마르크스는 본질적으로 탈출 전략을 가진 마키아벨리주의자이다. 그는 모든 역사는 억압의 역사라고 믿으며, 인간은 사회에 의해, 사회는 정치에 의해, 정치는 경제에 의해 결정되었다고 주장한다. 그리고 폭력적인 혁명, 특히 사유재산과 종교의 폐지를 통해 전 세계에 공산주의가 승리하면, 억압이나 갈등이 없는 영원한 유토피아가 세계 곳곳에 실현될 것이라고 주장한다. (현재 북한, 쿠바, 중국, 그리고 일부 유행하는 미국의 철학과에서 볼 수 있는 것처럼 말이다.)

루소, 1960년대 히피들, 그리고 대중 심리학의 대답은 인간이 본성적으로 선하다는 것이다. 말하자면 자발적인 동정심이 많고 협력적이며 관용적이라는 것이다. 오히려 인간을 타락시키는 것은 사회 제도와 정부라고 주장한다.

아리스토텔레스의 대답은 인간이 선하거나 악한 본성을 타고나는 것이 아니라, 선과 악, 미덕과 악덕의 가능성을 지니고 태어난다는 것이다. 그리고 인간의 선택, 행위, 습관이 이러한 가능성을 얼마나 실현할지 결정한다는 것이다. 아리스토텔레스는 운명이나 우연이 인생에서 많은 부분을 결정한다고 생각했지만, 어느 정도는 "내가 내 운명의 주인이며, 내 영혼의 선장이다"[1]라고 믿었다.

그리스도교는 인간이 선천적으로 (하느님이 자신의 형상대로 인간을 창조하셨기 때문에) 선하다고 믿는다. 동시에 인간은 (원죄를 갖고 태어났기 때문에, 다시 말해 하느님의 능동적인 삶과 영혼 안에서의 현존으로부터 단절된 상태로 태어났기 때문에) 악하다고도 믿는다. 이는 손턴 와일더가 말했듯이, "우리 중 가장 악한 사람에게도 약간의 선함은 있고, 가장 선한 사람에게도 약간의 악함은 있다"라는 개념을 담고 있다.[2] 또한 그리스도교는 우리가 고통을 겪고, 잘못된 길을 선택하고 수정하는 수많은 과정을 통해, 궁극적으로는 천국에서 영원한 기쁨과 완전성을 향해 나아가도록, 더 나아가서 하느님의 생명에 직접 참여하도록 섭리되어 있다고 믿는다. 하지만 동시에 이러한 목적을 달성하기 위한 유일한 희망인 하느님의 은총을 기꺼이 거부할 자유도 있다고

[1] William Ernest Henley, "Invictus."
[2] Thornton Wilder, *Pullman Car Hiawatha.*

믿는다. 따라서 그리스도교는 다른 어떤 철학보다도 인간에 대해 훨씬 더 극단적으로 낙관적이면서도, 동시에 훨씬 더 무섭도록 비관적인 견해를 가지고 있다.

네 가지 데이터베이스가 네 가지 답 중 어느 것이 진실인지를 결정한다. 역사에 대한 지식, 자신과 타인에서 나타나는 인간 행동을 편견 없이 열린 마음으로 관찰하는 것, 위대한 문학을 읽는 것, 그리고 상식이라는 네 가지 데이터베이스는 현재 우리의 문화에서 모두 쇠퇴하고 있다.

따라서 이 물음에 대해 답하기 위한 가장 확실한 방법은 이 네 가지 데이터베이스를 탐구하는 관행을 회복하는 것이다.

그리스도교의 대답은 가장 강렬하고 가장 역설적인 동시에 흥미롭다. 그리스도교에 대한 파스칼의 호교론은 본질적으로 "인간의 위대함과 비참함"으로 요약되는 데이터를 살펴보는 것이다. 이러한 인간에 대한 데이터는 마치 문에 달린 기묘한 모양의 자물쇠와 같다. 그런 다음, 파스칼은 그리스도교를 똑같이 기묘한 모양의 열쇠로 바라보고, 이 자물쇠와 열쇠, 둘을 비교해 본다. 처음에는 자물쇠도 열쇠도 합리적으로 보이지 않지만, 둘은 잘 맞아떨어지고, 결국 열쇠가 자물쇠를 연다.

프로이트는 비슷한 논증이지만, 인간의 손과 그리스도교의 장갑 간의 결합을 통해, 오히려 반대 결론을 내린다. 즉, 인간이 자신의 형상과 필요에 의해서, 특히 어릴 적 지상의 아버지가 주었던 뛰어난 지혜와 보호를 제공해 줄 아버지의 존재에 대한 필요 때문에 신을 창조했다는 것이다.

무신론적인 실존주의자들은 인간의 악이 신의 선함을 반박한다고 주장한다. 이에 대해서 그리스도교 호교론자들은 인간의 성품과 삶에서 많은 것들이 실제로 악하다는 판단 자체가, 절대적이고 신적인 선의 기준에 대한 앎을 전제한다고 반박한다. 산의 높이만이 계곡의 깊이를 측정할 수 있는 것처럼, 만일 그 기준 자체가 인간이 주관적으로 만든 것이라면, 그 판단 역시 주관적일 것이고, 따라서 "악" 또한 그럴 것이다. 그러므로 무신론자들이 주장하는 논증의 전제는 무효화된다.

그리스의 어느 불가지론자는 "만일 신이 없다면, 왜 선함이 존재하는가? 그리고 만일 신이 있다면, 왜 악이 존재하는가?"라고 주장했다. 무신론이나 유신론의 관점에서 볼 때, 인간의 데이터베이스에는 반대 입장을 지지하는 강력한 증거들이 있으며, 정직하게 말하자면 반대 입장에 공감해야 한다. 무신론 또한 하나의 신념이며, 이는 인간 데이터에 의해 제안되지만 입증되지는 않는다.

체스터턴은 그리스도교를 반대하는 데 대한 가장 강력한 반론은 그리스도인들이라고 말했다. 그는 이것이 그리스도교를 '지지하는' 가장 강력한 논거이기도 하다는 데에도 동의할 것이다. 가장 훌륭한 호교론적 논거는 성인(聖人)이 되는 것이다.

49 우리를 악하게 만드는 것은 무엇인가?

우리를 악하게 만드는 동기에 대한 물음은 이전 물음보다 덜 일반적이고 더 구체적이긴 하지만, 답하기는 훨씬 더 어렵다. 우리가 저지르는 악의 동기는 불명확하고 비합리적이다. 왜냐하면 악 자체가 어둡고 불가사의하며 비합리적이기 때문이다. 사실 우리의 나쁜 선택은 비합리적일 뿐만 아니라, 때로는 문자 그대로 미친 것처럼 보이기도 한다. 우리는 윤리적으로 선한 행위, 곧 공정하고 사랑이 넘치며 협력적이고 이타적인 행위를 선택할 때마다, 그것이 깊은 내면에서 그리고 오랫동안 우리를 행복하게 만든다는 것을, 반복된 경험을 통해 알고 있다. 반면에, 그 반대의 선택은 우리의 깊은 내면에서부터, 그리고 아주 지속적으로 우리를 비참하게 만든다. 그럼에도 불구하고 우리는 종종 기쁨보다 고통을 선택한다. 도대체 왜 그런 걸까?

상식의 대가인 아리스토텔레스는 공자와 유사한 도덕적 미덕과 악덕에 대한 유용하고 정확한 목록을 가지고 있으며, 우리가 이 질병에 대해 무엇을 해야 하는지(좋은 습관으로 이어지는 행위를 실천함으로써 덕을 함양하는 것)를 알려 준다. 하지만 그는 우리가 왜 처음부터 이러한 질병을 앓고 있는지는 말해 주지 않는다.

소크라테스의 대답은 플라톤에 의해 유명해졌는데, 그는 도덕적 악의 기원이 도덕적 무지라고 주장한다. 말하자면 우리가 항상 바라는 것(행복)은 바로 다른 모든 덕을 포함하는 덕인 정의에 의해서만 달성될 수 있다는 사실에 대한 무지이다. 따라서 우리의 악의 기원은 우리가 행복하기 위해 덕이 필요하지 않다고 믿는 무지한 믿음에 있다. 종종 불의가 정의보다 더 유익하다고(행복하게 만든다고) 생각하는 것이다. 플라톤의 『국가』의 근본적인 요점과 결론은 그러한 생각이 환상이며 거짓이라는 것이다. 그래서 우리 모두가 『국가』를 읽고 그것이 옳다고 확신하게 된다면, 우리는 모두 성인이 될 것이다. 왜냐하면 우리는 모두 행복을 추구하기 때문이다. 만약 우리가 오직 정의(덕)만이 행복으로 가는 길이라는 것을 확신하게 된다면, 우리는 모두 행복을 사랑하고 추구하고 실천하는 것처럼 정의를 사랑하고 추구하고 실천하게 될 것이다.

이 대답에는 두 가지 문제가 있다. 첫 번째는 우리가 경험을 통해 그러한 결론이 따르지 않는다는 것을 모두 알고 있다는 점이다. 많은 사람이 플라톤의 『국가』의 요점에 완전히 동의하지만, 여전히 종종 기쁨으로 가는 길보다는 고통으로 가는 길을 선택한다. 또 다른 문제는 소크라테스가 우리에게 장기적이고 깊은 경험과 상충하는, 그러한 터무니없는 믿음이 어디서 생겨났는지를 말해 주지 않는다는 점이다. 그는 의지를 움직이는 이성의 힘을 인식했지만, 우리의 어리석고 자기 파괴적인 욕망을 합리화할 수 있는 힘은 보지 못했다. 이 점에서 무신론자이자 비관론자이며 도덕적 상대주의자인 프로이트는 유신론자이자 낙관론자이며 도덕적 절대주의자인 소크라테스보다 더 현명하다.

이 물음에 대한 성경의 대답은 우리가 악을 저지르는 것은 무엇보다도 잘못된 '믿음'을 가지고 있기 때문이라는 것이다. 아담과 하와처럼 우리는 하느님의 진리보다 악마의 거짓말을 믿기 때문이다. 우리가 덕이 부족한 것, 특히 세 가지 신학적 덕[1] 중 세 번째이자 가장 높은 덕인 아가페라는 사랑이 부족한 것은 하느님에 대한 믿음과 신뢰라는 첫 번째 신학적 덕의 결여에서 비롯된다. 인간 나무는 뿌리가 잘못되었기 때문에 잘못된 열매를 맺고 있다(신앙이 뿌리이고 사랑이 그 열매이다). 하느님에 대한 믿음의 부족은 우리가 하느님이 분명히 우리에게 금지하고 있는 즉각적인 기쁨, 금단의 열매를 잡고자 하는 욕망으로 이어진다. 우리는 하느님을 사랑하는 아버지보다 우리의 경쟁자로 보고 있으며, 그렇기 때문에 우리는 "당신의 뜻이 이루어지소서"라고 말하는 대신에, "나의 뜻이 이루어지소서"라고 말한다.

그리스도의 해결책은 그가 전파하고 실천한 것으로, 심지어 십자가에 이르기까지 "당신의 뜻이 이루어지소서"이며, "나의 뜻이 이루어지소서"가 아니었다. 이는 스토아적 체념의 의미가 아니라, 우리의 온 마음과 영혼, 정신, 힘을 다해 하느님에게 총체적이고 어린아이와 같은 신뢰와 사랑을 드리는 것이다.

---

[1] 〔편집자 주〕 그리스도교가 말하는 세 가지 덕이란, 신덕(信德)·망덕(望德)·애덕(愛德)이다. 이는 믿음, 희망, 사랑이라는 인간이 하느님과의 관계에서 지켜야 하는 기본 덕향을 가리키며 '향주삼덕'이라고 한다.

붓다의 대답은 부정적으로는 예수의 대답과 유사하지만, 긍정적으로는 전혀 다르다. 부정적인 부분은 우리가 이기적이기 때문에 고통의 악을 경험한다는 것이며, 이기적인 욕망이나 탐욕 또는 집착이 있다는 것이다. 그 점에서 그리스도도 그 진단에 동의할 것이다. 그러나 붓다는 죄에 대한 개념이나 우리가 죄를 지은 대상인 신에 대한 개념 혹은 도덕적 악에 대한 개념을 가지고 있지 않다. 그는 영혼이나 자유의지를 믿지 않기 때문이다. 그가 다루는 유일한 악은 고통이다. 그리고 그는 우리가 고통을 겪는 이유는 이기적인 욕망이 있기 때문이며, 우리가 이기적인 욕망이 있는 이유는 잘못된 믿음을 가지고 있기 때문이라고 말한다. 말하자면 우리에게는 진정한 자아가 존재하고, 우리에게 결여된 진정한 선이 있다고 믿기 때문이다. 그러나 그는 이것이 두 가지 잘못된 믿음이라고 말한다. 깨달음의 경험은 우리가 잘못된 대상을 갈망하는 자아 주체가 아님을 드러낸다. 진짜 주체나 객체는 존재하지 않는다. 자아가 이기심을 만들어 내는 것이 아니라, 이기심이 자아와 그 객체의 환상을 만들어 낸다. 붓다는 신과 영혼, 곧 신적인 "나는 존재한다"와 인간의 "나는 존재한다"라는 관념 모두 부정한다.

힌두교의 대답에 따르면, 우리가 악을 행하고 악을 경험하는 것은 우리가 자신의 완전한 신성을 온전히 경험하지 못하기 때문이라는 것이다. 힌두교의 궁극적인 깨달음은 "너는 바로 그것"(tat tvam asi)이라는 진리를 우리에게 알려 주는 것이다. 말하자면 우리가 진정으로 존재하는 것은 브라만, 영원한 완전성, '삿'(존재), '칫'(의식), '아난다'(환희), 무한한 생명과 빛과 기쁨이라는 것이다. 우리는 기억을 잃어버린 신인 셈이다.

도교의 대답에 따르면, 우리가 이기적이고 고통받는 이유는 자연의 길인 도(道)를 따르지 않기 때문이라는 것이다. 도는 말로 표현할 수 없지만, 눈에 보이는 행위를 통해 드러나는 궁극적 실재의 길을 반영하며, 물처럼 자발적으로 자기를 내어 주는 행위를 의미한다.

언제나 실용적 현실주의자인 공자는 원인에 대한 이론적 설명을 제공하지 않고, 오직 실천적 치유 방법만을 제시한다. 그것은 최대한의 조화와 행복에 필요한 사회적이고 개인적인 덕에 대한 지도이다. 그것은 우리의 물음(질병에 대한 진단)에 대한 답이 아니며, 완전한 치유법도 아니다(그는 우리가 '어떻게' 악에서 덕으로 나아가야 하는지에 대해 말하지 않는다). 하지만 그것은 눈에 보이는 사회적 차원에서의 치유에 매우 유용한 지도를 제공한다.

우리 문명의 전형적인 현대의 서구적 대답은 베이컨, 데카르트, 그리고 이른바 계몽주의가 제시한 것으로, 우리가 고통받는 이유는 과학과 기술을 통해 자연을 정복하는 것이 아직 완성되지 않았기 때문이라는 것이다. 우리가 자연을 정복한 것처럼 인간 본성을 정복하면, "멋진 신세계"에서 유토피아가 실현될 것이라고 말한다.

이러한 낙관론에 대한 반작용으로, 마키아벨리, 홉스, 프로이트, 사르트르 등 많은 사람의 비관적인 대답은 해결책이 없다는 것이다. 악은 그저 우리의 모습이고 사물이 존재하는 방식일 뿐이며, 부분적이고 일시적이며 불충분한 해결책만이 존재할 뿐이라는 것이다.

예를 들어 마키아벨리에게는 그 해결책이 군주의 개인적인 정복이었다(『군주론』).

홉스에게는 절대 군주에 대한 두려움에 의해 강요된 법과 질서이다(『리바이어던』).

프로이트에게는 우리의 원초적 자아(이드)와 초자아(슈퍼에고) 사이의 균형(항상성) 또는 타협이다. 말하자면, 우리의 진정한 자아는 이기적이고 비인격적인 동물적 욕망(이드)이고, 우리의 도덕적 양심은 단지 우리 정신 속에 비친 사회적 요구들의 반영일 뿐이며(초자아), 우리는 정신분석을 통한 자기 이해로 부분적인 평화를 얻게 된다(『문명과 그 불만』).

마르크스에게 우리가 고통을 받는 이유는, 사유재산이라는 나쁜 경제 체제로 인해 발생한 계급 갈등과 억압 때문이며, 해결책은 공산주의의 무계급 사회이다(『공산당 선언』).

사르트르에게는, 우리의 주관성("자신을 위한 존재")과 객관성("그 자체로서의 존재") 사이의 절망적인 전쟁에는 답도 평화도 없으며, 이 두 가지 존재 사이의 갈증을 합치려는 불가능한 욕망, 곧 신이 되려는 우리의 욕망에는 만족이 있을 수 없다(『존재와 무』, 『실존주의는 휴머니즘이다』).

니체에게는 소크라테스와 예수 두 인물 모두 우리를 타락시킨 존재이다(그가 붓다를 알았다면 그도 포함했을 것이다). 니체에게 소크라테스의 "진리"는 그저 얼굴 없는 신일 뿐이며, 도덕은 나약한 양들이 강력한 늑대의 이빨을 빼기 위해 만든 유다인의 발명품이다. 그리스도교는 모든 오류를 결합한 최대의 실수이다. 니체는 자신의 책과 같은 제목(『안티크리스트』)을 스스로에게 붙였다. 그의 해결책은 우리의 의지로 신을 살해하고 새로운 신, "초인"이 되는 것이다. 그것은 "의지의 승리" "권력에의 의지"이다.

나치즘은 니체의 "권력에의 의지"를 정치화하고 인종화한 것으로, 이 "의지의 승리"를 막는 것은 아리안/독일이라는 우월한 인종이 열등한 피, 특히 유다인(하느님의 "선택된 민족"!)의 피로 오염되었다고 주장한다. 그래서 그 "최종 해결책"은 그들을 제거하는 것이다.

우리 시대의 진보적이거나 "깨어 있는" 좌파도 인종 문제에 초점을 맞추고 있다. 그들은 우리의 삶, 교육, 정치가 인종차별의 주된 죄와 이성애적 결혼과 가정의 규범성과 같은 그에 따른 부차적인 죄들에 오염되어 있다고 본다.

해체주의에 따르면, 문제는 로고스 중심주의, 그러니까 보편적이고 절대적이며 영원한 진리들에 대한 믿음이다. 이 진리라고 하는 것들이 숨기고 있는 반대 개념들의 위선을 드러내기 위해 해체되어야 한다는 주장이다. 이는 소크라테스와 예수에 대한 니체의 공격에 대해 길들여지고 학문적이며 지성화되고 추상화된 버전이다.

50 행복은 무엇이며, 우리는 행복을 어떻게 얻을 수 있는가?

철학자들은 행복이 무엇인지, 또 행복을 어떻게 이룰 수 있는지에 대해 서로 다른 답을 제시해 왔으며, 이들의 답은 모두 어느 정도 진실하고 어느 정도 실현 가능한 것이다.

아리스토텔레스는 행복(주관적인 만족뿐만 아니라, 객관적인 완전함과 이를 포함한 완전한 의미의 행복)이란 사실상 모든 사람이 다른 모든 수단을 동원해서, 다른 모든 것들 속에서 갈망하는 궁극적 목적이다. 하지만 골프, 금, 총, 여자, 명예 따위를 위해 행복을 추구하는 것이 아니라, 이 모든 것들이 자신을 행복하게 만들 것이라고 생각하기 때문에 그것들을 추구하는 것이다.

이것은 최고선(*summum bonum*) 또는 “가장 큰 선”에 대한 물음이다. 이는 우리가 모든 열망과 행위를 통해 추구하는 궁극적인 목적이나 이유이다. 철학자들은 이 최고선을 의무(칸트), 도덕적 덕(아리스토텔레스), 신비적 깨달음(붓다), 지식(플라톤), 권력(니체),

쾌락(밀), 명성, 영광, 명예, 군사적 성공(마키아벨리), 심지어 성(프로이트)과 동일시했다. 그러나 이 모든 것들은 소유하고 있을 때조차도, 우리를 완전히 행복하게 하지는 않는다. 논증이 아닌 경험 자체가 이 모든 것들이 불충분하다는 것을 반박한다.

완전한 행복은 주관적인 차원(만족)과 객관적인 차원(완전함)을 모두 포함해야 한다. 만일 당신이 천사라고 느끼지만, 실제로는 보잘것없는 존재라면, 그것은 진정한 행복이 아니며 완전한 행복도 아니다. 그리고 만일 당신이 실제로는 천사이지만 보잘것없는 존재라고 느낀다면, 그것 또한 완전한 행복이 아니다. 우리는 완전히 주관적인 행복(만족)도, 완전히 객관적인 행복(완전함)도, 그리고 이 둘을 함께 가지고 있지도 않다. 왜 그럴까?

예수는 문제의 근원으로 다가간다. 불행의 뿌리는 죄이다. 그러므로 행복의 뿌리는 죄의 반대이다.

'죄'는 우선 존재론적으로 하느님과의 분리를 의미하며, 둘째로 그로 인해 우리 영혼과 삶에서 도덕적 선, 사랑, 그리고 이타심을 상실한다는 것을 뜻하며, 마지막으로 이 두 가지로 인해 고통을 겪게 되는 것을 의미한다. 죄로 인해 이기심이 생기고, 그로 인해 고통이 따른다. 붓다, 플라톤, 아리스토텔레스는 악을 고통과 이기심으로 이해했지만, 오직 예수만이 악을 죄로 이해했다.

붓다에게 행복으로 가는 길은 행복을 바라는 것을 멈추는 것이었다. 그러나 우리는 이를 멈출 수 없다.

소크라테스의 길은 객관적이고 올바른 이성이 주관적이고 이기적인 욕망을 이기는 것이다. 그러나 우리는 또한 그렇게도 할 수 없다.

그리스도가 제시하는 답은 우리와 하느님 사이의 단절된 관계를 회복하는 것이다. 우리는 이를 해낼 수 있는 능력조차 부족하다. 하지만 그리스도는 우리를 위해 그것을 이루었고, 우리의 첫 번째 임무는 그것을 성취하는 것이 아니라, 선물로, 은총으로 받는 것이다. 이것이 실제로 효력을 발휘하는 유일한 대답이다.

다른 것은 작용하지 않는다. 왜냐하면 우리는 필연적으로 항상 불행하며, 우리의 마음속 가장 깊은 심연은 하느님 안에서 안식을 얻을 때까지는 불안하기 때문이다.[1] 진정한 "최고선"은 오직 하느님의 은총에 의해서, 그리고 우리가 믿음으로 그것을 받아들일 때만 가능하다.

우리가 하느님의 은총을 믿음으로 받아들인다면, 우리의 믿음 자체도 은총, 곧 선물이라는 것을 깨닫게 된다. 그리고 그 통찰 역시 또 다른 은총이다. 이러한 각각의 은총의 행위에서 하느님의 은총은 우리의 자유로운 동의를 대체하는 것이 아니라 이를 실현한다. 하느님은 우리의 자유를 끄는 것이 아니라 오히려 켠다.

분명히 철학만으로는 이 답을 발견하거나 해석하거나 전달할 수 없다. 믿음은 판단(진리를 발견함), 이해(의미를 해석함), 증명(결과를 전달함)이라는 이성의 세 가지 행위를 초월하고 완성한다(7장 참조).

철학만으로는 이 답을 전달할 수 없지만, 다른 대안을 정의하고 탐구할 수는 있을 것이다. 그리고 철학이 온전히 답을 제시할 수 없다는 실패의 체험을 통해, 인간은 오히려 자신 안에 신적인 답을 위한 공간을 비워둘 수 있게 된다. 그것은 마치 치과의사가 충치를 메우기 전에 썩은 부분을 제거하는 것과 같다. 아우구스티누스의 『고백록』이 그 전형적인 예이다.

---

[1] Same Augustine, *Confessions*, bk I, ch. 1.

51 영혼은 불멸하는가?

영혼이 불멸한다고 확신하는 여러 가지 좋은 논거가 있다.

대다수 사람, 문화, 종교는 영혼이 불멸한다고 말한다. 어떤 형태의 신과 어떤 형태의 불멸은 거의 모든 고대 현자가 가르치는 일종의 묶음 상품과도 같다. 영혼의 불멸이라는 이렇게 중요한 주제에 대해서, 영혼은 불멸한다는 것이 심각하게 잘 못되었다고 말하는 것은, 제대로 알지도 못하면서 아는 체하는 것일 뿐이다.

또한 영혼의 불멸이 없다면 덕도 없다는 도스토옙스키의 주장도 있다.[1] 죽은 후에 우리가 하느님을 만나고 하느님에 의해 심판받지 않는다면, 도덕적 덕에 대한 최종적인 정의도, 최종적인 보상도 없을 것이다. 그럴 경우, 정의는 현실과는 아무런 관련

---

1) Fyodor Dostoevsky, *The Brothen Karamazov*, pt. I, bk. 2, ch. 6.

이 없으며, 실현되는 것이 아니라 단지 바라는 것이 될 뿐이다. 이때 정의는 단지 우리의 절박한 주관적인 요구일 뿐, '실제적인 것'이 아니게 된다.

또 한편 갈망으로부터의 논증도 있다. 완전한 행복에 대한 우리의 갈망은 보편적이고 선천적이며 본성적인 것이다. 완전한 행복은 이 세상에서 얻을 수 없는 것인데, 우리의 본성은 존재하지 않는 대상을 갈망하도록 하지는 않기 때문에, 결국 완전한 행복이란 다른 삶 속에서 존재해야만 하는 것이다.

만일 영혼이 육체처럼 죽는다면, 우리가 가장 간절히 바라는 행복은 결코 얻을 수 없는 것이 되고, 본성은 본질적이고 불가피한 존재인 우리를 속이고 있는 셈이 된다. 영혼의 불멸이 없다면, 삶은 길고도 허무하게 끝날 것이고, 우리 마음의 가장 깊은 갈망은 좌절될 것이다. 삶은 우리에게 많은 전채 요리로 식욕을 자극하지만, 우리의 입맛이 돌아 주요리가 테이블에 오르고 웨이터가 뚜껑을 열어 보여 주면, 정작 거기에는 아무것도 없다는 것이 드러나게 된다. 이런 경우, 우리의 삶을 설계한 원천은 지혜롭고 자비로운 신적 섭리도, 무작위적인 우연도 아닌, 악의적이고 지성적인 의지가 만들어 낸 길고 잔인한 장난일 것이다.

또 다른 영혼 불멸에 대한 논증이 있다. 만일 우리가 선하고 지혜롭다면, 우리는 다른 사람들을 우리 자신을 사랑하듯 사랑할 것이다. 그리고 그렇게 진정으로 다른 사람을 사랑한다면, 사랑은 우리의 눈을 열어주고, 우리는 사람들이 도구나 수단이 아닌 목적 자체이며 필수적이고 가치 있는 존재임을 깨닫게 될 것이다. 그러나 더러운 기저귀를 버리듯이, 현실이 사람들을 죽음으로 내몬다면, 이러한 진정한 사랑과 인격에 대한 존중, 곧 삶의 가장 큰 지혜이자 삶의 가장 큰 가치를 뒷받침할 근거가 현실에 존재하지 않게 된다.

영혼 불멸에 대한 이론적 논증도 있다. 아우구스티누스의 논증에 따르면, 우리는 "2+3=5", 또는 "정의는 덕이다." 또는 "영원한 선이 일시적인 선보다 낫다."와 같이 영원하고 절대적이며 변치 않는 진리를 확실히 알 수 있다. 이 진리를 우리 자신의 변화하는 정신이나 세상에서 인식하는 것은 아니다. 우리의 정신은 영원한 정신과 접촉하고 있으며, 우리는 이미 정신적으로 영원을 살고 있다.

토마스 아퀴나스의 논증도 있다. 그에 의하면, 우리의 영혼은 죽을 육체가 할 수 없는 두 가지 '행위'를 수행하기 때문에, 우리는 단순히 죽을 육체에 불과한 것이 아니다. 이 두 가지 행위란, 비물질적이고 추상적이며 보편적인 진리를 지성적으로 이해하는 것과, 영적이고 비물질적이며 보편적인 선을 선택하는 의지의 작용이다. 그러므로 우리는 죽을 육체 그 이상이며, 육체처럼 영혼이 죽어야 할 필요가 없다는 것이다.

사실 영혼이 죽는 것은 불가능하다. (1) 죽음은 물질로 이루어진 것의 부분들이 분리되는 것이지만, (2) 공간에서 부분들이 외부로 나누어지는 것은 물질뿐이다. 영혼, 정신 또는 영은 쪼개지거나 분할된 부분이 없다. 단지 구분된 별개의 능력과 기질이 있을 뿐이며 이 모두는 동일한 영혼의 능력과 기질이다. 영혼을 부분으로 나눌 수는 없다.

어떤 것이 죽는다면, 그것은 (1) 그 전체가 단순히 소멸되거나, (2) 부분으로 분리되고 나누어짐으로써 죽는다. 그러나 (1) 어떤 것도 단순히 소멸되지 않으며, (2) 영혼이나 정신은 육체와 달리 부분이 없기 때문에 부분으로 나누어져 죽을 수 없다.

플라톤의 논증도 있다. 그는 『국가』 제10권에서, 많은 질병은 육체를 죽이지만, 무지와 악행이라는 영혼의 두 가지 질병은 영혼을 죽이지 못하고 상처만 입힌다고 말한다.

이로써 불멸에 대한 열 가지 논증이 제시되었다. 이 중 '하나'라도 성립한다면, 영혼의 불멸성은 진실임이 입증되는 것이다.

52 죽음에서는 무슨 일이 일어나는가?

죽음 이후에 무슨 일이 일어나는지에 대한 물음에는 최소한 여섯 가지 다른 대답이 가능하다.

첫 번째는 아무 일도 일어나지 않는다는 것이다. 죽음 이후에 우리라는 존재는 아무것도 남지 않으며, 단지 한때 인간의 몸으로 배열되었던 물질이 이제는 다른 것으로 재배열되는 것뿐이다. 사실 지금 우리 몸에 있는 일부 물질은 한때 다른 사람의 몸에 있었던 것이었을 수 있다. 햄릿이 왕에게 설명하듯이, 우리가 먹는 생선은 시체의 썩은 살을 먹은 벌레를 미끼로 낚시한 것일 수 있다. 당신 조상들의 원자 중 일부는 당신 몸의 일부가 되었을 수도 있다.

그러나 우리가 원자에 불과하다면, 이 원자들이 이루고 있는 "나"라는 존재는 사람이 아니라 원자의 무리에 불과할 것이다. "나"는 존재하지 않는다. 그렇다면 어떻게 원자의 무리가 또 다른 원자의 무리에 대해 잘못된 판단을 할 수 있겠는가? 식물과 동물조차도 원자로만 이루어진 것이 아니다. 이는 교향곡이 음표로만 이루어진 것이 아니며, 책이 단어로만 이루어진 것이 아닌 것과 같다. 이것들은 단지 그것이 무엇으로 이루어져 있는지를 나타낼 뿐이다.

두 번째 대답은 범신론인데, 이는 "나"를 부정하는 반대 개념이다. 유물론(첫 번째 대답)은 우리 자신을 포함한 모든 것이 단지 하나의 물질, 곧 수많은 원자로 이루어진 물질이라고 주장하는 반면에, 범신론은 우리 자신을 포함한 모든 것이 하나의 것, 곧 모든 것을 포괄하는 신성한 영이나 정신이라고 주장한다. 유물론과 범신론은 어떤 면에서 완전히 반대되지만, 다른 면에서는 동일하다. 왜냐하면 둘 다 인격, 자아, 개별적 정체성을 부정하기 때문이다. 둘 다 현실을 마치 푸딩과 같은 것으로 만들어 버리는데, 이 푸딩은 그것이 물질적이든(첫 번째 대답) 영적이든(두 번째 대답) 우리는 모두 그 안에 뒤섞인 푸딩 덩어리에 지나지 않기 때문이다.

세 번째 견해는, 대부분의 이교 문화, 그리고 아마도 초기 히브리 문화에서도 받아들였던 관점으로, 죽음 이후에도 살아남은 영혼이나 정신은 살아 있는 자아의 희미한 복사본, 이미지 또는 그림자라는 것이다. 말하자면 죽음 이후의 영혼은 살아 있을 때보다 더 희미한 존재로, 마치 유령처럼 살아 있다(이것이 과연 삶이라고 할 수 있을지 의문이지만 말이다). 이 영혼은 저승이나 어둠 속, 하데스나 셰올에서 "살아간다." 우리가 죽을 때, 이곳에서보다 '더' 실제적이고 견고하며 실체가 있고 살아 있으며 행복하거나, 그곳의 빛 속에 존재하게 되는 것이 아니라, 오히려 이곳에서보다 덜한 존재가 된다는 것이다. 이런 점에서 이 세 번째 대답은 두 번째 대답인 범신론보다는 첫 번째 대답인 허무주의(유물론)에 더 가깝지만, 적어도 범신론과는 달리 어느 정도의 개별적 정체성은 유지한다고 볼 수 있다.

네 번째 견해는 힌두교와 불교에서 중심적인 사상이지만, 고대 서양의 이교 문화에서도 인기를 끌었던 환생이다. 이는 동일한 영혼이 다른 몸으로 다시 태어난다는 것으로 우리가 재활용된다는 개념이다. 이 견해는 우리의 불완전함과 미완성된 상태에 대한 감각에 호소하기 때문에 전적으로 비합리적인 것은 아니다. 우리는 죽을 때 우리의 많은 생각뿐만 아니라 우리 자신이 "반만 완성된" 상태라고 느끼기 때문이다.

환생의 문제는 영혼(영혼에 불멸을 부여하는 것)에 있다기보다는 육체에 있다. 이 견해는 영혼에게는 불멸성을 부여하지만, 육체는 우리의 정체성과 전혀 관계없는 우연적인 것으로 축소시키기 때문에, 죽는 것은 그저 숙소의 방을 바꾸는 것과 같은 일로 취급된다.

환생은 또한 삶의 중요성을 결코 누구도 실패할 수 없는 시험을 통과하기 위한 수많은 시도 중 하나로 축소하는 바람에 삶의 극적인 요소가 사라져 버린다. 삶은 게임조차 될 수 없는데, 그 이유는 잃을 가능성이 없기 때문이다. 하지만 우리가 단 한 번만 산다면, 잘 살고자 하는 열정과 의욕을 가지게 된다. "사람은 단 한 번 죽게 마련이고 그 뒤에 심판이 이어지듯이"(히브 9,27)라는 성경 말씀처럼, 인생은 위대한 드라마이다.

또한 연옥은 우리의 불완전함과 영적인 "완성"의 과정을 마무리할 필요성을 환생보다 더 잘 보여 준다. 환생에서는 단지 같은 오래된 지구라는 오븐에서 영을 다시 "굽는 과정"(죽을 몸과 물질세계)을 반복하는 것을 상상할 수 있을 뿐이다.

환생은 또한 자아를 두 가지 실체로 보는 이론을 전제하고 있으며, 다섯 번째 견해인 이원론도 마찬가지이다. 이원론은 우리의 영혼이 천국(또는 지옥)으로 가는 반면, 우리의 육체는 단순히 부패하여 사라진다고 주장한다.

그러나 이런 사후 세계관은 우리를 마치 몸에 일시적으로 갇힌 천사처럼 취급한다. 이는 죽음 후에 더 완전한 존재가 되고자 하는 우리의 요구를 충족시키지 못한다. 우리는 건강한 몸을 '원하고', 죽음, 질병, 쇠약, 고통으로 인해 신체를 잃는 것에 저항한다. 우리의 몸은 우리 정체성의 일부이다. 우리는 옷을 입고 있듯이 몸을 "지니는" 것이 아니라, 영혼뿐만 아니라 몸으로 '존재'한다. 우리는 옷을 벗듯이, 몸을 벗어 던질 수 없다. 이러한 이원론적 관점은 너무 일방적인 "영적인" 관점으로, 죽음 이후에 우리를 불완전한 인간으로 축소시켜 버린다. 우리는 극작가의 머릿속에만 있을 뿐 실제로는 공연되지 않은 연극처럼, 그리고 한 번도 사용되지 않은 컴퓨터 프로그램이나 연주되지 않은 악보와 같은 존재가 되고 만다.

이러한 "영적" 관점은 아리스토텔레스의 질료형상론이 설명하는 것처럼, 심신이 통합되어 있는 현재의 우리에 대한 경험을 설명하지 못한다. 이는 우리의 몸을 마치 진정한 "우리"가 떠나버린 숙소의 방이나 "우리"가 타고 다니는 자동차로 환원시켜 버리고 만다. 그러나 우리는 우리 자신을 순수한 영으로 경험하지 않으며 우리의 몸을 비인격적인 도구로 경험하지 않는다. 이는 매우 심각한 심리적 장애가 있는 경우에만 가능한 경험이다. (한 문화권 전체가 매우 심각한 심리적 장애를 경험할 수도 있다. 원죄의 상태는 매우 심각한 심리적 장애이지만, 그 이상의 의미도 지니고 있다.)

두 실체 이론은 본질적으로 일관성이 없다. 만일 우리가 영혼에 '더해진' 몸이라면, 우리는 기계 속에 사는 유령과 같다. 손이 없는 유령이 어떻게 기계의 버튼을 누를 수 있겠는가? 또는 정신이 없는 기계가 어떻게 물질을 그 대상으로 이해할 수 있겠는가? 가장 복잡한 슈퍼컴퓨터조차도 가장 복잡한 도서관처럼 무엇을 이해하거나 선택하거나 느끼지 못한다.

여섯 번째 견해인 그리스도교적 관점(그리고 이슬람교와 정통 유다교적 견해)은 육신의 부활과 최후의 심판 외에도 세 가지 면에서 독특하다.

첫째, 이 관점은 사후 세계를 우리의 상상이나 개념으로 제한하지 않는다. "어떠한 눈도 본 적이 없고 어떠한 귀도 들은 적이 없으며 사람의 마음에도 떠오른 적이 없는 것들을 하느님께서는 당신을 사랑하는 이들을 위하여 마련해 두셨다"(1코린 2,9)라는 것을 확언한다.

둘째, 위의 인용문에서도 암시되어 있듯이, 사후 세계를 인간 본성만으로, 자신의 이성만으로 예측하거나 이해할 수 있는 상태가 아니라, 인격적인 신의 은총의 선물로 간주한다. 사실 서방 가톨릭과 동방 정교회 전통 모두에서 사후 세계는 '신화'(theosis), 곧 신의 생명에 참여하는 것을 의미하며, 이것은 (범신론에서처럼) 본성에 의한 것이 아니라 하느님의 은총에 의해 이루어진다(2베드 1,4 참조).

셋째, 신의 생명에 참여하는 것은 하느님 은총의 자유로운 선택에 의해 주어지기 때문에, 이 관점은 인간이 그것을 받아들일 자유로운 선택도 고려한다(선물은 자유롭게 주어져야 할 뿐만 아니라 자유롭게 받아들여져야 하기 때문이다). 따라서 천국뿐만 아니라 지옥의 가능성도 존재한다. 천국이 하느님의 선물이라면, 교만이나 절망 또는 다른 이유로 거부될 수 있다. 이 선물을 받는다는 것은 (a) 정신으로 믿고, (b) 의지로 자유롭게 받아들이며, (c) 마음으로 사랑하는 것을 의미한다.

PHILOSOPHY

VI

일반 윤리학

53	윤리학은 종교에 의존하는가? 형이상학에, 인간의 철학에 의존하는가?	*277*
54	가장 중요한 윤리적 덕은 무엇인가?	*281*
55	도덕성은 객관적이고 발견되는 것인가, 아니면 주관적이고 고안되는 것인가?	*285*
56	천부적이고 양도할 수 없는 권리가 있는가?	*290*
57	각각의 인격은 본질적인 목적인가?	*296*
58	목적이 수단을 정당화하는가? (공리주의)	*299*
59	인간의 행위를 윤리적으로 선하거나 악하게 만드는 것은 무엇인가?	*302*
60	덕은 인간을 행복하게 만드는가?	*305*
61	양심은 무엇인가?	*308*
62	모든 윤리적 규칙에는 예외가 없는가?	*311*

53 윤리학은 종교에 의존하는가? 형이상학에, 인간의 철학에 의존하는가?

분명히 종교적 신앙은 윤리적 행위에 강력한 동기를 부여한다. 그러나 윤리나 도덕 또는 옳고 그름에 대한 지식은 종교나 종교적 신앙 또는 초자연적인 신적 계시에 의존하지 않는다. 하느님은 인간을 도덕적 양심을 지닌 존재로 창조했고, 이 양심은 타락에 의해 상처를 입고 약해졌지만 파괴되지는 않았다.

양심은 단순한 감정이 아니다(물론 의무감이나 책임감을 느끼는 감정이기도 하지만 말이다). 양심은 무엇보다도 먼저 앎이고 이해이다. 즉, 선과 악이 존재하며, 우리는 선을 행하고 악을 행하지 말아야 할 의무가 있다는 것을 알고 이해하는 것이다. 그리고 우리는 모두 도덕적 선이 무엇을 의미하는지 알고 있다. 세계의 다양한 종교와 문화는 엄밀하게 신학적으로는 크게 다르지만, 도덕성에서는 큰 차이가 없다.

그러나 윤리 철학은 종교에는 의존하지 않지만, 철학적 인간학에는 의존한다. 윤리는 '인간에게' 도덕적으로 선한 것이 무엇인지를 다루는데, 이는 인간이 무엇인지, 인간 본성이 무엇인지를 바탕으로 한다. 만일 우리가 자신을 큰 두뇌를 가진 유인원이라고 생각한다면, 우리의 윤리는 그에 맞게 형성될 것이다. 만일 우리가 자신을 육체에 갇힌 순수한 영혼으로 생각한다면, 우리의 윤리 역시 그에 맞게 형성될 것이다.

철학적 인간학은 다시 형이상학에 의존한다. 형이상학적 유물론은 인간학적 물질주의를 필연적으로 수반한다. 왜냐하면 '존재'가 영을 배제한다면, '인간' 존재 역시 영을 배제해야 하고, 만일 인간 '존재'가 영을 배제한다면, 인간 '윤리' 역시 영을 배제해야 하기 때문이다. 형이상학적 비유물론도 인간학적 및 윤리적 비유물론을 필연적으로 요청하며, 두 가지 실체 이원론과 질료형상론(물질-형상의 통합)도 마찬가지로 그렇다.

윤리를 생각할 때, 보통 먼저 도덕적 법칙이나 규칙, 계명 그리고 그런 규칙들을 따르는 품성으로서의 도덕적 덕과 그것을 따르지 않는 악덕을 떠올리게 된다. 규칙 없는 도덕은 거의 상상할 수 없다는 것이 사실이지만, 규칙보다 더 깊은 도덕의 다른 차원들도 존재한다.

C.S. 루이스는 도덕성의 세 가지 차원에 대해 기억에 남을 만한 표상을 제공한다.[1)] 한 무리의 함대를 생각해 보자. 이 배들의 항해 명령, 곧 행동 규칙에는 세 가지가 반드시 포함되어야 한다. 첫째, 함대가 어떻게 함께 유지되고 서로 충돌하거나 방해하지 않도록 협력해야 하는지를 알려야 한다. 둘째, 각 개별 배가

---

1) C.S. Lewis, *Mere Christianity*, "The Three Parcs of Morality" is the first section of book 3.

어떻게 항해하고 어떻게 잘 정돈되어 있어야 하는지를 알려야 한다. 좋은 선장이나 항해사가 없는 개별 배는 다른 배와 함대에 도움이 되기보다는 해가 될 것이다. 셋째, 무엇보다 가장 중요한 이 세 번째 물음은 함대의 임무가 무엇인가 하는 것이다. 해전에서 싸워야 하는가, 해안 폭격을 해야 하는가, 승객을 실어 나르는가, 화물을 운반하는 것인가, 아니면 여행을 하는 유람선인가?

이 세 가지 질문을 윤리의 세 가지 차원이라고 부를 수 있다. 이 세 가지 질문은 생각에서 분리될 수는 있지만, 현실에서는 분리될 수 없는, 마치 공간의 세 가지 차원과 같다.

첫 번째 차원은 사회 윤리를 상징한다. 서로를 어떻게 대할 것인가에 대한 것이다. 두 번째 차원은 개인 윤리를 상징한다. 도덕적 성격, 미덕과 악덕에 대한 것이다. 좋은 사람이 아니라면, 다른 사람에게 좋은 일을 하지 않을 것이다. 세 번째 차원이 가장 중요한데, 그것은 삶의 의미와 목적, 그리고 궁극(end)에 대한 것으로, 다른 모든 선은 그 목적을 위한 수단이 된다.

첫 번째 차원은 타인과의 관계에 대한 것이고, 두 번째는 자신과 양심에 대한 것이다. 토마스 머튼이 말했듯이, "우리가 다른 사람들과 평화롭지 못한 이유는, 우리 자신과 평화롭지 않기 때문이며, 우리 자신과 평화롭지 않은 이유는 하느님과 평화롭지 않기 때문이다."

그러나 이 가장 중요한 물음은 전형적인 현대인들에게는 가장 많이 무시되거나 소홀히 취급되어 부정된다. 그들은 세 가지 질문 중에서 가장 파생적이고 의존적인 사회 윤리에만 거의 전적으로 집중한다. 하지만 좋은 구성원이 없는 좋은 사회는 있을 수 없다. 설령 나쁜 제도와 법률, 정치가 있더라도, 좋은 개인들로 이루어진 사회는 그 제도와 법률, 정치를 개선할 방법을 찾겠지만, 나쁜 사람들로 이루어진 사회는 좋은 제도와 법률, 정치를 갖추고 있더라도, 결국 그 제도와 법률, 정치를 부패하게 만들 것이다. 사회 윤리는 필수적이지만, 이는 더 깊은 두 가지 윤리의 차원에 의존한다. 사람들이 서로를 공적으로 어떻게 대하는지 감각적으로 관찰할 수 있지만, 개인의 도덕성은 그 자체로는 보이지 않으며, 삶의 의미(이 함대와 각각의 배들의 임무)도 지도나 법률 및 제도의 목록에서는 보이지 않는다.

현대 사상가들이 이러한 세 가지 도덕적 차원의 중요성에 대한 위계를 뒤집는 명백한 이유는, 종교가 세 번째이자 가장 중요한 질문에 답한다고 주장하기 때문이다. 현대인의 사고는 종교에 대한 점점 더 커져 가는 두려움, 무관심, 또는 적대감으로 정의된다. 이는 지난 500년 동안 서구 문명 역사의 명백한 주요 주제이다.

이 장의 첫 번째 요점, 곧 도덕적 지식이 종교적 신앙에 의존하지 않는다는 것과 마지막 요점, 곧 종교가 가장 중요한 윤리적 물음에 답을 제시한다고 주장하는 것 간에는 모순이 없다. 마찬가지로 노예제, 낙태, 간통이 잘못되었다는 사실이 종교적 신앙에 의존하지 않고 자연적 이성에 의해 명백하다는 점과, 종교가 이러한 것들이 잘못되었다고 선언하면서 이 가르침을 강화한다는 사실 사이에도 모순이 없다.

54 가장 중요한 윤리적 덕은 무엇인가?

덕은 간단히 말해서 좋은 품성이며, 악덕은 나쁜 품성이다. 품성은 반복을 통해서 길러지는 행동 방식이다.[1] 그것은 우리의 성격이나 도덕적 인격을 드러낸다. 도덕적 성격은 도덕적 품성의 총합이다. 이전 장에서 윤리의 두 번째 차원이라고 불렀던 것의 본질은 도덕적 덕이다.

도덕적 덕만이 덕의 전부는 아니다. 좋은 기억력, 논리적 질서, 본능적으로 지혜로운 판단력 같은 지성적인 덕들도 있다. 또

[1] 〔편집자 주〕 이 장에서 '품성'은 매우 중요한 용어이다. 저자는 아리스토텔레스의 윤리학을 따른다. 아리스토텔레스는 덕을 '탁월함'(arete)으로 정의하고, 이를 또다시 사유나 탐구와 같은 정신 활동으로서 지성적 덕과 이성의 실천적 활동으로서 품성적 덕, 둘로 구분했다. 그는 반복과 습관을 통해 형성되는 덕을 '품성'으로 보았는데, 저자가 이 장에서 사용하는 habits이 바로 이에 해당한다. habit이 단수로 쓰이면 주로 '습관'으로 번역되지만, 어원적으로 거주하다는 뜻의 프랑스어 동사 habiter에서 왔다는 점에서, 습관은 단순히 일회적이 아니라 지속적으로 거주하는 것이어야 하고, 이런 맥락에서 복수로 쓰면 '품성'으로 번역할 수 있다. 이 장에서 저자가 말하고자 하는 '품성'이란, 습관처럼 반복되고 길러진 행동 방식이 그 사람에게 반드시 '지속적'이고 '꾸준하게' 나타나야 하는 성품이다.

한 창의력이나 기술 같은 예술적 덕도 있다. 그리고 능력이나 효율성 같은 실용적이고 기술적인 덕들도 있다. 인내심이나 지혜 같은 덕은 이러한 범주 중 하나 이상의 범주에 속할 수도 있다.

신중함(또는 실천적 지혜), 용기(또는 강인함), 절제(또는 자제력), 정의(또는 공정)라는 네 가지 주요 덕으로 구분하는 전통은[2] 널리 퍼져 있으며, 이는 (플라톤, 아리스토텔레스, 구약성경의 후기 지혜 문학 등) 여러 출처에서 기인한다. 이 덕들은 '주요한'(cardinal) 덕이라 불리는데, 이는 라틴어에서 "경첩"을 의미하는 용어에서 유래되었다. 다른 모든 덕은 이 네 가지 덕에 달려 있고, 이를 중심으로 돌아가며, 이 덕들에 의존한다는 의미이다. 이 네 가지 덕은 도덕적 성품을 갖추는 데 필수적이지만 충분하지는 않다.

정의는 공정함을 의미하지만 반드시 평등을 의미하지는 않는다. 정의는 각자에게 마땅한 것을 주는 것이다. A학생에게는 A를, C학생에게는 C를, 동등한 가치를 지닌 것은 동등하게 대하고, 동등하지 않은 것은 동등하지 않게 대하는 것을 의미한다. 이는 현실에 대한 올바른 반응의 원칙을 따른다. 인간 이하의 것은 단지 사물로 사용되어야 하고, 사람처럼 사랑하거나 하느님처럼 숭배해서는 안 된다. 사람들은 사랑하고 존중해야지, 사용하거나 숭배해서는 안 된다. 하느님은 경배의 대상이지 동등하게 대하거나 종처럼 이용해서는 안 된다.

종교는 믿음, 희망, 사랑(이타적인 실천적 사랑)이라는 세 가지 '신학적' 덕을 추가한다. 이 덕들은 모두 하느님(theos)을 향하고

---

2) 〔편집자 주〕 가톨릭교회는 모든 윤리적 행위에 기본이 되는 네 가지 덕이 인간 삶의 중추적 구실을 한다고 하여 '사추덕'(四樞德)이라고 부른다(『가톨릭 교회 교리서』 제1805항). 지덕(智德)·의덕(義德)·용덕(勇德)·절덕(節德)이 그것이다.

있으며, 하느님의 은총과 선물로 주어진다.

신앙은 단순한 믿음이나 의견을 넘어서며, 인격적인 신뢰이다. 그 궁극적인 대상은 하느님이며, 그 즉각적인 대상은 하느님이 계시한 모든 진리이다.

희망은 낙관적인 감정을 넘어선다. 희망은 하느님이 약속한 미래에 대한 믿음이다.

사랑 또한 단순한 감정이 아니라, 상대방의 선을 바라는 의지이다.[3)]

모든 덕에는 항상 두 가지의 반대되는 악덕이 존재한다. 예를 들어 용기는 무모함과 비겁함이라는 두 악덕에 대한 대안이고, 사랑은 우상숭배와 무관심에 대한 대안이다. 희망은 절망과 자만에 대한 대안이고, 믿음은 순진함과 냉소주의에 대한 대안이다. 또한 겸손은 교만과 자기혐오에 대한 대안이다.

모든 덕은 반복적인 실천을 통해 품성으로 길러지며, 이러한 품성은 구체적인 선택을 통해 실천하는 행위로 실현된다. 이러한 구체적인 선택 과정은 단순히 마음이나 감정이 아니라, 의지에 의해 이루어진다. 마음이나 감정은 덕을 실천하는 데 도움을 줄 수도 있고 방해가 될 수도 있다.

모든 덕의 전제가 되는 덕은 정직, 또는 진실에 대한 의지이다. 정직은 타인에게만 국한되지 않고(진실을 말하는 것), 자신에게도 향하며(자신에게 진실을 말하고 듣는 것), 하느님에게로도 향한다(하느님에게 진실을 말하고 하느님으로부터 진실을 듣는 것). 정직은 모든 곳에서 진실을 찾고 진실을 소중하게 여긴다. 이러한 진실은 빛과

3) Saint Thomas Aquinas, *Summa Theologica* I-II, q. 26, a. 4.

같다. 만일 빛이 없다면, 가장 위대한 화가도 가장 쉬운 그림조차 그릴 수 없고, 가장 뛰어난 외과 의사도 가장 쉬운 수술조차 할 수 없을 것이다. 거의 모든 문화에서 인정받는 다른 중요한 도덕적 덕은 감사, 용서, 겸손, 공감, 충실, 친절, 존중(또는 경외), 그리고 자비이다. 이 덕들은 감정적 차원을 지니지만, 그 본질은 의지적이다. 우리는 이를 원할 수도 있고 원하지 않을 수도 있다.

이 덕들은 행위가 아니라 품성이다. 이 덕들은 그 자체로는 모두 좋지만, 도덕성의 전부는 아니며, 상황에 따라 다양한 방식으로 적극적으로 적용되어야 한다. 이것이 바로 신중함이나 실천적 지혜의 역할이다. 예를 들어, 정직은 중요한 덕이지만, 줄리엣이 로미오에게 "내가 너무 뚱뚱해?"라고 물었을 때, 로미오가 "그래"라고 대답하거나, 네덜란드인이 나치에게 유다인을 숨기고 있는 곳을 사실대로 말할 것을 요구하지는 않는다. 농구나 복싱에서 "헤드 페이크"는 거짓이 아니다. 정의와 자비는 항상 우리에게 요구되지만, 정의는 교사가 학생이 불합격한 기말 시험에 대해 재시험을 요청할 때 항상 "아니"라고 대답해야 한다고 요구하지 않으며, 자비 또한 교사가 항상 "그래"라고 대답해야 한다고 요구하지 않는다.

55 도덕성은 객관적이고 발견되는 것인가, 아니면 주관적이고 고안되는 것인가?

도덕성이 객관적이고 발견되는 것인지, 주관적이고 지어내는 것인지에 대한 물음은 일반적으로 현대 서구 문화와 세계 역사상의 모든 문화를 구별하는 가장 중요한 물음이다. 모든 문화는 자연 도덕 법칙의 어떤 형태를 지니고 있다. 예를 들어, 그리스의 로고스, 중국의 도, 힌두교의 리타 등이 그것이다. 이는 객관적으로 실재하는 도덕 질서나 도덕적 가치, 도덕적 진리를 나타낸다.

이러한 개념, 곧 우리가 무엇이 되어야 하고 무엇을 해야 하는지에 대해 객관적으로 실재하고 절대적으로 구속력이 있으며 보편적으로 알려진 본성적인 법칙을 자연법(또는 중력이나 상대성 이론과 같은 자연 물리 법칙과 구별하기 위해 자연 도덕 법칙이라고 한다)이라고 부른다. 이 법칙을 '자연적'이라고 부르는 이유는 두 가지이다. 첫째, 이는 본성, 즉각적인 도덕적 직관, 양심에 의해 알려지기 때문이다. 양심은 '알고 있는 것'이지 감정이 아니다. 양심은 계산적이라기보다 직관적이다. 양심은 발전하고 정보를 얻고 성숙해야 하지만, 우리의 언어 능력만큼이나 타고난 것이다. 둘째, 물리 법칙이 사실적으로 자연이 무엇을 하는지를 알려 주는 것과는 달리, 자연법은 우리가 무엇을 해야 하는지를 알려 주기 때문이다. 그러나 이는 인간 본성, 곧 인간 본성의 객관적인 사실과 실제적 필요를 기반으로 하고 있다. 살인은 우리에게 생명이 필요하기 때문에 잘못된 것이고, 거짓말은 우리에게 진실이 필요하기 때문에 잘못된 것이며, 강도는 우리에게 재산이 필요하기 때문에 잘못된 것이다.

인류 역사상 처음으로, 오늘날 우리의 문화에서 대다수의 "지식인들"이 자연법에 대한 믿음을 부정하고 있으며, 따라서 공식적으로든 비공식적으로든 그들이 가르치는 사람들 또한 점점 더 그렇게 되고 있다. 현대의 입장은 도덕적 주관주의(법의 객관적 실재를 부정함) 또는 도덕적 상대주의(도덕이 절대적으로 의무적이라는 것을 부정함) 또는 도덕적 회의주의(이 법이 양심에 의해 확실히 알려진다는 것을 부정함)라고 불린다. 현대의 입장은 도덕 법칙이 우리의 의지에 의해 "설정된" 인간의 발명품이라고 주장하며(그래서 이를 도덕적 실증주의라고 부른다), 우리의 도덕적 지성이나 양심에 의해 발견된 것이 아니라고 한다. 이들은 도덕이, 과학이라기보다는 예술에 가깝고, 우리가 발견하는 진리라기보다는 우리가 만들어 낸 게임이나 기계와 같다고 주장한다.

현대의 입장에서 가장 흔한 주장은 개인과 사회가 도덕법에 대해 다른 입장을 지니며, 그들 사이에서 끝없이 논쟁한다는 것이다. 도덕은 수학과 같지 않다. 우리는 모두 2+2=4라는 사실을 알고 동의하지만, 사형이나 낙태, 혼외 성관계가 악한지 또는 선한지에 대해서는 동의하지 않는다.

그러나 이러한 도덕적 논쟁이 있다는 사실 자체가 도덕적 주관주의의 반대쪽 입장을 증명한다. 우리는 주관적인 감정, 환상, 꿈에 대해서는 논쟁하지 않는다. 내가 아프다고 말하면, 당신은 내가 아프지 않고 건강하다면서 논쟁하려 들지 않는다. 우리는 개인적으로 어떻게 느끼는가가 아니라, 실제로 무엇이 진리인지에 대해서 논쟁하는 것이다.

또한 상대주의자 논증의 전제, 곧 서로 다른 개인과 사회가 서로 다른 도덕적 가치를 가지고 있다는 주장도 간단히 말해서 진실이 아니다. 서로 다른 개인과 사회는 일반적인 도덕 원칙의 구체적인 적용에 있어서는 확실히 다르지만, 근본적인 원칙 자체에 대해서는 다르지 않다. 사실, 도덕 원칙을 어떻게 적용할 것인가에 대한 모든 의견 차이의 배후에는 항상 그 원칙에 대한 동의가 있어야 한다. 그리고 '원칙'에 대한 의견의 차이조차도 더 근본적인 원칙에 대한 동의를 전제로 한다. 예를 들어, 사형제도를 반대하는 사람들과 찬성하는 사람들 모두 인간의 생명이 위대한 선이라는 원칙에는 동의한다. 심지어 니체와 같은 급진주의자들도 "선과 악을 넘어서" 가기를 원하며, 우리가 그렇게 하는 것이 그렇게 하지 않은 것보다 '더 낫다'라고 주장한다. 이는 결국 선의 기준 자체를 전제하는 것이며, 단지 그 선의 구체적인 내용에 대해서 다르게 생각할 뿐이다.

이러한 동의는 "선을 행하고 악을 행하지 말라."는 가장 일반적인 원칙을 넘어서, 도덕적 선과 악이 무엇을 의미하는지에 대한 구체적인 내용에까지 확장된다. 이기심, 정직하지 않음, 불의함, 잔혹함, 어리석음, 살인, 절도, 간음을 '선'으로 여기고, 이

타심, 정직, 정의, 친절, 지혜, 그리고 생명, 재산, 성에 대한 존중을 악이라고 가르치는 사회는 존재한 적이 없다. 의견 차이는 이러한 원칙들을 어떻게 적용할 것인지 또는 어느 것을 가장 강조할 것인지에 대한 문제에 불과하다.

우리가 도덕법이 금지하는 것을 하고 싶어질 때(예를 들어 도둑질, 거짓말, 간음, 무례, 살인), 도덕적 주관주의의 기원과 매력을 발견하게 된다. 하지만 우리가 똑같은 일을 당했을 때는 단순히 동물처럼 싸우는 것이 아니라, 그것이 불공평하고 부당하다고 불평하며 논쟁을 벌인다. 대기 줄에서 자신이 새치기하는 것은 합리화하고 정당화하려고 할 수도 있지만, 반대로 누군가에게 자신의 자리를 빼앗겼을 때는, 마치 보편적이고 객관적인 도덕성을 믿는 것처럼 행동하고, 상대방이 그것을 알고 따르기를 기대하는 것처럼 행동한다.

영적인 길과 그 목적지도 물리적인 길만큼이나 참이거나 거짓이다. 물리적 세계에서 반대 방향의 길들은 같은 목적지로 이어지지 않는다. 당신이 아무리 진심으로 믿고, 아무리 열심히 최선을 다해 노력하더라도 시카고에서 동쪽으로 걸어간다고 해서 태평양에 도달할 수는 없다. 논리적 사고의 세계에서도 반대되는 전제들은 같은 결론을 이끌어 내지 않는다. 수학의 세계에서도 방정식의 다른 해답들이 모두 똑같이 참이 될 수 없다. 그리고 우리는 도덕의 세계에서도 같은 것을 경험한다. 서로 다른 영혼의 길은 서로 다른 영혼의 목적지로 이끈다. 도덕적 선은 행복과 평온한 양심으로 이끌고, 도덕적 악은 불행으로, 적어도 마음 깊은 곳에서 장기적으로 불행과 죄책감을 초래한다. 이러한 죄책감이 억압되었든 그렇지 않든 말이다. 어떤 것이 억압되기 전에, 그것은 먼저 영혼 속에 존재해야 한다.

객관적이고 절대적이며 보편적인 도덕성에 대한 전통적 관념은 단순한 이론이나 철학이 아니다. 우리는 실제로도 도덕적 의무와 도덕적 책임을 경험한다. 우리는 이 경험을 억누를 수 있지만, 완전히 억누를 수는 없으며, 그것은 항상 억누를 수 있는 상태로 남아 있다(도스토옙스키의 『죄와 벌』을 읽어 보라). 우리의 양심으로 도덕법에 부딪히는 것처럼, 우리의 몸으로 물리적 법칙에 부딪히며, 우리의 정신으로 논리적 법칙에 부딪힌다. 아무리 노력해도 모서리가 있는 원이나, 짝수만 더해서 홀수를 만들 수는 없다. 우리에게 맞서 저항하는 무언가가 물리적 세계 너머에 있다. 진리와 선은 우주의 물질처럼 우리의 발명품이 아니다. 도덕의 기원에 대한 대안 이론들은 우리가 생각할 때 영리하고 설득력이 있을 수 있지만, 모든 이론과 가설의 기준은 경험의 자료가 되어야 한다.

56 천부적이고 양도할 수 없는 권리가 있는가?

도덕적 권리와 도덕적 의무는 상호 연관되어 있다. 나는 당신의 권리를 존중할 의무가 있으며, 당신도 나의 권리를 존중할 의무가 있다. 권리가 없다면 의무도 없고, 의무가 없다면 권리도 없다.

권리는 자유이며, 의무는 책임이다. 아우슈비츠 생존자이자 『죽음의 수용소』의 저자인 빅터 프랭클은 뉴욕의 자유의 여신상이 샌프란시스코의 책임의 여신상[1]과 균형을 이루어야 한다고 말했다.

권리가 의지에 의해 부여된다면, 그 권리는 의지에 의해 철

[1] 〔옮긴이 주〕 샌프란시스코의 "책임의 여신상"은 실제로 존재하지 않는 조각상이다. 이 개념은 빅터 프랭클(Viktor Frankl)이 도덕적 균형에 대한 상징으로 제안한 아이디어이다. 그는 사람들이 자유와 권리만을 강조하는 것에 대해, 이에 상응하는 책임과 의무를 잊지 말아야 한다고 주장했다. 사실, 프랭클의 이 발언은 철학적 또는 상징적인 의미로 받아들여졌지만, 실제로 이 발언에 영향을 받은 사람들이 1990년대부터 실제로 "책임의 여신상"을 세우기 위한 노력을 했다. 그 결과 미국 내에서 몇 차례 프로젝트가 진행되었다.

회될 수 있을 것이다. 예를 들어, 반역자의 투표권이나 술 취한 사람의 운전권이 그럴 것이다. 그러나 어떤 권리가 인간성 또는 인격의 본질에 내재되어 있다면, 그것들은 취소될 수 없고 양도할 수 없는 것이다. 국가가 우리에게 부여한 권리는 그것이 무엇이든 국가가 제거할 수 있지만, 국가가 우리에게 부여하지 않은, 양도할 수 없는 내재된 권리는 국가가 제거할 수 없다. 미국의 독립 선언서는 "모든 인간은 평등하게 창조되었으며" 이러한 평등하고 양도할 수 없는 권리는 국가가 아닌 "자연과 자연의 하느님"에 의해 부여되었다고 명시하는 것으로 시작한다.

"자연과 자연의 하느님"(원인)과 자연권(결과) 간의 객관적으로 실제적인 인과관계는 이 두 가지에 대한 '우리의 주관적 지식' 사이의 인과관계와 동일하지 않다. 지문에 대한 우리의 지식이 지문을 남긴 범죄자에 대한 지식을 유발할 수 있듯이, 실제 결과에 대한 지식은 실제 원인에 대한 지식을 일으킬 수 있다. 그러나 이러한 심리적 인과관계가 항상 객관적으로 실재하는 인과관계처럼 작용하는 것은 아니다. 우리는 원인을 몰라도 결과를 알 수 있다. 그리고 결과를 알지 못하면서도 원인을 알 수 있다. 다시 말해서, 자연권과 하느님은 존재론적으로는 반드시 서로를 암시하지만, 심리적으로는 그렇지 않다.

그러나 그 심리적 인과관계는 종종 '작용'한다. 우리는 창조주이자 설계자인 하느님을 전제로 자연권을 주장함으로써, 위에서 아래로, 곧 원인에서 결과로 논증할 수 있다. 반대로 아래에서 위로, 결과에서 원인으로 소급할 수도 있다. 즉, 도덕법과 그분이 부여한 자연권의 존재로부터 도덕법의 제정자로서 하느님의 존재를 논증할 수도 있는 것이다.

그러나 이 두 가지 논증은 심리적으로 똑같이 강력한 것은 아니다. 만일 당신이 하느님을 믿는다면, 당신이 믿는 하느님이 비도덕적이지 않는 한, 당신은 거의 확실히 자연권을 믿을 것이다. 그러나 자연권을 믿는다고 해서, 반드시 하느님을 믿는 것은 아니다. 마찬가지로 만일 하느님을 믿는다면, 객관적 진리와 과학의 객관성을 믿게 되겠지만, 하느님을 믿지 않고도 객관적 진리와 과학을 믿는 사람도 있을 수 있다. 따라서 자연법과 자연권에 대한 믿음은 하느님이 있는 경우에는 신성할 수 있지만, 하느님이 없는 경우에는 세속적일 수 있다. 왜냐하면 무신론자와 불가지론자도 이성과 양심을 모두 가지고 있기 때문이다.

그렇기 때문에 자연법과 자연권에 대한 호소는, 지금까지 주장해 왔던 것처럼, 종교에 의존하지 않고도 보편적일 수 있다. 모든 인간이 초자연적인 신앙을 가지고 있는 것은 아니지만, 자연적인 이성을 가지고 있기 때문이다. 그렇기 때문에 오늘날 자연적 이성과 자연법의 위기는 종교적 신앙의 위기보다 시민 사회에 더 근본적이고 치명적이다. 이는 또한 도덕적 절대주의자[2]인 무신론자가 무신론적 상대주의자보다 가톨릭의 도덕적 절대주의자와 더 가까운 이유이기도 하다. 카뮈는 사르트르보다 테레사 수녀와 더 가깝다.

---

[2] 〔편집자 주〕 '도덕적 절대주의'(moral absolutism)는 어떤 행위에 대해서 도덕적으로 옳은지 그른지 판단할 때, 단일하고 보편적인 기준이 존재한다고 보는 사상이다. 이 사상은 행위를 하게 된 의지나 동기를 중요하게 여기며, 따라서 도덕 법칙이나 자연법, 선을 따르는 것을 인간의 의무로 본다. 반면에, '도덕적 상대주의'(moral relativism)도 있다. 이는 행위의 옳고 그름을 판단하는 기준이 상대적이기 때문에 사람이나 집단에 따라 그 기준이 다를 수 있다는 것을 의미한다. 도덕적 상대주의는 도덕적 절대주의에 비해 행위가 가져오는 결과에 주목한다. 즉, 공리주의처럼 좋은 결과를 가져오면 도덕적 행위로 간주하는 것이다. 그 외에 도덕적 행위에 대한 기준이 아예 존재하지 않는다고 보는 '도덕적 회의주의'(moral nihilism)도 있다. 저자는 59장에서 이 주제를 다시 다룬다.

미국 독립 선언문은 자연권의 존재를 선언할 뿐만 아니라, 원래 버전에서는 “이러한 권리 중에는 생명, 자유, 재산이 포함된다”라고 하면서 세 가지 주요 예를 나열했다. 후에 “재산”은 “행복 추구”로 변경되었다. 우리는 “행복에 대한 권리”(이 제목의 C.S. 루이스의 글을 참조할 것)는 없지만, 도덕적으로 허용된 수단을 통해 행복을 추구할 권리는 있다.

생명, 자유, 재산은 특정한 순서에 따라 존재하는 세 가지 자연권이다. 재산을 소유하는 것은 자유에 의존하며, 이는 다른 사람의 재산이 아닌 경우에만 가능하다. 그리고 자유는 생명에 의존하는데, 죽는 자에게는 자유가 없기 때문이다. 미국은 두 번째 권리인 자유를 둘러싸고 남북전쟁을 치렀다. 자유는 자연적이고 양도할 수 없는 보편적인 권리인가, 아니면 백인에게만 해당되는 권리인가? 서구는 세 번째 권리인 사유재산권을 부정하는 공산주의와 냉전을 치렀다. 현재 미국은 가장 근본적인 권리인 생명권을 둘러싸고 전쟁을 벌이고 있다. 이 권리는 ‘모든’ 인간에게 적용되는 것인가, 아니면 오늘날 지구상에서 가장 치명적인 장소인 어머니의 자궁에서 살아남은 운 좋은 사람들에게만 해당되는 것인가?

인간이 존재하기 시작하는 것은 종교적 믿음이 아니라 과학적 사실이다. 인간은 산부인과 의사의 가위가 탯줄을 자를 때 갑자기 존재하기 시작하는 것이 아니라, 수정될 때 생물학적으로나 유전적으로 구별되는 독립적인 새로운 개체가 존재하게 된다. 이 사실에서 논리적이고 필연적으로 수반되는 것은, 낙태가 사실상 살인(무고한 인간을 고의로 죽이는 것)이라는 점이다. 이는 주변의 다른 감정이나 요소가 어떤 것이든, 그것이 얼마나 심각하든 상관

없이 그러하다. 모든 (무고하고 생명에 위협이 되지 않는) 인간이 생명권을 가진다면, 태아도 생명권을 가진다는 논리적인 결론이 나온다. 이 문제에 대해 다른 어떤 견해를 덧붙이더라도, 그것이 삭제될 수 없다는 사실은 마땅하고 옳은 일이다.

타인의 권리를 존중하는 것은 때때로 매우 불편할 수 있으며, 사실 때로는 영웅적인 희생을 요구하기도 한다. 하지만 권리는 의무를 부과하며, 의무는 이상이나 가치와 달리, 희생이 필요한 경우에도 이를 회피할 수 있는 선택을 할 수 없다. 그렇다고 의무를 넘어서는 영웅적인 행위를 해야 할 의무는 없다. 우리는 단지 그런 행위를 '권유'받을 뿐이다. 그러나 우리는 의무를 수행하도록 '요구'받으며, 여기에는 다른 사람의 고유한 권리를 존중하는 것도 포함된다. 이는 다른 모든 권리의 전제이자 토대가 되는 생명권으로 시작된다. 이를 부정하면, 도덕 전체가 무너질 수 있다. 일단 그렇게 되면, 개인이나 문화에 있어서 모든 삶이 무너진다.

이 모든 도덕적 문제, 특히 매우 논란이 많은 쟁점에 관하여, 객관적 진리에 대한 물음, 곧 행위의 객관적 옳음이나 그름에 대한 물음과 행위자의 주관적 죄책감과 책임의 정도에 대한 물음을 구분하는 것이 매우 중요하다. 첫 번째 물음은 흑백 논리, 곧 양자택일의 문제이며, 두 번째 물음은 그렇지 않다. 그리고 실제로 두 번째 물음을 잊어버리면 첫 번째 물음에 대해 "상대방"을 설득하는 데 실패할 수밖에 없다. 우리는 항상 "사랑으로 진리를 말"(에페 4,15)해야 한다. 진리와 사랑은 우리에게 두 가지 절대적인 원칙이다. 이 두 가지는 바로 하느님이 누구인지 나타내기 때문이다. 우리의 증언에서 진리와 사랑의 결합은 매우 풍부한 결실을 맺지만, 서로 갈라서면 열매를 맺지 못한다. 진리 없는 사랑은 환상이며, 사랑 없는 진리는 적이다.

57 각각의 인격은 본질적인 목적인가?

윤리는 근본적으로 선과 악에 관한 것이다. 선은 수단과 목적이라는 두 가지 종류가 있다. 수단은 다른 것을 위해 선한 것이고, 목적은 그 자체로 선한 것이다. 예를 들어 행복은 목적이며, 야구는 많은 사람들에게 행복을 주기 때문에 그 목적을 위한 수단이다. 어떤 선은 수단이자 목적이기도 하다. 예를 들어, 건강은 의학과 수술의 목적이면서도, 스포츠나 일과 같은 많은 다른 목적을 위한 수단이기도 하다.

선은 또한 존재론적 선과 도덕적 선으로 나눌 수 있다. 존재론적 선은 "있음"이고 도덕적 선은 "해야 함"이다. 모든 존재는 존재론적으로 선하지만, 인간의 행위는 일부만이 도덕적으로 선하다. 심지어 도덕적 악도 존재론적 선에 의존한다. 무고한 사람을 참수하는 도덕적 악을 수행하려고 해도 존재론적으로 좋은 도끼를 쓰는 것이 필요하다는 뜻이다.

존재론적 선과 도덕적 선은 모두 수단과 목적으로 나눌 수 있다. 존재론적으로 선한 모든 것은 궁극적으로 사람과 그들의 완성(육체적 완성인 건강, 감정적 완성인 행복, 도덕적 완성인 성화)을 위한 수단으로 올바르게 사용되어야 한다. 그렇기 때문에 우리는 사물을 목적으로, 사람을 수단으로 사랑해서는 안 되고, 그와 반대로 사물을 수단으로, 사람을 목적으로 사랑해야 한다.

칸트는 이 "인격주의" 원칙을 정립했다. 그에 의하면 모든 사람(곧 이성적 존재, 이성과 자유의지를 지닌 존재)은 목적이다. 따라서 사람은 다른 목적을 위한 단순한 수단으로 이용되어서는 안 되며, 목적으로 존중받아야 한다.

이는 칸트가 단일하고 가장 근본적인 도덕 법칙 또는 "정언명령"이라고 부른 것의 두 번째 정식이다. 그는 이것을 자신의 첫 번째 정식의 전제에서 도출했는데, 그것은 당신이 다른 모든 사람들도 지키기를 바라는 격률[1](실천 원칙)대로 항상 행위하라는 것이다. 이에 대한 예수의 버전은 종종 '황금률'(Golden Rule)이라고 불리며, "남이 너희에게 해 주기를 바라는 그대로 너희도 남에게 해 주어라"(마태 7,12)는 것이다. 다시 말해서 당신의 이웃을 당신 자신처럼 사랑하라는 뜻이다. 이 원칙에 대한 공자의 버전은 흔히 '은률'(Silver Rule)이라고 불리며, "네가 원하지 않는 일을 남에게 하지 말라"는 것이다.

인격주의 원칙은 황금률로부터 논리적으로 도출된다. 우리는 모두 목적 그 자체로서 가치 있는 존재로 대우받기를 원하며,

---

[1] 〔편집자 주〕 '격률'(maxim)은 칸트의 용어로서, 인간의 의지(이성)가 행위를 실천하도록 판단하는 기준은 항상 누구에게나 통용될 수 있는 보편적 원리에 근거해야 한다는 도덕 법칙이다. 인간은 언제나 이 '격률'이라고 하는, 도덕적 보편 원리에 합당하게 행위 해야 한다는 의미다.

단지 다른 목적을 위한 수단으로만 이용되기를 원하지 않기 때문이다. 그리고 이러한 점은 형이상학('존재'하는 것에 관한 것)과 인간학('우리'인 것에 관한 것)에 의존한다. 우리가 사람들을 본질적으로 가치 있는 목적으로 대해야 하는 이유가, 그들이 실제로 자신의 존재에서, 자신의 본질에서, 자신의 본성에서 '있는 그대로' 있기 때문이다. 따라서 두 원칙은 '실재에 대한 올바른 반응'(Right Response to Reality)[2)]이라는 3R 원칙에 의존한다. 전통적인 형이상학에 대해 회의적이었던 칸트조차도, 사람들이 해야 할 도리에 대한 인격주의 원칙을 실제로 인간이 무엇인지에 대한 형이상학적 전제에 근거해서 제시했다.

모든 도덕적 악은 이 원칙에 위배된다. 따라서 이 원칙은 모든 도덕적 악을 식별하지만, 그렇다고 모든 도덕적 선을 식별하는 것은 아니다. 왜냐하면, 어떤 도덕적 선은 모든 사람에게 해당하는 것이 아니라 특정 사람들에게만 해당하는 선이기 때문이다(예를 들어, 군인과 민간인, 기혼자와 미혼자, 성인과 어린이, 성직자와 평신도, 병자와 건강한 사람의 의무가 다를 수 있다).

---

2) 〔편집자 주〕 'Right Response to Reality'(3R)는 현실에서의 현상이나 실재에 대해 인간이 보이는 반응과 태도를 의미하는 철학적 또는 윤리적 개념이다. 인간은 자기 행동을 진리와 선함에 따라 사고하고 판단하며 그것에 기반하여 어떤 행위를 할 것인지 선택함으로써, 자기 삶과 사회를 더 나은 방향으로 개선하려고 한다는 것이다. 이러한 인간의 '실재에 대한 올바른 반응'은 한 개인의 주관적이고 심리적인 감정이나 편견에 의한 것이 아니라, 모든 사람에게 적용될 수 있는 보편적이고 합리적인 도덕 원칙에 의한 것이다.

58 목적이 수단을 정당화하는가? (공리주의)

여론 조사에 따르면 미국에서 가장 인기 있는 도덕 이론으로 여겨지는 공리주의는 목적이 수단을 정당화할 수 있는지에 대한 물음에 '그렇다'라고 대답하는 반면, 전통적인 자연법 윤리는 '아니오'라고 대답한다.

실용주의는 종종 공리주의와 혼동되는 경우가 많지만, 실용주의는 인식론이고 공리주의는 윤리학이다. 실용주의는 실질적인 문제에 대해 과학적으로 사고하는 방법으로, 이론의 물음을 실천의 물음으로 전환하는 것이다. 예를 들어, 어떤 관념에 대해 '그것을 믿거나 그것에 따라 행위 하는 것이 삶에 어떤 차이를 가져오는가?'라는 물음을 던진다. 실용주의는 관념의 '진리'(혹은 보다 정확하게는 의미)를, 그것을 믿었을 때 발생하는 결과와 동일시하는 반면, 공리주의는 도덕적인 '선함'을 '행위'에서 나오는 결과와 동일시한다. 공리주의는 유일한 본질적 선은 행복이고, 행복은

(그것이 육체적이든 정신적이든) 쾌락과 같으며, 인간의 모든 행위는 단순히 그 결과의 질과 양에 따라 도덕적으로 판단되어야 한다고 말한다. 다시 말해서 그것이 "최대 다수의 최대 행복(쾌락)을 가져오는가?"라는 물음이다.

따라서 공리주의는 자연법, 자연권, 인격주의 원칙, 그리고 황금률을 부정한다. 이 네 가지는 모두 고대 플라톤적 의미에서 '정의'의 다양한 버전이다. 논리적으로 말하자면 99명의 식인종이 한 명의 비식인종을 죽이고 먹는 것에서 얻는 쾌락이 그 한 명의 비식인종이 죽고 먹히는 것에서 경험하는 고통보다 크다면, 그 행위는 공리주의 원칙에 따라 논리적이고 도덕적으로 정당화될 수 있다는 것이다. 다행히도 공리주의자들이 항상 논리적이지는 않다.

예수의 십자가 처형을 승인한 대사제 카야파는 공리주의자였다. 그는 만일 우리가 정의를 실천하여 이 무죄하지만 소란을 일으키는 이 자를 십자가에 못 박는 불의한 행위를 하지 않고 살려둔다면, 폭동이 일어날 가능성이 크고, 그렇게 되면 로마인들이 와서 수천 명의 무고한 사람들을 죽이며 질서를 다시 복원할 것이라고 추론했다. 그래서 한 명의 무고한 사람이 나라의 이익을 위해 죽는 것이 정의를 실현하는 것보다 더 낫다고 판단한 것이다. 공리주의자들에게 정의는 절대적인 것이 아니며, 오직 행복만이 절대적이다.

공리주의의 또 다른 명백한 문제는 (1) 황금률, 인격주의 원칙, 자연법 같은 기본적인 도덕 원칙을 부정하고, (2) 정의를 부정하는 것 외에도, (3) 도덕적 선택을, 불변하는 도덕법과 우리의 '현재' 행위를 근거하는 도덕적 본성에 대한 '확실한' 지식이 아니라, 우리 행위의 결과나 '미래'에 대한 '불확실'하고, 불완전한 지식에 의존하도록 만드는 것이다. 다시 말해서 공리주의는 우리 행위가 앞으로 어떤 결과를 가져올지 확실하게 알 수 있다는 것을 가정하면서 "신의 역할"을 하는 것이다. 물론 경험은 이러한 가정을 반박한다.

공리주의도 어느 정도 일리가 있기는 하다. 그것은 목적과 목표, 결과가 중요하다는 점이다. 도덕은 단순히 일련의 규칙에 맹목적으로 복종하는 것은 아니다. 모든 인간 행위의 도덕적 선악에 영향을 미치는 세 가지 요소 중 하나는 주변 상황이나 환경이며, 여기에는 미래 결과도 포함된다. (나머지 두 가지는 주관적 동기와 행위 자체의 객관적 본성으로, 이에 대해서는 다음 장에서 설명할 것이다.) 도덕적으로 선한 목적은 확실히 도덕적으로 선한 수단을 정당화한다. 이것이 "수단"(means)이 '의미'(mean)하는 것이다. 그러나 (굶주린 가난한 사람들에게 음식을 제공하는 것 같이) 도덕적으로 선한 목적조차도 (부자를 죽이는 것과 같이) 도덕적으로 악한 수단을 정당화할 수 없다.

공리주의는 거의 항상 도덕적 주관주의 및 상대주의와 함께 하며, 행위를 그 자체의 본성과 보편적 도덕법과의 일치 여부에 따라 판단하는 전통적인 자연법 윤리와 직접적으로 모순된다.

59 인간의 행위를 윤리적으로 선하거나 악하게 만드는 것은 무엇인가?

무엇이 인간 행위를 도덕적으로 선하거나 악하게 만드는지에 대한 물음에는 적어도 네 가지 다른 대답이 있다.

첫 번째는 단순히 행위자의 동기이다. 당신의 동기가 선하다면, 그것이 전부라는 것이다. 이는 도덕적 주관주의이다. 누구도 자신의 외과 의사, 재정 상담사, 또는 조종사가 이런 도덕 철학을 따르기를 원하지는 않을 것이다.

두 번째는 단순히 상황이다. 이것은 도덕적 상대주의이다. 왜냐하면 상황은 절대적이지 않고 상대적이기 때문이다. 또한 상황은 예측할 수 없고 끊임없이 변화하기 때문에, 이는 도덕적 회의주의이기도 하다.

세 번째는 단순히 행위 자체의 본성이며, 이는 이성에 의해 알려진 도덕법에 따라 규정된다. 이것이 유일한 요소라면, 이는 율법주의이자 합리주의이다.

네 번째는 전통적이며 상식적인 답변으로, 이 세 가지 요소 모두가 중요하다는 것이다. 따라서 앞의 세 가지 답은 모두 잘못된 것이며, 지나치게 단순화된 것이다.

여기서 예술에 대한 유비(analogy)가 통찰을 제공한다. 소설과 같은 예술 작품은 여러 차원을 지닌다. 줄거리, 등장인물, 배경, 주제, 스타일과 같은 것이다. 이 중 어느 하나라도 결함이 있다면, 그 작품은 좋은 소설이 되지 못할 것이다. 도덕 또한 마찬가지로, 세 가지 차원 모두에서 올바르지 않으면 안 된다. 그러니까 행위의 본성 자체의 객관적이고 절대적인 차원, 동기의 주관적이고 절대적인 차원, 그리고 상황이나 환경의 객관적이고 상대적인 차원에서 모두 올바르게 이루어져야 한다. (절대적으로 옳거나 그른 상황은 없지만, 절대적으로 옳거나 그른 동기는 존재한다. 예를 들어, 사랑이나 증오, 정의나 불의, 친절이나 잔인함이 그것이다.) 우리는 (1) 올바른 행위를 하되, (2) 올바른 이유(동기)로, (3) 올바른 방법(상황)으로 해야 한다.

선한 동기가 나쁜 행위를 정당화하지는 않으며, 좋은 행위 또한 나쁜 동기를 정당화하지 못한다. 우리는 심지어 좋은 행위와 좋은 동기를 가지고 있더라도 잘못된 상황에서 행할 수 있다. 예를 들어 전투 중에 다른 사람들을 행복하게 해 주기 위해 노래하고 춤추는 것, 또는 의학적으로 위험한 상황에서 배우자와 사랑을 나누는 경우가 그러하다.

도덕성에 대한 또 다른 유비는 신체의 장기에 대한 비유이다. 주요 장기나 기관 중 하나라도 고장나면 몸 전체가 망가진다. 모든 장기는 유기적으로 상호 연결되어 있기 때문에 그렇게 기능하고 협력해야 한다. 전체의 선함은 모든 부분의 선함에 의존하며, 각 부분은 전체와의 관계 안에서 선하다.

이것이 바로 예술과 의학이 도덕을 이론적으로 이해하는 데 있어 좋은 유비일 뿐만 아니라, 실제로 도덕을 삶 안에서 실천하는 데에도 좋은 훈련이 되는 이유이다. 이는 자연적으로 성장하는 유기체를 다루는 농업도 마찬가지이다. 자연과 예술의 질서는 도덕의 질서를 위한 조건이 된다.

60 덕은 인간을 행복하게 만드는가?

우리는 종종 무의식적으로 덕이 우리를 행복하게 만들지 않는다고 생각한다. 아마도 그 이유 중 일부는 '의무'와 '아이의 화장실 훈련'[1] 또는 '의무'(duty)와 '배설물'(doo-doo) 간의 무의식적인 단어 연상 때문일 것이다.

하지만 사실과 오랜 경험에 비추어 볼 때, 개인의 삶과 인류의 삶 모두에서 사실은 그 반대라는 것을 알 수 있다. 도덕적 성격과 행위는 실제로 우리를 더 행복하게 만들며, 반면에 비도덕성은 항상 깊은 내면에서, 그리고 결국에는 우리를 불행하게 만든다. 그것이 비록 표면적으로나 즉각적으로는 행복에 대한 갈망에 강렬한 매력을 느끼게 하고, 순간적인 만족감이나 짜릿함을

1) 〔편집자 주〕 이는 도덕적 의무에 대해서 인간이 느끼는 부정적 무의식을 의미한다. '의무'라는 말이 어린 시절 화장실이나 배변 훈련에 관한 불편하고 부정적인 경험을 떠올리게 한다는 것이다.

줄 수 있더라도 말이다.

이러한 점, 곧 도덕적 미덕이 우리를 행복하게 하고 도덕적 악덕이 우리를 불행하게 만든다는 것은 플라톤의 유명한 철학서인 『국가』의 핵심적인 내용이다. 이것은 우리가 어린 시절에 배운 단순한 교훈이지만, 때로는 가장 간단하고 근본적인 교훈이 가장 쉽게 잊히는 경우가 많다. 특히 그 교훈이 너무 단순해서 우리가 세련되고 성숙해지고 싶어 하는 욕구에 호소하지 못할 때는 더욱 그러하다. 〔하지만 우리 문화에서 '성숙한'(adult)이라는 표현은 '간음하는'(adulterous)이라는 의미를 완곡하게 표현한 것이다. 어떤 클럽, 영화, 책, 서점이 '성인용'(adult)으로 불리는지 주목해 보라.〕

도덕적 덕과 개인적 행복 간의 밀접한 인과관계는 쾌락주의와 공리주의처럼 오직 개인적 행복에만 초점을 맞춘 윤리 철학과, 스토아주의와 칸트주의처럼 오직 도덕적 의무와 복종에만 초점을 맞춘 윤리 철학이 불완전하고 비효율적인 이유이다.

일반적으로 "행복"으로 번역되는 두 그리스어 단어인 '에우다이모니아'(eudaimonia)와 '마카리오스'(makarios)는 '두 가지' 차원을 갖는다. (1) 주관적인 개인의 행복이나 만족, 그리고 (2) 객관적인 옳음이나 정의 또는 진리가 그것이다. 기쁨과 정의, 즐거움과 의무, 행복과 성화는 항상 함께 간다. 이는 깊은 내면에서 결국에는 항상 함께하며, 비참함과 장난, 고통과 죄, 불행과 불의도 마찬가지이다.

이것은 삶의 모든 영역에서 진리이다. 어떤 예술이나 과학을 성공적으로, 그리고 잘 수행할 때 오는 행복은 인내와 자기 수련을 통해 그 법칙과 요구를 따를 때만 얻어진다. 우리의 욕망은 동물과 같다. 아름답고 큰 잠재력을 가지고는 있지만 길들이고 훈련할 필요가 있다. 사랑으로 훈련되어 인간 가족의 일원이 된 개와 고양이는 야생에서 사는 개와 고양이보다 더 행복하다.

우리의 몸과 영혼의 관계에서, 그리고 영혼 내에서 열정과 이성의 관계에서도 같은 진리가 적용된다. 높은 것이 낮은 것을 억압하거나 경쟁하는 것이 아니라 오히려 완성한다. 창조주가 자신의 피조물을 완성하듯이, 하느님은 인간을 완성하고 은총은 본성을 완성한다.

61 양심은 무엇인가?

우리가 종종 행복, 직관, 사랑을 감정으로 축소하듯이, 양심도 감정으로 축소하는 경우가 많다. 그러나 행복은 단순히 주관적인 감정만이 아니다. 성공한 악한 폭군이 자신의 희생자들을 고문할 때 행복하다고 느낄 수는 있지만, 그가 진정으로 행복한 것이라고는 말할 수 없다.

직관은 단순한 감정이 아니라 보는 것, 곧 이해하는 것이다. 그것은 우리가 정의가 덕이라는 것을 "보거나" 또는 삼각형이 반드시 세 변을 가져야 한다는 것을 "볼" 때의 통찰이자 이해이다. 사랑은 감정이 아니며, 그것은 우리에게 명령된 것이다. 감정은 명령할 수 없다. 양심 또한 선과 악을 보는 것이지 단순한 감정이 아니다. 우리는 악한 행위에 대해 "좋은 느낌"을 가질 수 있다. 특히 그 일을 하기 전, 그리고 유혹을 받을 때 그러하다. 그러나 그러한 느낌은 잘못된 것이다. 도덕적으로뿐만 아니라 정신적으로도 잘못된 것이다. 감정은 옳을 수도 있고 그를 수도 있다. 타인의 고통에 대한 슬픔이나 기쁨, 추함에 대한 사랑이나 아름다움에 대한 사랑이 그러하다. 우리 문화에는 아름다움에 대해 긍정적인 알레르기[1]를 가진 강력한 예술 기관들이 있다. 그 점이 의심스럽다면 뉴욕 현대미술관에서 하루를 보내 보라. 하지만 그곳에 가기 전에 치명적인 무기는 소지하지 않도록 주의하길 바란다.

양심이 본질적으로 감정이 아니라 보는 것이라면, 양심은 무엇을 보는가? 세 가지를 본다. 첫째, 도덕적 차원의 전체적인 의미, 곧 선과 악의 도덕적 의미를 본다. 둘째, 도덕적 선이 의무적이며 도덕적으로 필연적이라는 것을 본다. 이는 심리적으로는 필연적이지 않다는 것을 의미한다(그렇기 때문에 우리는 자유의지를 지니거나 자유로운 선택을 한다). 셋째, 일반적으로 어떤 행위가 도덕적으로 선하고 어떤 행위가 악한지 본다. 말하자면 십계명의 어떤 형태를 보는 것이다.

그렇다면 이를 바탕으로, 우리의 정신은 인간 행위의 본성, 동기, 상황을 이해하고, 구체적인 특정 행위가 선한지 악한지 판단한다. 이는 신중함 또는 실천적 지혜에 의해 이루어진다.

우리가 도덕적으로 선한 행위를 해야 한다는 의무를 이해할 때, 우리의 이기적인 욕망은 종종 반대 방향으로 우리를 이끌 때가 많으며, 그럴 때 우리의 의지는 도덕적 이성과 양심을 따를지, 아니면 욕망을 따를지 선택해야 한다. 욕망은 때때로 이성과 일치할 수 있지만, 만일 항상 그랬다면, 즉 죄가 결코 재미있게 느껴지지 않았다면, 우리는 모두 성인(聖人)이 되었을 것이다.

---

1) 〔옮긴이 주〕 여기서 '아름다움에 대한 긍정적인 알레르기'(positively allergic to beauty)는 아름다움에 대해 강력하고 부정적인 반응을 보인다는 의미이다. 특히 일부 현대 예술은 아름다움에 대해 아주 강하게 부정적인 반응을 보이며, 오히려 추하거나 비관적인 것들을 선호한다.

그리고 우리가 악을 선택한 후, 때로는 악을 선택하는 '도중에도', 죄책감을 느끼고 불행을 경험하며, 뉘우치고 그 피해를 복구하려고 하다가도, 악을 합리화하고 정당화하여 다시 악을 반복하기 쉽게 만들기도 한다. 이렇게 우리는 악덕이나 나쁜 품성, 나쁜 인격을 형성하게 된다. 우리는 다른 사람을 해칠 때마다 스스로를 해치게 되는 셈이다. 반대로 우리가 선을 선택한 후에도, 그리고 때로는 선을 선택하는 도중에도, 우리는 옳다고 느끼는데(우리가 옳기 때문에, 올바르고 진정으로 느낀다), 이것이 우리가 덕이나 좋은 품성, 좋은 인격을 형성하는 방식이다.

이는 도덕적 드라마의 단계들이다. (1) 먼저 양심은 (a) 우리를 도덕적 전장으로 내보내고, (b) 선한 편을 위해 싸우라고 명령하며, (c) 전투에서 양편을 모두 보여 준다. (2) 그런 다음 우리의 실천 이성은 올바르게 전투할 수 있는 방법을 판단한다. (3) 우리는 적의 유혹에 맞서 싸우며, 이를 이기고 길들이거나, 아니면 여기에 굴복하고 만다. (4) 도덕적 정복은 우리에게 행복이라는 보상을 주며, 도덕적 패배는 불행과 죄책감으로 우리를 처벌한다. (5) 이렇게 해서 우리는 (이 두 가지 방식으로) 다음 전투를 위한 동기를 부여받는다.

양심이 감정으로 축소된다면, 전체 도덕적 활동(또는 "전투")의 기반이 약화된다. 개인에게 해당되는 진리는 사회에도 적용된다. 사회는 개인들로 이루어지고 개인들에 의해 만들어지며 개인들을 위해 존재하기 때문이다. 정부는 "국민의, 국민에 의한, 국민을 위한" 것이라는 것과 같다. 감정은 선동가들에 의해 쉽게 조작될 수 있다. 심지어 히틀러는 1933년 자유 민주적인 선거로 선출됐었다.

62 모든 윤리적 규칙에는 예외가 없는가?

모든 도덕 규칙에는 예외가 있는 것처럼 보일 수 있다. 예를 들면, 첫 번째 계명은 우리 모두에게 하느님을 경배할 의무를 부과하지만, 숨김없고 진실한 무신론이나 불가지론은 비록 잘못된 것일지라도 그것은 극복할 수 없는 무지에 의한 것일 수 있다. 또한 믿지 않는 신앙을 고백하는 것은 위선이 될 것이고, 이는 정직한 불신보다 더 나쁜 것이다. 부모에 대한 공경이 명령되었지만, 예수는 특정 상황에서 필요하다면, 제자가 되기 위해 가족을 등져야 한다고 명령한다(루카 14,26). "살인하지 말라"는 계명이 있지만, 정당방위와 의로운 전쟁은 고의적인 살인이 정당화될 수 있는 예들이 있다. "도둑질하지 말라"는 계명이 있지만, 부당한 침략자로부터 무기를 강제로 빼앗는 것은 옳은 일이다. 우리는 거짓말을 해서는 안 되지만, 네덜란드인들이 유다인을 숨겨 주겠다고 약속했을 때, 나치에게 거짓말을 할 의무가 있었다.

그러나 다른 한편으로 규칙이나 계명에는 예외가 없다. 이는 단순히 그것들의 기원(신적 권위) 때문만이 아니라 그 내용 자체 때문에 절대적이고 예외가 없는 것이다. 그것들은 행위의 본질적이고 변할 수 없는 본성에 대한 것이다. 그러나 때로는 도덕적으로 정당한 것처럼 보이는 계명 위반이 실제로는 그렇지 않을 수 있다. 왜냐하면 적어도 모든 것을 아는 것이 아닌 인간 정신에서는 겉으로 보이는 것과 실재가 일치하지 않기 때문이다.

예를 들어, 거짓말은 진리를 거스르는 죄이지만, 나치로부터 유다인을 숨겨 주었던 네덜란드인의 경우처럼 모든 기만이 거짓말은 아니다. 이 경우에 나치가 살인적 의도를 지녔기 때문에 진실을 알 권리가 없다고 말할 수 있다. 혹은 모든 기만이 거짓말은 아니며, 종종 사회적 상호 관계를 위해("사장님은 오늘 안 계십니다"), 때로는 생명을 구하기 위해서도 필요하다고 말할 수 있다.

살인에 관해서도, 자기방어가 필요한 경우에 정당화될 수 있다고 말할 수 있는데, 이는 살인을 의도한 살인자가 자신의 생명에 대한 권리를 포기했기 때문이다. 또는 더 간단하게, 계명이 살인 자체를 금지하는 것이 아니라 범죄로서의 살인만을 금지한다는 점을 지적할 수 있겠다. 그 계명을 내린 동일한 하느님은 고대 이스라엘에서 사형을 허용했다.

살인자의 무기를 강제로 빼앗는 것은 도둑질이 아니라고 할 수 있다. 왜냐하면 그가 그 재산에 대한 권리를 포기했기 때문이다. 또는 모든 강제적인 재산 취득이 도둑질은 아니며, 강제로 빼앗는 것이 모두 절도는 아니라고 말할 수 있다. 마찬가지로 모든 강제적인 살인이라고 해서 모두 범죄는 아니다. 계명이 모든 폭력을 금지하는 것도 아니다. 예수 자신도 아버지의 집에서 환전상들을 채찍으로 쫓아낼 때 폭력을 사용했다.

그런데 어떤 '감정'도 항상 본질적으로 악한 것은 아니다. 그러나 (분노, 두려움, 성적 욕망과 같은) 감정은 따르기보다 억제해야 하는 경우가 더 많고, (가족에 대한 충실함과 같은) 다른 감정은 억제하기보다 따라야 할 때가 더 많은 뿐이다. 정당하고 필요한 전쟁이라도 이 전쟁에 참여하는 자녀를 전쟁에서 벗어나게 하기 위해 무엇이든 하려는 부모의 경우, 보통은 부모가 품고 있는 가족에 대한 충실함은 좋은 감정이지만, 이럴 때는 오히려 그것을 억제해야 한다. 그리고 종종 결혼의 친밀함과 배우자의 즐거움을 위해 성적 열정을 약화하기보다는 강화하는 것이 좋을 것이다. 일반적으로 나쁜 것으로 여겨지는 분노도 때때로 매우 좋고 정당한 경우가 있다. 극심한 불의와 무고한 사람에게 가해지는 해악에 대해 결코 분노하지 않는다면, 그는 도덕적 성품이 심각하게 결여된 사람이다. 심지어 증오조차도 그 대상이 있는데, 그 대상은 악한 사람을 포함해서 결코 사람이 아니라, 사람에게 해악을 끼치는 것들이다. 이러한 해악은 (암과 같은) 신체적 또는 (약물 중독과 같은) 심리적 또는 (죄와 같은) 영적인 것일 수 있다. 의사가 환자를 진정으로 사랑한다면, 환자의 암에 대해 연민이나 동정을 가져서는 안 된다. 우리 자신이나 다른 사람의 영적인 암을 다룰 때에도 마찬가지이다. 그러나 악에 대한 증오는 오직 선에 대한 사랑에서 비롯되어야 한다.

대부분 사람에게 정욕은 모든 감정 중에서 가장 강렬하고 가장 즐거우며 가장 통제하기 어려운 감정이다. 하지만 모든 성적 욕망이 정욕인 것은 아니다. 성적 욕망은 하나님이 주신 것이며, 그 목적은 (1) 친밀함과 결합, (2) 개인적인 사랑의 표현이고,

(3) 출산으로서, 이는 우리가 할 수 있는 문자 그대로 가장 창조적인 일이다. 왜냐하면 출산은 우주에서 상대적이지 않고 계산할 수 없으며 협상할 수 없는 가치를 지닌 유일한 것을 창조하기 때문이다. 토마스 아퀴나스 성인은 성적 쾌락이 타락 이전에 더 컸을 것이라고 말한다. 왜냐하면 인간 본성의 모든 것은 타락하고 왜곡된 상태보다 완전한 자연 상태에서 더 기쁘고 생동감이 넘치기 때문이다. 반면에 정욕은 성적인 열정 그 자체나 과도한 욕정을 의미하는 것이 아니라, 잘못된 사람을 향하거나 다른 사람보다는 자신의 쾌락을 위해, 곧 이기적으로 향하는 왜곡되고 무질서한 열정을 의미한다.

만일 하느님이 유일하게 절대적인 절대자라면, 그분에게 불순종하라고 명령하거나 그분에게서 멀어지게 하는 사람이면 누구나 또는 그것이 무엇이든, 심지어 부모나 국가와 같은 하위 권위자라고 할지라도 순종하지 말아야 한다. 이스라엘에서 종교적이고 정치적 권위를 가진 이들이 제자들을 고발했을 때, 제자들이 말했던 것처럼, "사람에게 순종하는 것보다 하느님께 순종하는 것이 더욱 마땅하다"(사도 5,29). 절대선인 하느님께 절대적으로 충실하지 않는 것은 불충일 뿐만 아니라 비이성적이다. 하느님에 대한 "헌신적인" 순종을 정당화하는 원리는 단순히 현실에 대한 올바른 반응이라는 3R 원칙에 근거한 것이며, 이 원칙은 신앙이 아니라 이성에 의해 알려지는 것이다.

VII

사회 윤리와 정치 윤리

63	국가는 자연적인 것인가 인공적인 것("사회 계약")인가?	*317*
64	이상적인 국가는 무엇인가?	*322*
65	국가는 인간과 인간의 삶에 대한 공적이고 대중적인 철학을 필요로 하는가?	*326*
66	교회와 국가는 분리되어야 하는가?	*330*
67	민주주의는 본질적으로 최상의 정부 형태인가?	*336*
68	자유는 본질적으로 선한 것인가?	*340*
69	"보수주의자"와 "자유주의자"는 왜 존재하는가?	*343*
70	연대성과 보조성, 공동선과 개인의 선을 어떻게 조화시킬 것인가?	*348*
71	처벌의 목적은 무엇인가?	*352*
72	전쟁은 항상 정당한가?	*357*

63 국가는 자연적인 것인가, 인공적인 것("사회 계약")인가?

플라톤, 아리스토텔레스, 그리고 근대 이전의 대부분의 고전 철학자들은 가족, 부족, 종족뿐만 아니라, 국가 또는 시민 사회가 인간 본성의 목적론적 성향 안에 자연적이거나 본질적으로 포함되어 있다고 보았다. 이는 (1) 인간 본성과 같은 보편성의 수용과 (2) 객관적이고 보편적인 목적론의 수용에 기반한다. 그러나 근대 철학에서는 보편자에 대한 유명론적 경향과 목적, 목표, 궁극에 대한 주관주의적 관점으로 인해서 이 두 가지 개념이 평가절하되었다.

근대에 이르러서는, 루소처럼 인간에 대한 낙관론자와 마키아벨리, 홉스와 같은 비관론자가 등장하여, 인간이 본성적으로, 또는 "자연 상태"에서 정치적이지 않다고 가르쳤다. 이들은 군주제, 귀족제, 민주제와 같은 특정한 형태뿐만 아니라 시민 사회 자체가 "사회 계약"에 의해 고안된 것이라고 주장하며, 인간 본성에 내재된 것이 아니라고 보았다. 이는 마키아벨리, 홉스, 로크, 루소, 마르크스와 같은 영향력 있는 근대 철학자들 대부분이 공유하는 입장이다. 이들은 모든 정치적 차원의 것을 인간 본성에 내재된 목적론의 일부로서, 선험적으로 이미 존재하고 발견되는 것이 아니라, 인간 의지에 의해 고안되고 설정된 것으로 본다.

'실증주의'는 윤리가 자연 과학의 법칙처럼 정신에 의해 발견되는 것이 아니라, 게임의 규칙처럼 인간의 의지에 의해 "정해진" 것이거나 선택된 것이라고 주장하는 철학을 의미한다. 윤리적 실증주의와 정치적 실증주의 간에는 자연스러운 연관성이 있다. 정치적 실증주의는 국가가 제정한 법률뿐만 아니라 국가의 존재 자체는, 가족이 자연적인 것과는 달리, 신성하거나 자연적인 것이 아니라 인간이 고안해 낸 것이라고 주장한다. 윤리적 실증주의와 정치적 실증주의의 연관성이 꼭 필연적인 것만은 아니다. 일부 정치적 실증주의자들만이 윤리 일반에 대해서도 실증주의자이기 때문이다. 예를 들어 흄, 밀, 니체와 같은 이들이 그렇고, 다른 이들은 그렇지 않다.

고대인들은 서로 다른 규칙을 가진 다양한 형태의 국가가 다양한 민족들에 의해 서로 다른 시기에 만들어졌다는 사실을 부정하지 않았다. 하지만 그들은 인간 본성 속에서 관찰할 수 있는 보편적이고 변하지 않는 정치적 목적이 있다고 덧붙였다. 이러한 정치적 목적은 다수의 개인, 가족, 부족, 인종을 포함하는 공적이고 시민적인 영역으로 향하는 자연적인 충동이다. 이는 언어, 유머, 놀이, 춤, 성처럼 인간 본성의 고유한 차원으로 간주되었다. 이러한 것 중 어느 것도 역사의 어느 특정한 시점에, 특정한 개인의 의지에 의해 고안된 것은 없다. 이것들은 인류가 존재하는 모든 곳에서 발견된다는 점에서는 보편적이지만, 다만 시대, 장소, 문화에 따라 그 형태는 특수하고 가변적이며 선택적이다.

사실, 이러한 차원들은 인간에게 내재적이고 본성적이며 보편적이기 때문에 그것의 고안된 형태도 존재할 수 있는 것이다. 정치 영역에서 보자면, 그러한 형태가 자유인 경우에는 국민들의 의지, 곧 사회 계약으로, 통제인 경우에는 지배자의 의지로 나타난다. 언어에서 보자면, 서로 다른 민족 사이에서 다양한 언어들이 발전하는 것을 의미한다. 유머에서는 서로 다른 문화가 유머로 느끼는 다양한 '사물'과 그 유머를 '표현하는' 다양한 방식이 있다. 성적 영역에서는 서로 다른 선호와 관습, 그리고 다양한 사회적 행동 규범이 존재한다. 예술에서는 시, 음악, 건축, 춤 등 모든 문화에서 발견되는 다양한 형태, 관습, 선호함이 있다. 도덕에서는 보편적인 도덕 원칙에 대한 다양한 '강조'와 다양한 '적용'이 존재하지만, 이는 항상 기본 원칙과 그것을 준수해야 한다는, 보편적으로 느끼는 요구를 배경으로 한다. 또한 종교, 가족, 성, 언어, 재산, 노동과 같은 인간 삶의 보편적인 영역에서 무엇이 선한 행위이고 무엇이 악한 행위에 해당하는지에 대한 강력한 합의가 존재한다. 현대의 "성 혁명"을 제외하고는 예외는 매우 드물고 제한적이다(예컨대, 로마인 사이에서 도둑질의 의미).

실증주의는 전형적으로 근대적 입장이기 때문에, 종종 "진보적"이라고 불리곤 한다. 이는 사실적 판단과 가치 판단을 혼동하는 오류를 보여 주는 예이다. 사실적 판단은 우리 문화의 철학자들이 정치적 자연주의에서 정치적 실증주의로, 그러니까 정치가 자연적이라고 믿는 것에서 정치가 인위적이라고 믿는 것으로 변화하는 경향이 있었다는 것이며, 이는 참된 판단이다. 다시 말해서 실증주의가 '더 새로운' 입장이라는 것이다. 반면에 '가치 판단'은 실증주의가 더 새로운 것일 뿐만 아니라, '더 참된' 또는 정치적 자연주의보다 더 나은 것이라는 주장이다. 이러한 가치 판단은 새로운 모든 것이 더 낫다는 전제를 가정하지 않는 한 터무니없는 것이다. 이는 나치주의가 단지 더 새로운 것이었기 때문에, 그것이 대체한 민주주의보다 더 나았다는 결론을 내리는 것이나 다름없는 것이다. 어떤 의미에서 나치주의는 진보적이었지만, 다른 의미에서는 퇴행적이었다. 오늘날 성 혁명에 대해서도 같은 주장을 할 수 있을 것이다. 나치주의가 유다인에게 저지른 것과 같은 일을, 성 혁명은 많은 결혼, 가족, 태아에게 저질렀다고 할 수 있다.

중요한 점은 진보가 변화와 동일하지 않다는 것이다. 진보는 엄밀하게 말하자면, 더 나은 방향으로의 변화를 의미한다. 우리가 신체적, 문화적 또는 영적 질병이 "진행된다"라고 말할 때, 이는 모호하게 사용되는 것이다. '보수적' 또는 '전통적'이라는 용어에도 같은 논리가 적용된다. 그것이 좋은지 나쁜지는 보존되거나 전해지는 것의 본질에 달려 있다. 가치 판단은 '언제'가 아니라 '무엇'에 따라 달라진다. 예를 들어 지구의 생태 환경을 "보존하는 것"은 "진보적"일 수 있으며, 거짓이나 진실 모두가 "전통"의 일부로 전해질 수 있다. 앰브로스 비어스는 자신의 냉소적인 작품인 『악마의 사전』에서 '보수주의자'를 "기존의 악에 심취한 자들"이라고 정의하고, '진보주의자' 또는 '자유주의자'를 "기존의 악을 새로운 것으로 대체하려는 자들"로 정의했다. 새로운 것이 항상 또는 거의 더 나은 유일한 두 가지 분야는 과학과 기술이다. 예술, 철학, 도덕, 종교에서는 그렇지 않다. 아름다움, 진리나 선함에서, 행복이나 거룩함에서, 정신적 건강이나 성화에서 저절로 진보하는 것은 없다.

정치적 실증주의가 더 낫다고 생각하는 주된 이유는, 그것이 인간의 자유와 선택의 폭을 넓혀 준다고 생각하기 때문이다. 우리가 게임을 발명했듯이 국가를 발명했다면, 우리는 그것을 원하는 대로 다룰 수 있을 것이다. 그러나 국가를 발명하지 않았다면, 마음대로 다룰 수 없을 것이다. 반면에 정치적 실증주의가 더 나쁘다고 생각하는 주된 이유는, 인간이 타락하고 어리석기 때문이며, 오직 하느님만이 완전히 신뢰할 수 있기 때문이다. 따라서 인간의 정신과 의지의 범위를 확대하고, 하느님과 그분이 설계한 인간 본성의 범위를 축소하는 것은 진보가 아니라 퇴보일 수 있다.

이는 자연스럽게 다음과 같은 질문으로 이어진다. 자유는 본질적으로 좋은 것인가? 그리고 민주주의가 자유를 극대화하기 때문에 최선의 정부 형태가 아닌가? 이 두 질문은 아래(67장과 68장)에서 다룰 것이다.

64 이상적인 국가는 무엇인가?

이상적인 국가가 무엇인지에 대해서 할 수 있는 한 가지 대답은, 이 질문 자체가 잘못되었을 수 있다는 것이다. 왜냐하면 모든 시대, 장소, 문화를 통틀어서 이상적인 형태의 국가는 존재하지 않기 때문이다. 이는 어느 정도는 분명한 사실이다(예를 들어 민주주의는 지성적이고 도덕적인 사람들에게는 군주제보다 더 나아 보이지만, 야만인들에게는 그렇지 않을 수 있다). 마찬가지로 '어떠한' 형태의 정치적 결사체라고 하더라도 제대로 작동하기 위해서는 정직, 정의, 친절, 우정, 협력, 자기희생과 같은 도덕적 덕이 필연적이라는 것도 분명한 사실이다. 문제는, 그래서 가장 잘 작동하는 정치적 결사체가 존재하는지, 있다면 그것이 무엇인지에 대한 것이다.

플라톤은 귀족정치, 곧 귀족에 의해 통치되는 국가가 이상적이라고 믿었다. 하지만 우리 현대인들은 본능적으로 이를 세 가지 방식으로 오해한다. 첫째, '귀족'(aristocrats)은 문자 그대로 가장 부유하거나 권력이 있는 사람들이 아니라, '가장 훌륭한' 사람들을 의미한다. 그런 의미에서 귀족정치는 정의상 거의 최고의 정부 형태라고 할 수 있다. 둘째, 플라톤은 가장 훌륭한 사람들을 가장 부유하거나 가장 권력 있는 사람들이 아니라 '가장 지혜로운' 사람들이라고 생각했다. 셋째, 그는 가장 지혜로운 사람들이 소피스트들처럼 자신이 지혜롭다고 오만하게 주장하는 사람들이 아니라, 소크라테스처럼 지혜를 '사랑하는' 겸손한 사람들이라고 보았다. '철학자'라는 단어가 문자 그대로 '지혜를 사랑하는 사람'이라는 의미를 갖고 있듯이 말이다. 그가 추천한 통치자는 상아탑에 틀어박혀 있는 철학 교수가 아니라 소크라테스와 같은 사람이었다.

그러나 소크라테스는 고대 아테네에서 정치가 현재의 미국 정치와는 매우 다르게 고귀하고 존경받는 일로 여겨졌음에도 불구하고, 의도적으로 정치에 관여하지 않았다. 그의 삶 전반에 걸쳐 그를 인도한 "신의 목소리"가 그에게 정치적 활동을 피하라고 명령했기 때문이다. 소크라테스는 플라톤과 달리 정치에 대해 거의 아무것도 말하지 않았다. 예수도 마찬가지로, 모하메드와는 대조적으로, 정치에 대해서 거의 언급하지 않았다.

아리스토텔레스는 플라톤과 달리, 누가 통치해야 하는지에 대한 세 가지 가능한 답 중 어떤 것도 본질적으로 가장 좋은 것은 아니라고 생각했다. 한 사람, 몇 사람, 또는 많은 사람 중 어느 것도 아니며, 군주제, 귀족제, 또는 민주주의 중 어느 것도 가장 좋은 것은 아니라는 것이다. 아리스토텔레스에게 좋은 정치와 나쁜 정치를 결정짓는 세 가지 요소는 (1) 의지가 아닌 법에 의한 통치, (2) 시민들의 행복(여기서 '행복'은 주관적인 만족감과 객관적인 덕이나 선함 모두를 의미한다), (3) 시민들 간의 우정이다. 그는 우정을 정의보다도 더 중요한 요소로 평가했다.

토마스 아퀴나스는 군주제, 귀족제, 민주주의의 요소가 혼합된 체제가 가장 좋다고 보았다. 이는 군주에게 권력이 집중되어 질서가 유지되고, 가장 훌륭하고 지혜로운 사람들이 결정을 내리며, 모든 시민이 통치에 참여하고 책임을 지는 체제가 이상적이라고 생각한 것이다. 미국은 이러한 혼합 형태에 기반을 두고 있으며, 정부의 세 가지 권력인 행정부〔반(半)군주제적 성격을 지닌 대통령〕, 사법부(귀족 또는 정의의 "전문가"인 법원), 입법부(모든 시민에 의해 선출되고 책임지는 의회)가 분리되어 있다. 또 입법부 내에는 소수의 "엘리트" 기구인 상원과 더 큰 평등한 기구인 하원이 있으며, 서로 견제와 균형을 이루고 있다.

고대 정치 철학자들은 거의 항상 국가의 궁극적인 목적을 사람들이 그들의 목적이나 본성적인 종착지에 도달할 수 있도록 돕는 것으로 보았다. 반면에 현대 철학자들은 유명론으로 기우는 경향이 있으며, 보편적 (그리고 보편적으로 인식되는) 인간 본성과 보편적 (그리고 보편적으로 인식되는) 자연 도덕법을 부정하는 것이 더 일반적이다. 그들은 행복을 주관적인 만족으로 축소하고, 따라서 국가의 목적을 도덕적 향상이 아닌 효율적인 경제와 군사적 보호와 같은 공리주의적 요소로 축소하는 경향이 있다. 정치에서 도덕적 차원을 무시해서 발생하는 문제는 사기꾼, 거짓말쟁이, 나르시시스트, 심지어 국민에게 현대판 로마의 "빵과 서커스"를 약속하는 폭군까지도 받아들이고 선출하게 만든다는 것이다.

미국의 마더 데레사와 같은 인물인 도로시 데이[1)]는 피터 모린을 인용하며 "좋은 국가"를 아주 간단하게 "사람들이 선을 행하기 쉽게 만들어 주는 국가"라고 정의했다. 대부분의 고대 철학자들은 이 정의에 동의했겠지만, 현대인들 대부분은 동의하지 않을 것이다. 왜냐하면 선이 무엇인지, 행복이 무엇인지, 그리고 선이 돈, 성, 권력보다 행복으로 가는 길인지에 대한 합의가 무너졌기 때문이다.

C.S. 루이스는 도로시 데이의 입장에 따라 다음과 같이 말한다. "국가는 단순히 이생에서 인간의 평범한 행복을 증진하고 보호하기 위해 존재한다. 벽난로 옆에서 담소를 나누는 부부, 펍(pub)에서 다트 게임을 하는 친구들, 자신의 방에서 책을 읽거나 정원을 가꾸는 사람들, 국가가 존재하는 이유는 바로 여기에 있다. 만일 법률, 의회, 군대, 법원, 경찰, 경제 등 모든 것이 그러한 순간들을 증가시키고 지속시키며 보호하는 데 기여하지 않는다면, 이 모든 것은 시간 낭비일 뿐이다." 국가는 안식일처럼 인간을 위해 만들어졌지, 인간이 국가를 위해 만들어진 것이 아니다.

그러나 이는 우리가 인간이 무엇인지, 인간에게 무엇이 선인지를 알아야 그 선을 증진하는 국가를 가질 수 있음을 의미한다. 우리는 정치의 배후에 있는 철학을 피할 수 없다. 이로 인해 다음 질문이 제기된다.

---

[1] 〔옮긴이 주〕 도로시 데이(Dorothy Day, 1897-1980)는 20세기 미국의 사회 활동가, 저널리스트이자 평화 운동가로, 가톨릭 신앙을 바탕으로 가난한 이들을 돕고 정의를 실현하는 삶을 살았다. 그녀는 가톨릭 노동자 운동(Catholic Worker Movement)을 창립한 것으로 잘 알려져 있으며, 이 운동은 노동자, 빈민, 노숙자 등 소외된 이들을 지원하며 사회 정의와 비폭력을 강조하는 운동이다.

65 국가는 인간과 인간의 삶에 대한 공적이고 대중적인 철학을 필요로 하는가?

다시 한번 말하지만, 고대인들과 현대인들은 국가에 인간과 인간 생활에 대한 공적인 공공 철학이 있어야 하는지에 대해서 의견을 달리한다. 고대인들은 키케로의 의견에 동의하여 이러한 철학을 피할 수 없다고 주장한다. 어리석은 철학일지라도, 그것은 철학임에 틀림없다.

반면에 현대는 인간의 삶, 행복, 도덕의 의미에 대한 총체적 서사에 대해 점점 더 의심을 품고 있다. 이는 '플랜드 페런트후드 대 케이시 사건'[1]에서 앤서니 케네디 판사의 의견서에 있는 "미

[1] 〔옮긴이 주〕 "Planned Parenthood v. Casey"는 1992년에 미국 대법원에서 결정된 중요한 사건으로, 주 정부가 낙태에 관한 규제를 시행할 수 있는 권한과 개인의 낙태 권리를 둘러싼 논쟁을 다루었다. 케네디 대법관은 "미스터리" 구절에서 개인의 자유가 인간 존재와 의미, 우주 및 인간 삶의 신비를 정의할 권리를 포함한다고 주장했다. 각 개인은 자기 삶의 의미를 규정할 수 있는 권리가 있으며, 이는 개인의 자유의 본질이라는 것이다. 이 구절은 특히 여성의 낙태 권리를 지지하는 논리의 일환으로 해석된다. 그는 낙태를 선택하는 것이 개인의 존재와 선택의 자유에 포함된다고 보고, 이에 대한 정부의 간섭이 제한되어야 한다고 주장했다.

스터리"라는 구절에 잘 나타나 있다. 이 구절은 자신의 태아를 죽일 권리를 옹호하는 근거로 "자유의 핵심에는 자신의 존재, 의미, 우주, 그리고 인간 생명의 신비를 정의할 권리가 있다"라고 말한다.

이 의견서는 자유의 이름으로 정치 철학을 부정하는 것이 아니라, 자유를 정의하는 정치 철학이다. 이는 허무주의, 회의주의, 주관주의, 그리고 상대주의의 철학이다. 허무주의인 것은, 우리가 진정한 의미와 목적, 그리고 목표의 존재를 부인하고, 그것을 발견하기보다는 창조해야 한다고 주장하기 때문이다. 회의주의인 것은, 이러한 것들에 대한 객관적인 진리를 알 수 없다고 주장하기 때문이다. 주관주의인 것은, 이러한 것들에 대한 객관적이고 보편적인 진리를 각 개인의 "고유한" 개인적 견해로 축소하기 때문이다. 상대주의인 것은, 삶, 실존, 우주의 전체 의미를 개인이 "자신만의" 개념을 창조하려는 의지에 따라 상대적인 것으로 만들기 때문이다. 마지막으로 상대주의는 자신의 개인적이고 주관적인 생각, 감정, 욕구를 실제 세계와 구별할 수 없거나 구별하기를 거부하는 정신질환의 임상적 정의와 같다.

이런 철학은 또한 실현 불가능하다. 만일 국가가 실제로 이런 철학을 믿고 실행한다면, 정의로운 전쟁을 위한 원칙, 노예제를 폐지하기 위한 원칙, 교육에 투자하기 위한 원칙, 또는 법정에서 정의의 기준으로 사건을 다루기 위한 원칙을 전혀 세울 수 없을 것이다. 인간학적(인간이 무엇인지), 윤리적(인간이 어떤 가치를 지니고 있는지), 목적론적(인간이 무엇을 위해 존재하는지)인 철학을 모른 채로 수십억 달러를 들여서 교육을 시키는 이유는 무엇인가? 정치적 결정을 내리기 위해서는 철학적 전제가 필요하다.

만일 국가가 마을, 씨족, 가족과 같은 더 작은 공공의 공동체에서 자연스럽게 성장한 결과라면, 그리고 가족이 개인으로 구성되고 개인을 위해 존재한다면, 국가는 이러한 물음에 답하지 않고는 온전하게 존재할 수 없으며, 이는 개인이 그 물음에 답하지 않고는 온전하게 존재할 수 없는 것과 같다.

사람들이 이러한 중요한 질문에 대한 답에 동의하지 않는다고 해서 공공 철학을 갖는 데 장애가 되지는 않는다. 모든 국가, 모든 도시, 그리고 모든 가족은 특정 규칙에 따라 살아가고 일해야 하며, 이러한 규칙은 무작위적이고 임의적인 것일 수 없으며 카지노의 룰렛과 같아서는 안 되는 것이다. 오히려 이러한 규칙은, 이성이 객관적 현실의 본성에 대해 어느 정도 알고 있다는 주장을 기반으로 해야 한다.

'과학'(science)은 "알다"라는 의미의 라틴어 '스키오'(scio)에서 유래했다. 꿈꾸고 느끼고 욕망하고 바라는 것은 '아는 것'이 아니다. 아는 것은 꿈꾸고 느끼고 욕망하고 바라는 것과는 구별되는 것으로, 그 대상은 '진리'이며, 진리는 '실재'와의 일치를 의미한다. 과학의 이 가장 근본적인 의미는 물리학, 수학, 생물학과 같은 자연 과학뿐만 아니라, 철학과 정치학에도 적용되며, 차이가 있다면 단지 그것이 다루는 주제와 방법의 범위가 좁거나 넓다는 것뿐이다. 과학을 중시하고 실천하며, 역사상 그 어떤 문화보다도 과학에서 더 큰 성공을 거둔 문화가 정작 가장 중요한 물음에 대해서는 이렇게 급진적으로 비과학적인 태도를 취하다니, 얼마나 아이러니한 일인가?

좋은 국가가 중요한 철학적 질문에 대해 어떠한 답도 고백하거나, 천명하거나, 가르치거나, 요구하지 않는다면, 이런 좋은 국가 존재의 개념에는 논리적인 자기모순이 있다. 그 질문 중 하나가 좋은 국가가 무엇인지에 대한 것이기 때문이다. 무엇이 좋은 국가인지도 모르는 국가가 어떻게 좋은 국가가 될 수 있겠는가? 이는 논리적으로는 자기모순적이며 실질적으로는 자기 파괴적이다.

66 교회와 국가는 분리되어야 하는가?

(“교회와 국가”라는 문구에서 ‘교회’는 넓은 의미로 종교적 권위를 가진 어떤 기관을 의미한다. 따라서 논점은 종교적 권위와 정치적 권위 간의 공적이고 제도적인 관계에 관한 것이다.)

우리 시대와 장소에서 사람들은 덜 종교적이고 더 정치적으로 변하고 있다. 그들이 지닌 종교에 대한 열정과 헌신은 줄어들고, 정치에 대한 열정과 헌신은 증가하고 있다. 그들은 정치에 대해 점점 더 “종교적”으로 되어 가고 있으며, 이는 정치에 대해 더 열정적이고 이를 우선시하려는 경향을 의미한다. 반면에 종교에 대해서는 더욱 “정치적”으로 되어 가고 있으며, 이는 정치적 기준으로 종교를 판단하고, 이를 자신들이 생각하는 사회 정의로 축소하여 정치의 도구로 삼으려는 경향을 의미한다. 이는 간단히 말해서 우리 시대에 대한 사회학적 사실이다.

이런 “정치의 종교화”에 대해서 종교적 신자들은 놀라워할 필요가 없다. 만일 하느님이 우리를 당신이 필요하도록 창조하고 설계했다면, 우리가 참된 하느님을 버릴 때 어떤 우상, 어떤 대체 신을 세우고 그것을 첫 번째 자리에 두는 것은 불가피하기 때문이다. 그중에 정치가 아마도 가장 인기 있는 후보일 것이다. '무언가'는 첫 번째가 되어야 한다. 만약 그것이 진정한 하느님이 아니라면, 반드시 어떤 거짓된 신이어야 한다.

아마도 그러한 "종교적" 열정을 불러일으킬 수 있는 유일한 다른 후보는 성(sex)일 것이다. 종교, 성, 정치에 대해서는 논쟁해서는 안 된다는 것은 진부한 말이지만, 가장 격렬한 논쟁과 가장 많은 열정을 불러일으키는 것이 이 세 가지 주제이다. 하느님, 카이사르, 그리고 아프로디테, 이 세 가지 모두는 당신의 영혼을 차지하기 위해 경쟁하고 있다.

예수는 우리에게 "황제의 것은 황제에게 돌려주고, 하느님의 것은 하느님께 돌려 드려라"(마태 22,21)라고 말했다. 이는 (1) 하느님은 하느님이고, (2) 카이사르는 카이사르이며, (3) 카이사르는 하느님이 아니라는 것을 전제로 한다. 그런 의미에서 이는 권력과 권위의 기본적인 분리를 전제로 한다. 예수는 황제가 되려 한 것이 아니다. 사실 그는 다른 방향으로 달려갔다. 문자 그대로 왕으로 삼으려는 추종자들로부터 도망쳤다(요한 6,15 참조).[1] 예수는 로마 군인들에 의해 십자가에 못 박힌 것이 아니라, 카이사르를 우선시하는 사람들에 의해 십자가에 못 박혔다. 이 사람들은 예수의 재판에서 "십자가에 못 박으시오"라고 외쳤으며, "우리

---

1) 〔편집자 주〕 성경은 많은 군중들이 오천 명을 먹이신 기적을 일으키신 예수님을 왕으로 추대하고 싶어 했으나 그것을 거부한 예수님에 대해 기록하고 있다. "예수님께서는 그들이 와서 당신을 억지로 모셔다가 임금으로 삼으려 한다는 것을 아시고, 혼자서 다시 산으로 물러가셨다." (요한 6,15)

임금은 황제뿐이오"(요한 19,15)라고 말했다. 그리고 이들의 말을 따랐던 빌라도에 의해 처형되었다.

하지만 예수는 카이사르가 이교도이자 우상을 숭배하는 폭군임에도 불구하고 베드로에게 자신의 세금과 베드로의 세금을 카이사르에게 내라고 명령함으로써, 종교와 정치의 긍정적 연관성을 보여 주었다(참조: 마태 17,24-27; 22,17-21).

또한 바오로 사도는 로마의 그리스도인들에게 "사람은 누구나 위에서 다스리는 권위에 복종해야 합니다. 하느님에게서 나오지 않는 권위란 있을 수 없고, 현재의 권위들도 하느님께서 세우신 것입니다"(로마 13,1)라고 말한다.

따라서 이러한 점으로부터 다음과 같은 사실이 명확해진다. (1) 종교와 정치 사이에는 그들 본연의 관계가 있다. (2) 종교가 더 우위에 있다. (3) 두 영역이 동일하지 않고 분리되어 있다. (4) 이 중 어느 하나가 단순히 다른 하나를 대체해서는 안 된다. (5) 정치는 종교를 인정하지 않더라도, 종교는 정치의 존재를 인정한다. 이 모든 것은 꽤 모호하며, 그 관계가 구체적으로 어떤 모습이어야 하는지는 이천 년 동안 논의되어 왔다.

어떤 의미에서 교회와 국가의 분리는 전혀 논란의 여지가 없다. 왜냐하면 구약의 이스라엘 신정국가를 제외하고는 두 기관은 사실 어디에서나 분리되어 있고 구별되어 있기 때문이다. 문제는 분리의 정도와 본질에 관한 것이다.

예수 시대 당시 로마는 거의 전체주의적인 독재 체제였지만, 모든 종교에 대해서 종교의 자유를 허용했다. 다만 필요할 때 카이사르의 권위를 유다교와 그리스도교를 포함한 다른 모든 권위보다 우선적으로 인정해야 했다. 이 때문에 로마는 유다교와 그리스도교를 제외하고서는 어떤 종교도 박해하지 않았다. 유다인과 그리스도인은 카이사르보다 더 큰 권위를 가진 하느님을 경배했으며, 그 하느님은 카이사르를 판단할 권리가 있었고, 카이사르에게 판단 받지 않는 존재였기 때문이다.

따라서 "황제의 것은 황제에게 돌려주고, 하느님의 것은 하느님께 돌려 드려라"(마태 22,21)라는 예수의 유명한 말씀은 단순히 교회와 국가의 분리라는 기존 사실을 단순히 승인한 것이 아니라, 이교적인 로마인들에게는 정치적으로 혁명적이고 위험한 말이었다. 왜냐하면 예수가 하느님에게 속한다고 믿는 것은, 하느님은 모든 것을 창조한 창조자이기 때문에, 암묵적으로 예수가 '모든 것'이라는 걸 의미하기 때문이다. 그것이 책이든 우주든 모든 것에 대한 권위는 그것을 만든 분에게 속하는 것이다.

카이사르에 대한 권위를 주장한 바로 그 하느님이 카이사르에게 권위를 '부여'했다. 그렇기 때문에 유다인들과 그리스도인들은 국가에 대한 충성과 복종을 할 종교적 동기를 가지고 있는 것이다. 단, 국가가 하느님에 대한 불충성과 불복종을 요구하지 않는 한에서 말이다. "모든 사람은 지배 권세에게 복종하라."는 것을 정당화하는 근거는 "하느님에게서 나오지 않는 권위란 있을 수 없고, 현재의 권위들도 하느님께서 세우신 것"(로마 13,1)이라는 사실에 있다. 이 권위는 구약의 이스라엘처럼 직접적으로 신적 계시를 통해 주어진 것이 아니라, 신적 섭리에 의해 간접적으로 주어진 것이다. 그래서 바오로 사도도 그리스도처럼 그리스도인들에게 세금을 내라고 명확하게 명령했다(로마 13,6-7).[2]

---

[2] 〔편집자 주〕 "여러분이 조세를 바치는 것도 이 때문입니다. 그들은 바로 이러한 일에 정성을 다하는 하느님의 심부름꾼입니다. 여러분은 모든 이에게 자기가 해야 할 의무

교회와 국가의 분리를 지지하는 두 가지 상반된 이유는 (1) 반종교적 논거로서 종교가 본질적으로 나쁘거나 적어도 정치에 나쁘다는 주장과 (2) 종교적 논거로서 정치가 대개, 또는 항상 종교에 나쁘다는 주장이다. 두 번째 주장에는 실질적인 측면이 있는데, 역사적으로 종교가 정치화하면 항상 종교는 부패되었기 때문이다. 따라서 아이러니하게도 종교에 반대하는 입장과 종교적인 입장이 모두 이 문제, 곧 분리를 원하는 데에 동의할 수 있다.

이론적으로는 깔끔하게 들리지만, 구체적인 문제에서는 그것이 무엇이든 종교와 정부가 필연적으로 충돌할 수밖에 없다. 분리가 있을 수 있지만, 이는 완전히 갈라선 것이 아니다. 이는 마치 부부가 갈라서더라도 전 배우자들은 여전히 자녀 문제에 대해 소통하고 협력해야 하는 것과 같다. 중세 시대에도 그리스도교 국가들 내에서 정부와 교회 간의 갈등은 여러 차례 발생했는데, 당시에는 교회와 국가의 분리에 대한 문제가 논의되지는 않았다. 오늘날에도 거의 모든 사람이 교회와 국가의 분리에 동의함에도 불구하고 이러한 갈등이 발생한다.

초기 교회에서 가장 중대한 문제는 전쟁이었다. (모두는 아니지만) 그리스도교로 개종한 많은 사람이 전쟁 자체가 잘못되었다고 믿거나, 로마가 싸우고 있는 특정 전쟁이 잘못되었다고 믿었기 때문에 군대를 떠났다. 소수이긴 하지만 그리스도인들에게 평화주의는 항상 선택의 여지가 있었다(72장 참조).

오늘날 그리스도와 카이사르를 가장 크게 분열시키는 구체

를 다하십시오. 조세를 내야 할 사람에게는 조세를 내고 관세를 내야 할 사람에게는 관세를 내며, 두려워해야 할 사람은 두려워하고 존경해야 할 사람은 존경하십시오." (로마 13,6-7)

적인 문제는 낙태에 대한 정부의 지원이다. 그리스도인들과 이성에 의해 인식된 자연 도덕법과 현대 생물학적 과학 데이터에 동의하는 모든 사람은 낙태를 살인으로 간주한다. 과학이 태아에 대해 알려 주는 것을 무시하는 사람들이 기후 변화, 백신 접종, 진화에 대해 과학이 말해 주는 것을 호소하는 점은 의미심장하고 아이러니하다. 또한 이러한 "진보적" 이슈에 대해 과학이 말하는 것을 근거로 주장하는 사람들은 "보수적" 이슈인 낙태에 대해 과학이 말하는 것은 무시한다.

철학적 원칙의 문제와는 별개로, 정치적 권위와 종교적 권위의 법적, 제도적 분리와 구별이 구체적으로 어떤 형태를 취해야 하는지, 그리고 이 두 기관이 어떻게 가장 잘 상호 관계를 맺어야 하는지에 대한 물음은 명확하거나 자명하지 않다. 여전히 논란의 여지가 있고, 역사적 사실과 그리스도교적 견해 모두에서 매우 많은 변화가 있어 왔다. 코란은 사회 질서에 대한 상세한 신적 계시를 주장하지만, 신약성경은 그렇지 않다.

67 민주주의는 본질적으로 최상의 정부 형태인가?

'본질적으로'라는 것은 "변화하는 상황에 따라"와 구별되는 "그 자체의 본질적 본성에 따라"를 의미한다. '민주주의'는 문자 그대로 '데모스'(demos), 곧 대중에 의한 통치(krasos)를 의미한다.

민주주의가 본질적으로 가장 좋은 형태의 정부인지에 대해서는 세 가지 가능성이 있다. 첫 번째는 민주주의가 본질적으로 '최선'이라는 것이다. 두 번째는 다른 정부 형태가 본질적으로 최선이기 때문에, 민주주의는 본질적으로 '최선이 아니다'는 것이다. 세 번째는 민주주의가 때때로, 또는 현재로서는 가장 좋은 형태일 수 있지만, 다른 시대나 다른 사람들에게는, 특히 원시적이거나 야만적이거나 도덕적으로 훈련되지 않은 시대나 민족에게는 그렇지 않을 수도 있다는 것이다.

플라톤은 민주주의가 본질적으로 결함이 있다고 생각했는데, 그 이유는 그에게 있어서 가장 좋은 정치 체제는 가장 우수한 사람들, 곧 가장 통치할 자격이 있는 사람들이 통치하는 것을 의미했기 때문이다. 이는 곧 가장 지혜로운 사람들이 통치해야 한다는 뜻이지, 모든 사람이 동등하게 통치해야 한다는 뜻이 아니다. 따라서 그는 귀족정치나 군주제가 민주주의보다 정의상 더 낫다고 생각했다.

그리고 만일 민주주의를 사랑하는 우리가 플라톤에게 대답하여, 일반 대중이 통치에 가장 적합하다고 생각하는 사람들을 선출하는 대의 민주주의를 옹호한다고 말한다면, 곧 도덕적이고 지성적으로 우수한 '귀족들'을 뽑는 것이라고 한다면, 플라톤은 "대중의 판단력이 '누구'를 선출할지를 판단하는 데 있어서 신뢰할 수 있다고 믿을 이유가 없소. 그리고 이는 그들이 '어떻게' 통치할지를 판단하는 데 있어서도 마찬가지요"라고 대답할 것이다.

현대 서구 문명에서 사람들 대부분은 민주주의가 본질적으로 가장 좋은 형태의 정부라고 믿는다. 그 이유는 (1) 민주주의가 가장 많은 사람에게 가장 많은 자유를 제공하기 때문이거나, (2) 최소한 통치자와 피통치자가 모두 성인(adult)이라면, 통치할 권리는 피통치자의 동의에 의존해야 하기 때문이거나, (3) 단순히 민주주의가 실질적으로 더 잘 작동하여 사람들 대부분을 행복하고 만족스럽게 만들었기 때문이다.

첫 번째 이유는 자유가 본질적으로 선을 전제하며, 따라서 자유가 많을수록 더 좋다는 것이다. 이에 대해서는 다음 장에서 다룰 것이다.

두 번째 이유는 신체적 성인과 도덕적 성인을 혼동해서 동일시하는 것처럼 보이는데, 이는 우리 사회에서 "성인" 영화, 서점, 클럽이라는 단어의 의미를 보면 쉽게 반박할 수 있다.

세 번째 이유는 행복한 사람이 곧 선한 사람이라는 전제를 가정하며, 심지어 공리주의 철학자 존 스튜어트 밀조차도 "만족한 돼지보다 불만족한 소크라테스가 되는 것이 더 낫다"라고 인정한 점을 간과한다.

내가 여기서 하고 싶은 말은 플라톤을 옹호하거나 민주주의를 공격하려는 것이 아니라, 문제를 제기하여 논의의 장을 열고자 하는 것이다.

아리스토텔레스는 한 사람, 몇몇 사람, 또는 많은 사람에 의한 정부 형태 중 어느 하나도 본질적으로 항상 최선의 형태라고 믿지 않았지만, 그의 시대에도 민주주의가 점점 더 인기를 얻고 있고 군주제가 점점 더 인기를 잃고 있음에 주목했다. 그는 또한 민주주의가 본질적으로 '가장 안전한' 정부 형태라고 말했는데, 이는 권력이 한 사람이나 몇몇 사람에게 집중되는 것을 저지하기 때문이다. 만일 이들에게 권력이 집중된다면, 엄청난 피해를 줄 수 있기 때문이다. 이러한 주장은 "최고의 타락은 최악"이라는 플라톤의 말처럼, 최고의 정부 형태와 최악의 정부 형태가 군주제나 귀족제일 수 있음을 시사한다. 그러나 플라톤은 또한 민주주의가 자유의 과잉으로 법과 질서를 무너뜨리기 때문에, 자연스럽게 폭정으로 이어진다고 믿었다. 무너진 질서를 회복한다는 명목으로 폭군이 등장하게 되는 것이다. 하지만 이 시기는 나폴레옹과 히틀러의 경우처럼 역사에서 잠깐 나타났다. 이러한 주장은 역사적으로 근거가 약해 보인다. 왜냐하면 폭정은 민주주의보다 훨씬 더 불안정해 보이기 때문이다. 히틀러의 "천 년 제국"은 겨우 12년밖에 지속되지 않았다.

민주주의를 옹호하는 두 가지 논리가 있다. 잘못된 논리는 사람들이 선하다는 것이고, 올바른 논리는 사람들이 악하다는 것이다. 잘못된 논리는 모든 사람이 너무나 지혜롭고 도덕적이기 때문에 누구나 최대한의 자유와 권력을 누려야 한다는 것이다. 반면 올바른 논리는 어느 누구도 그토록 지혜롭거나 도덕적이지 않기 때문에 너무 많은 권력이 주어져서는 안 된다는 것이다. 위험은 집중시키지 않고 분산되어야 한다.

'자유'는 우리에게 본질적으로 선한 것을 의미하는 반면(다음 장을 참고하라), '권력'은 그렇지 않다. 우리는 로드 액턴이 말한 대로, "권력은 부패하기 마련이고, 절대 권력은 절대적으로 부패한다"라는 것은 쉽게 인정하지만, 자유에 대해서는 그렇게 말하지 않는다. 그러나 이 두 개념은 적어도 비슷하고 겹치는 부분이 있다. 우리는 죽음, 질병, 투옥, 고문, 포로, 쇠사슬, 마비, 약함, 가난에 의해 이 두 가지 모두를 박탈당할 수 있다. 우리가 그렇게 소중히 여기는 정치 체제를 유지하고자 한다면, 적어도 권력에 대해 고민하고 비판하는 것만큼 자유에 대해서도 신중하게 생각해야 한다.

오늘날 민주주의는 점점 더 인기를 얻고 있지만 여전히 실험 단계에 있다. 민주주의가 지속되고 성공할지는 아무도 알 수 없다. 만일 민주주의의 성공이 시민들의 지혜와 덕에 달려 있다면, 그 미래는 시민들의 지혜와 덕에 따라 달라질 수밖에 없다. 가장 현명한 예언자들도 예측하기보다는 경고한다. 미국의 예언자들, 곧 우리〔미국〕 건국의 아버지들은 국민(demos)에게 통치권(krasos)을 주는 것은 오직 지혜롭고 도덕적인 국민에게만 효과적일 것이라는 점을 분명히 했다. 따라서 그 미래는 우리 각자에게 달려 있다.

68 자유는 본질적으로 선한 것인가?

민주주의의 가장 분명한 매력은 자유를 확대한다는 점이다. 이는 국민이 통치자에 대해 가지는 자유뿐만 아니라 개인이 자기 삶에 대해 스스로 결정할 수 있는 자유까지 포함한다. 만일 자유가 본질적으로 선한 것이라면, 이는 민주주의를 지지하는 결정적 근거가 된다. 그렇지 않다면 문제는 논의의 여지가 있다.

그러나 '자유'는 여러 가지 의미를 지니고 있다. 두 가지 다른 종류의 자유가 있는데, 그중 하나는 의지의 자유로운 선택으로, 이는 인간의 본성에 본질적이며, 따라서 보편적이고, 지성과 마찬가지로 본질적으로 선한 것이다. 다른 하나는 정치적 자유로, 이는 다양한 사회에서 형태와 정도가 다르게 나타나므로 본질적인 것이 아니며, 그것이 본질적으로 선한지 아닌지는 확실하지 않다.

그러나 자유는 본질적으로 선한 것으로 보기 어렵다. 왜냐하면 본질적으로 선한 것은 그 어떠한 것도 과도하게 가질 수 없는데, 우리는 너무나 자연스럽게, 지나치게 많은 자유를 가질 수 있다고 생각하기 때문이다. 마치 과도한 권력이나 부를 가질 수 있다고 생각하는 것처럼 말이다. 만일 자유가 일종의 권력이고, 모든 권력이 우리를 부패시키려는 경향이 있는 것이라면, 그리고 우리가 본질적으로 지혜롭거나 덕스러운 존재가 아니라 오직 선택에 의해 그렇게 되는 것이라면, 지나친 자유 또한 우리를 타락시킬 수 있다.

아마도 우리가 본질적으로 지혜롭지 않다는 단서는, 자유와 권력의 위험성에 대해 잘 알게 된 이 지혜를 자신에게는 적용하지 않고 오직 다른 사람에게만 적용한다는 사실일 것이다. 우리는 우리 또는 우리가 공감하는 친구들을 지배하는 사람에게 권력을 부여하는 것에 대해서는 색안경을 끼고 보지만, 정작 우리 자신에게 권력을 부여해 주는 것은 거부하지 않는다. 우리는 다른 사람들의 지혜는 의심하면서도 자신의 지혜는 당연시한다. 이는 분명히 현명하지도, 소크라테스적이지도 않으며, 그저 현실감과 겸손이 부족한 것이다.

오류는 보통 쌍으로 나타난다. 폭정과 무정부 상태는 서로 상반되는 오류처럼 보이며, 폭정은 자유를 지나치게 억압하고, 무정부 상태는 지나치게 많은 자유를 허용한다. 민주주의는 폭정을 두려워한 나머지 무정부 상태를 두려워하지 않을 가능성이 있다. 특히 영혼의 무질서가 사회적 무정부 상태의 근본 원인이라면 더욱 그러하다.

전통적인 상식에서는, 자유가 진리와 선에 상대적이기 때문에, 자유는 진리와 도덕적 선이라는 더 높은 기준에 의해 판단되어야 한다. (따라서 이에 따라 제한되어야 한다.) 거짓은 인간을 노예로 만들며, 진리는 우리를 자유롭게 한다. 증오는 우리를 노예로 만들고, 사랑은 우리를 자유롭게 한다. 자유는 진리와 선에 상대적이기 때문에, 진리와 선에 의해 판단되어야 한다. 그렇기에 참된 자유와 거짓된 자유, 참된 사랑과 거짓된 사랑이 있다. 자유로운 진리나 자유롭지 않은 진리는 없지만, 참된 자유와 거짓된 자유는 존재한다(예를 들어, 마약에 중독될 자유는 거짓된 자유이다).

정치적 자유와 정치적 권력이 우리에게 선한 것인지 아닌지의 여부는 두 가지 요인에 달려 있다. 하나는 우리 자신이 얼마나 성숙한가에 달려 있다. 아이, 반역자, 폭군은 투표할 자유를 가져서는 안 되며, 괴롭히는 사람은 피해자를 괴롭힐 자유를, 또는 술에 취한 사람은 운전할 자유를 가져서는 안 된다. 다른 요인은 우리가 무엇으로부터 자유로운가에 달려 있다. 사악한 폭군으로부터의 자유는 선한 것이지만, 현명하고 필수적인 법으로부터의 자유는 그렇지 않다. 마약 중독으로부터의 자유는 선한 것이지만, 자신을 마약에 중독시킬 자유나 다른 어떤 것에 중독시킬 자유는 선한 것이 아니다. 자유는 진리와 선에 상대적이며, 그 반대는 아니다.

69 '보수주의자'와 '자유주의자'는 왜 존재하는가?

'보수'와 '진보'[1]라는 용어는 어디서나 널리 사용되지만, 그 의미는 명확하지 않다. 이 용어들은 장소와 시간에 따라 그 의미가 변하기 때문이다. 대서양 이쪽, 곧 현재의 우리 시대에서 보수주의자들은 정부의 권한을 줄이려는 사람들이고, 진보주의자들은 더 많은 정부의 권한을 원한다. 반면에 대서양 건너편, 특히 과거에는 진보주의자들이 정부 권한을 줄이기를 원하고, 보수주의자들은 더 많은 정부 권한을 원했다. 오늘날 진보주의자들은 전쟁터에서 인간 생명을 소중하게 여기는 경향이 있어서 군사주의보다는 평화주의를 더 선호하는 경향이 있다. 그러나 그들은 태중

[1] 〔편집자 주〕 소위 '진보'라고 하는 사회·정치적 이념을 정의하기에는 모호한 면이 있으나 주로 두 가지 구별되는 개념으로 이를 표현한다. 먼저, progressive는 사회 구조의 변화와 개혁을 옹호하는 정치 이데올로기이다. 이를 지지하는 이들은 사회 정의와 평등을 증진하려는 운동에 적극 동참한다. 이에 비해, liberal은 개인의 자유와 권리를 더 중요하게 여긴다. 따라서 사회 복지 정책과 정부의 규제 범위에 대한 논의에 적극 참여한다. 저자는 여기서 liberal을 사용하고 있으며, 자유와 권한에 대한 논의를 이어간다.

의 생명은 소중하게 여기지 않으며, 자궁은 오늘날 세계에서 가장 위험한 전쟁터가 되었다. 또한 그들은 개인이 안락사를 원하는 경우에도 생명을 소중하게 여기지 않는다. 보수주의자들은 그 반대의 모순을 보이는 경향이 있다. 하지만 인간 생명의 가치는 그 생명이 자리하는 곳, 즉 전쟁터나 국가, 혹은 자궁의 경계에 따라서 달라질 수는 없다. 파스칼은 한 병사가 상대방이 자기 나라를 가르는 강 건너편에서 태어났다는 이유로, 그 병사를 죽인 것을 정당화하려는 논리를 풍자했다. 이는 마치 출산 과정에 경계를 그어 생명의 가치를 결정하려는 시도와도 유사하다.

'진보적'(progressive)이라는 용어는 '자유주의'(liberal)보다 더 명확하다. 왜냐하면 보수주의자(conservative)는 정의상, 확립된 것 또는 전통적인 것을 보존하려는 반면, 진보주의자는 그것을 변화시키려고 하기 때문이다. 그러나 한 장소나 시대에서 전통적인 것이 다른 장소나 시대에서도 항상 전통적인 것은 아니다. 따라서 (변화에 찬성하거나 반대하는) 진보적이고 보수적인 것에 대한 이러한 정의는 구체적인 사안에 따라 상대적이고 변할 수 있다. 그러므로 본질적으로는 어느 것이 더 낫다고 할 수 없다.

사실 예수는 지혜로운 집주인이 창고에서 낡은 것과 새로운 것을 모두 꺼낸다고 말함으로써 두 가지를 모두 포용한다.[2] 한편으로 예수는 모든 예언자처럼 우리를 원래의 것, 기원의 상태로 돌아가, 그것을 기준으로 판단하도록 끊임없이 촉구한다. 예를 들어 결혼에 대해서 그러하다(마태 19,2-9).[3] 그러나 다른 한편으

---

2) 〔편집자 주〕 "그러므로 하늘 나라의 제자가 된 모든 율법 학자는 자기 곳간에서 새것도 꺼내고 옛것도 꺼내는 집주인과 같다." (마태 13,52)

3) 〔옮긴이 주〕 "그러므로 하느님께서 맺어 주신 것을 사람이 갈라놓아서는 안 된다." (마태 19,6)

로는 “보라, 내가 모든 것을 새롭게 만든다”(묵시 21,5)라고 말한다. 이는 하느님이 모든 창조의 제일원인이자 기원이며 설계자라는 점에서 최고의 전통주의자인 동시에 최고의 진보주의자이며, 목적이자 완성임을 예수가 알기 때문이다. 그분은 “알파요 오메가”(묵시 22,13)이다.

우리 모두에게 가장 필요한 세 가지는 믿음·희망·사랑이다. 믿음은 보수적인 덕으로 식물의 뿌리나 배의 닻과 같다. 희망은 진보적인 덕으로 식물의 자라는 줄기나 배의 돛과 같다. 이 둘은 모두 사랑이라는 식물의 꽃이나 열매를 맺기 위해 필요하다.

가톨릭 사회 윤리의 관점에서 볼 때, 미국의 두 주요 정당, 곧 하나는 보수적이고 다른 하나는 진보적이라고 불리는 이 정당 중 어느 쪽도 인간 생명의 문제에 대해서는 높은 점수를 얻지 못한다. 한 정당은 더 많은 사회 안전망과 복지를 원하고, 이민, 세계화, 국제화를 더 지지하며, 다른 정당은 개인의 자율성을 더 중시하고 더 제한적인 국경을 원하며 국가적 이익을 국제적 또는 세계적 이익보다 우선시한다. 그러나 이러한 문제들은 인간 생명의 문제와 달리 원칙이 아니라 신중함의 문제이다. 두 당 모두 가난한 사람들의 삶을 개선하려고 하며, 한 정당은 세금을 올림으로써, 다른 정당은 세금을 내림으로써 이를 실현하려고 한다. 두 정당 모두 평화를 추구하는데, 한 정당은 군사를 늘림으로써, 다른 정당은 군사비를 줄이는 방식으로 그렇게 한다.

두 정당을 명확히 구분하는 한 가지 쟁점은 세금이다. 보수파는 세금 낮추기를 원하고, 진보파는 세금 올리기를 원한다. 어떤 경제 체제가 더 잘 작동하고 더 많은 사람의 삶을 개선하는지는 분명하지 않다. 가톨릭 사회 윤리는 “가난한 이들에 대한 우선적 사랑"[4]을 요구하지만, 부자에게 세금을 낮추어 주는 것이 장기적으로는 가난한 사람들에게 도움이 된다고 주장하는 "낙수 경제학"을 믿어야 하는지에 대해서는 명시하지 않는다. 원칙은 명확하지만 그 원칙의 실제적 적용은 그렇지 않다.

하지만 만일 어떤 정당이 유다인, 흑인, 백인, 노예, 태아, 노인 등 인류의 특정 집단의 생명이 고의적인 살인으로부터 법적으로 보호받을 만큼 신성하지 않거나 본질적으로 가치가 없다고 주장한다면, 모든 가톨릭 신자, 모든 그리스도인, 모든 유신론자, 모든 종교인, 심지어 이성과 양심을 가진 모든 개인은 해당 정당과 관계를 끊어야 할 명백하고 분명한 의무가 있다. 다만 다른 정당이 (핵전쟁을 지지하는 등) 이 원칙을 더 심각하게 위반하지 않는 한 그러하다.

이러한 도덕적 판단은 자신의 아이를 낙태한 사람들의 개인적 죄책감에 대한 개인적 판단이 아니라, 행위 자체에 대한 이성적인 판단이다. 분명히 매년 수십만 명의 아이들을 합법적으로 낙태하는 것은 우리 시대의 주요한 사회 정의의 문제이다. 또한 낙태 문제는 주요한 환경 문제이기도 한데, 인간의 환경이 가장 중요한 환경이기 때문이다. 더불어 이 문제는 가장 중요한 평화와 정의의 문제이기도 하다. 왜냐하면 자신의 무고한 아이를 죽이는 것은 평화나 정의의 사례가 아니라, 전쟁, 폭력, 불의의 사례이기 때문이다. 살인범을 죽이는 것(사형)에 반대하는 것은 합리적이지만, 무고한 사람들의 죽음(낙태)에 '반대하지 않는 것'과

[4] *Catechism of the Catholic Church*, no. 2448. 〔편집자 주〕 "그러므로 인간의 비참에 짓눌리는 사람들은 교회의 우선적 사랑을 받는 대상이 된다"(『가톨릭 교회 교리서』 2448항).

이에 동조하는 것은 논리적으로 일관성이 없을 뿐만 아니라, 모든 사람을 향한 그리스도교적 사랑에 반(反)하는 것이다.

70 연대성과 보조성, 공동선과 개인의 선을 어떻게 조화시킬 것인가?

국가와 개인의 관계는 아마도 사회 윤리와 정치 윤리에서 가장 근본적인 물음일 것이다.

연대는 공동선의 우선성을 의미하며, 이를 우선시하고 이를 위해 일하며, 심지어 이를 위해 희생해야 할 필요성을 내포한다. 보조성은 더 큰 조직(국가 위에 민족, 주 위에 국가, 시 위에 주, 동네 위에 시, 가족 위에 동네, 개인 위에 가족)이 더 작은 조직의 역할을 흡수하거나 대체하는 것이 아니라, 이를 지원하고 이에 봉사해야 한다는 원칙이다.

이 삼총사는 그들의 슬로건인 "모두는 하나를 위해, 하나는 모두를 위해"에서 두 가지 원칙을 암묵적으로 전제하고 있다. 영화 『스타 트렉 III』와 『스타 트렉 IV』에서도 마찬가지이다. 첫 번째 영화에서 스팍은 "다수의 선이 한 사람의 선보다 더 크다"라며, 엔터프라이즈의 나머지 승무원을 위해 자신을 희생한다. 반면에 두 번째 영화에서는 커크 선장이 스팍을 구하기 위해 "한 사람의 선이 다수의 필요보다 더 크다"라며, 전체 승무원을 위험에 빠뜨리는 것을 정당화한다. 이 두 가지 원칙은 서로 모순되는 것처럼 보이지만, 우리는 직관적으로 이 둘이 모순되지 않는다는 것을 알 수 있다.

한편으로 공동선은 개인의 선보다 더 크며, 개인은 공동선에 기여할 뿐만 아니라 이를 위해 희생할 의무가 있다. 명백한 예로는 시민들이 세금을 내는 것과 군인, 경찰, 소방관, 그리고 긴급 구조대원들이 지역사회의 다른 사람을 보호하거나 구하기 위해 목숨을 거는 것이 있다. 또한 (백신 접종을 받는 것과 같이) 자신의 건강을 돌보는 것도 공동선을 위한 개인의 책임의 일부라고 주장할 수 있다. 심지어 사유재산조차 그 목적이나 용도가 전체 공동체의 선을 위해 존재한다는 측면이 있다.

다른 한편으로, 국가와 군대, 경제, 기업의 그 모든 목적은 개인과 가정을 위해 봉사하는 것이다. 국가는 불멸하거나 본질적으로 가치 있는 것은 아니지만, 개인은 그러하다. 국가와 문명, 문화에는 영혼이 없지만, 개인에게는 영혼이 있다. (그래서 전체주의에 대한 가장 강력한 장애물은 영혼의 불멸에 대한 믿음이다.)

따라서 사회적, 정치적 도덕에서 가장 흔하면서 유혹적인 두 가지 오류는 집단주의와 개인주의이다. 사회주의와 자유 지상주의[1]는 정치적으로 이 두 오류의 완곡한 형태로, 각각은 서로 모순되는 다른 한쪽을 무시하거나 경시한다. 전체주의와 무정부주의는 같은 오류의 극단적인 형태이다.

---

[1] 〔편집자 주〕 '자유 지상주의'(libertarianism)란, 자유를 원칙으로 하는 정치 철학과 사상, 그리고 자유를 추종하는 운동의 집합체를 의미한다. 이는 오직 개인의 선택할 자유와 권리를 중시하기 때문에 개인주의가 강조되는 측면이 있다. 따라서 자유 지상주의자들은 국가적 권위와 권력에는 회의적인 입장을 취한다.

자크 마리탱은 개인과 인격을 구분한다. 개인은 집단의 반대이며, 이는 "하나"가 "다수"나 집단 또는 계급의 반대인 것과 같다. 하지만 인격과 공동체는 서로 반대가 아니라 서로를 내포하고 있다. 인격은 본질적인 차원에서 개인적일 뿐만 아니라 공동체적이기 때문에, 따라서 개인적인 우정과 사유재산뿐만 아니라 공적인 충성과 책임도 필요하다. 그리고 공동체, 또는 "공동의-결합"은 사물이 아닌 인격의 결합이며, 인격은 항상 개별적 존재로서, 각각은 다른 이들과 구별되며 스스로는 나뉘지 않는 존재이다.

그러나 해결책은 단순히 화해나 타협, 또는 마치 시소를 타듯, 본질적으로 서로 반대되는 두 가지 선이 적당히 균형을 맞춰 가는 것에 있지 않다. 사실 이 두 가지가 자연스럽고 건강한 상태에 있을 때는 서로를 강화한다. 한편으로 개인이 강하고 훌륭할수록 그들의 사회적 결합도 더 강화되고 좋아진다. 다른 한편으로 가장 강력하고 오래 지속되는 사회는 가장 강인하고 자유로운 개인들로 구성된 사회이며, 이러한 사회는 개인의 자유를 억압하는 것이 아니라 오히려 그 자유를 촉진한다. 한편, 가장 강하고 자유로운 개인은 이기적인 욕망으로부터 가장 자유로운 사람이며, 개인적으로나 사적으로(우정과 결혼에서), 그리고 사회적으로나 공적으로(시민 및 정치 생활에서) 다른 이들에게 헌신하는 사람이다. 반면, 사회의 궁극적인 목적은 개인 인격들의 선에 있다.

공동체와 개인성은 모두 선이며, 선과 선은 대립하지 않는다. 오직 악만이 선과 대립한다. 이 두 가지 선의 상호 강화는, 고대인들이 인간은 본성적으로 사회적이고 정치적이라고 말한 것이 옳았음을 전제한다. 다시 말해서 국가나 시민 사회는 인간에게 본성적인 것이지만, 그 다양한 형태는 분명히 의도적이고 의식적인 사회 계약으로 만들어진 것이다(63장 참조).

연대성과 보조성의 상호 강화는 또한 잘 알려진 역설의 사회적 반영이다. 이 역설은 자기 행복에 집착하면 불행해지는 반면에, 타인의 행복을 위해 자기 자신을 잊고 일하면 행복해진다는 것이다. 세상의 모든 종교는 이 역설의 어떤 형태를 가르친다. 이 두 차원을 궁극적으로 통합할 수 있는 이유는 삼위일체로서 한 분이신 하느님, 곧 궁극적 실재인 하느님 본성에 있다. 즉, 하느님 자신도 "나"와 "우리"를 모두 말씀하신다는 것이다.[2)]

한편으로 모든 "우리"는 둘 이상의 "나"를 전제로 한다. 돌, 행성, 개미는 "나"라고 말할 수 없기 때문에 "우리"도 말할 수 없다. 다른 한편으로 개인은 자기 자신을 잊은 채로 사랑할 때 비로소 진정한 자신이 된다. 왜냐하면 그것이 바로 우리가 그 형상에 따라 만들어진 궁극적 실재의 영원한 본성과 삶을 반영하는 것이기 때문이다.

연대와 보조성, 곧 공동선과 개인의 선 두 가지를 구체적인 실천에서 어떻게 조화시키고, 더 나아가 어떻게 완성하며 공정하게 다룰 것인가는 신중한 판단의 문제이며, 무정부적 개인주의와 전체주의적 집단주의를 동등하게 피하는 유일한 정치 체계는 존재하지 않는다.[3)] 그러나 그 이상을 향한 모든 구체적인 시도는 그 이상 자체, 곧 추상적인 원칙에 의해 평가되어야 한다. 철학은 정치의 일을 대신하지 않지만, 정치의 원칙은 제공한다.

---

2) 〔편집자 주〕 개인성(나)과 공동체성(우리)이 상호 보완, 강화, 결합할 수 있고, 또 그래야만 하는 본질적 근거가 '한 분'이면서 '세' 위격으로 존재하는 삼위일체 하느님의 신비에 있다는 뜻이다.

3) 〔편집자 주〕 여기서 '무정부적 개인주의'는 공동체 없는 개인을 말하고, '전체주의적 집단주의'는 개인 없는 공동체를 가리킨다. 개인과 공동체는 상호 보완, 강화되어야 하지만 실제적으로 그것을 실현하는 정치 체제는 존재하지 않는다는 의미다.

71 처벌의 목적은 무엇인가?

처벌의 목적에 대한 문제는 어떤 범죄를 처벌해야 하는지, 처벌의 강도가 어느 정도여야 하는지, 사형이 본질적으로나 현재 상황에서 좋은지 나쁜지를 묻는 것이 아니다. 문제는, 사형, 감옥, 벌금, 추방, 사회적 배척 또는 기타 원치 않는 결과를 통해 공적 처벌이 이루어지는 이유와 정당성이 무엇인가이다. 이것이 형벌론에서 가장 중요한 질문이다.

이에 대해 정의, 억제, 교화라는 세 가지 답변이 있다. 전통적인 견해는 이 세 가지가 모두 있어야 한다는 것이다. 즉, 처벌은 정의에 의해 요구되고, 그것은 다른 사람들이 유사한 범죄를 저지르는 것을 억제하기 위해 필요하며, 그것은 또 범죄자의 교정과 재활을 위한 동기에서 비롯된다는 것이다.

이 중 마지막 두 가지는 자비나 이타주의에 속한다. 억제는 사회에 이익이 될 것을 기대하고, 교화는 범죄자에게 이익이 될 것을 기대한다. 그러나 첫 번째 동기의 정당성은 (적어도 직접적으로는) 자비가 아니라 정의가 실현되어야 한다는 것이다. 이것이 논란의 여지가 있는 이유이다.

C.S. 루이스는 자신의 작품에서 언급한 "인도주의적 처벌 이론"은 정의가 복수에 해당하며("눈에는 눈, 이에는 이"), 이는 그리스도교의 자비와 모순되기 때문에, 억제와 교화만이 처벌에 대한 도덕적으로 정당한 동기라고 가정한다. 이는 더 인간적이고 사랑이 넘치는 것처럼 들린다. 그러나 루이스가 지적하듯이, 처벌이 정의롭지 않다면, 다른 두 가지 기준에 의해 정당화될 수 없다. 다시 말해 정의는 충분하지 않더라도 필요하며, 다른 두 가지 이유는 필요하더라도 그것만으로는 충분하지는 않다.

예를 들어, 대사제 카야파는 그리스도가 무죄임을 알면서도 그를 십자가에 못 박는 것을 정당화했다. 그는 그리스도가 저지르지 않은 시민 범죄를 이유로, 민중이 반란을 일으켜 로마의 유다인 대학살을 초래할 것을 막고, 로마가 그러한 행동을 하지 않도록 억제하기 위해서였다. 그것이 정말로 인도적이었을까? 현대의 한 예를 들면, 프랑스인 대부분은 드레퓌스[1]를 유죄라고 강하게 믿었지만, 그는 사실 무죄였다. 그러나 법정에서의 유죄 판결은 대중을 만족시켰고, 만일 그가 무죄로 판결되었더라면 대중이 폭동을 일으켰을 가능성이 높았다.

[1] 〔옮긴이 주〕 알프레드 드레퓌스(Alfred Dreyfus)는 1894년 독일에 군사 정보를 유출한 혐의로 기소되었다. 당시 프랑스와 독일 사이의 긴장이 고조되고 있었고, 드레퓌스는 유다인이라는 이유로 의심을 받았다. 드레퓌스는 증거 부족에도 불구하고 군사 재판에서 유죄로 판결받고, 종신형을 선고받았다. 재판 과정에서 여러 가지 비밀스러운 증거가 사용되었고, 일부 군 관계자들은 드레퓌스의 유죄를 입증하기 위해 조작된 증거를 사용했다. 1906년, 드레퓌스는 다시 재조사를 받았고, 결국 그의 무죄가 입증되어 석방되었다. 사건은 프랑스 사회에서 유다인과 비유다인 간의 긴장을 악화시켰고, 정치적, 사회적 갈등의 상징이 되었다.

이 두 가지 사법적 오류는 억제의 필요성에 의해 정당화되었다. 그러나 간단하게 말하자면 정의 없는 억제는 부당하다. 폭군들은 공포로 법과 질서를 유지하는데, 이는 효과적인 억제 방법이지만 정당하지 않다.

또한 억제의 "자비"를 정의 대신 사용하는 문제는, 억제를 판단의 주요 기준으로 삼는 것이 미래의 악을 억제할 수 있다는 예측을 주요 기준으로 삼는다는 의미이며, 이는 미래를 아는 것처럼 주장함으로써 하느님 노릇을 한다는 것을 의미한다. 이는 또한 수단이 정당하지 않더라도 목적이 수단을 정당화한다는 공리주의 원칙을 내포한다.

정의를 교화로 대체하고 그것을 처벌의 유일한 또는 주요 이유로 삼는 경우에도 동일한 문제가 발생한다. 예를 들어, 악명 높은 사이코패스가 아주 큰 범죄를 저지르려고 했으나 단지 상점에서 물건을 훔친 절도죄만으로 유죄 판결을 받았고, 반면에 술에 취해 사람을 죽인 친절한 자선가가 깊이 후회하고 있다고 가정해 보자. 판사는 절도범에게 더 많은 "교화"가 필요하다고 판단하여 살인범보다 더 긴 형량을 선고해야 할까? 인간인 판사들이 인간의 마음과 영혼을 판단한다고 주장해야 할까, 아니면 행위를 판단해야 할까?

우리는 본능적으로 죽음에 이르지 않은 살인 미수와 비자발적 살인을 구분한다. 두 경우 모두 처벌받지만, 정의의 의도가 먼저 고려되어야 하며, 다른 두 가지도 함께 고려되어야 한다. 본인이 의도하지 않았더라도 실제로 자행된 살인은 시도되기만 했던 살인 미수보다 더 많은 공적 해를 끼친다. 비록 살인 미수가 살인을 시도한 가해 당사자 영혼에는 더 큰 피해를 입혔더라도 말이다. 공적 재판은 주로 공공의 선과 안전을 위한 것이지, 개인 영혼의 선에 대한 것이 아니다. 영혼과 동기를 알고 판단하는 것은 하느님의 일이고, 공적 행동을 알고 판단하는 것은 법의 일이다. 하느님은 자비롭고, 사실 하느님은 자비 그 자체이다. 그러나 정의는 자비만큼 절대적이고 타협할 수 없는 것이다. 하느님 자신은 정의를 타협하지 않지만, 십자가에서 정의와 자비를 화해시킨다. 우리는 그런 방법을 결코 알아낼 수 없었을 것이다. 우리의 일은 하느님의 일보다 훨씬 더 겸손하게 해야 한다.

정의가 판단의 본질적인 기준이기 때문에, 다른 두 가지 요소는 판단을 수정할 수 있을 뿐, 결정할 수는 없다. "유죄 또는 무죄"는 첫 번째 판단이며, 그 처벌의 내용이 무엇인가는 두 번째 판단이다. 처벌은 무엇보다 범죄에 초점을 두어야지, 범죄자에 먼저 맞춰서는 안 된다.

"인도주의적 처벌 이론"을 지지하는 사람들은 보통 도덕적 실증주의자들로,[2] 정의의 보편적이고 절대적인 도덕 법칙을 확실하게 알 수 있는 이성의 힘을 부정한다. 이는 아이러니한데, 그들은 오히려 하느님보다 더 많이 안다고 주장하면서 자신의 형벌 이론을 범죄자의 동기와 교화의 필요성에 대한 판단에 의존하게 만든다. 그들은 또한 공리주의자이다. 왜냐하면 그들의 판단 기준은 미래의 결과에 대해 그들이 가정한 지식이기 때문이다.

자연 도덕법을 받아들이기에는 너무 회의적인 사람들이, 우리가 알지 못하는 미래의 결과(억제)와 영혼의 상태(얼마나 많은 교

---

[2] 〔편집자 주〕 '도덕적 실증주의'(moral positivism)는 옳고 그름을 판단하는 기준과 근거를 본성적이고 보편적인 도덕 법칙에서 찾는 것이 아니라 현실 세계에서 드러난 현상과 실증할 수 있는 사실에서 찾아야 한다는 사상 또는 이론이다.

화가 필요한지)에 대한 자신들의 판단에는 회의적이지 않다는 것이 얼마나 아이러니한가?

72 전쟁은 항상 정당한가?

전쟁은 과연 정당한가에 대해 종종 두 가지 물음이 혼동된다. 첫 번째는 전쟁이 그 자체로 분쟁을 해결하는 좋은 수단인지, 곧 전쟁 자체가 좋고 정의로운 일인지 여부이다. 두 번째는 국가가 어떤 상황에서 전쟁을 선포하거나 전쟁을 시작하는 결정을 내려야 하는지에 대한 것이다. 다시 말해, 우리는 전쟁 자체와 전쟁을 감행하기로 한 선택을 구별해야 한다.

분명히 전쟁 자체는 나쁜 것이며, 심지어 어리석은 일이다. "우리는 의견 차이와 상반된 욕망이 있소. 이를 어떻게 해결할 수 있을까요? 아! 멋진 생각이 있소. 우리 모두 추악한 군복을 입고 치명적인 무기를 들고 나가 서로 죽이기 좋은 장소를 찾아봅시다. 그리고 상대방을 가장 많이 죽인 쪽이 원하는 것을 얻도록 합시다."

일부 철학자들은 전쟁 자체가 우리를 강하고 단단하게 만들고 영웅적으로 만든다고 생각했다. 예를 들어 헤겔과 "사회적 다윈주의"(Social Darwinism), 곧 적자생존의 정당성을 믿었던 사람들이 그러하다. 니체와 나치 또한 연민의 해로움과 온유(친절)의 유약함을 믿었다. 그러나 오늘날 이는 매우 적고 인기가 없는 소수 의견이다.

반대쪽 극단에는 원론적인 평화주의자들이 있다. 그들은 전쟁을 치르는 행위가 항상 본질적으로 악하다고 주장한다.

평화주의자들의 신학적 주장은 구약성경에서 하나님이 "살인하지 말라"라고 명령했다는 것이다. 그러나 고대 이스라엘에서는 하나님이 직접 사형을 명령했고, 하나님은 본질적으로 악한 것은 명령할 수 없다.[1] 십계명에서 번역된 "죽이다"는 단어는 살인, 곧 무고한 인간을 죽이는 것을 의미하며, 모든 죽임을 함축하는 것은 아니기에 불의하고 위협적인 공격자를 죽이는 것을 반드시 포함하지는 않는다. 신약성경에서 평화주의자들의 신학적 주장은 예수가 폭력을 사용하지 않았다는 것이다. (그러나 예수는 적어도 한 번, 성전에서 환전상들을 쫓아낼 때 폭력을 사용했다.) 또한 예수는 역사상 가장 정당한 전쟁을 중단시켰다. 이는 겟세마니 동산에서 자신을 체포하려는 순간, 역사에서 유일하게 전적으로 무고한 자신을 방어하기 위해 시몬 베드로가 칼을 사용한 사건이다. 예수는 이 전쟁의 유일한 희생자인 대사제의 종 말코스의 오른쪽 귀를 기적적으로 고쳐주었다(루카 22,50-51; 마태 26,51; 요한 18,10). 이는 우연히도 베드로가 왼손잡이라는 사실을 증명하는 것이기도 했다. 그리고 예수는 베드로에게 "칼을 칼집에 도로

---

[1] 〔편집자 주〕 악한 것은 명령할 수도, 명령하지도 않는 하느님이 고대 이스라엘에서는 사형을 명령하였다는 점은, 살인하지 말라는 하느님의 계명이 논리적으로 모순된다는 점을 지적하는 것이다. 원론적인 평화주의자들에 대한 반론이다.

꽂아라"(마태 26,52; 요한 18,11)라고 명령했을 뿐만 아니라, "칼을 잡는 자는 모두 칼로 망한다"(마태 26,52)라는 원칙을 이유로 제시했다. 그리스도의 참 행복 중 하나는 "행복하여라, 평화를 이루는 사람들!"(마태 5,9)이다. 그러나 결코 "전쟁을 일으키는 자는 행복하다"라고 말하지는 않았다.

하지만 이것은 원칙적으로 평화주의를 증명하지는 않는다. 첫째, 예수는 특별한 경우로, 우리를 구원하기 위해 불의와 폭력, 죽음을 겪기 위해 이 땅에 왔다. 둘째, 예수가 모든 예언자 중 가장 위대한 인물이라고 부른 세례자 요한(루카 7,28)은 자신에게 "저희는 또 어떻게 해야 합니까?"(루카 3,14)라고 묻는 군인들에게 군대를 떠나라고 말하지 않았다.

평화주의에 대한 철학적 주장은 보통 두 가지 전제 중 하나에 의존한다. 첫째, 인간 생명의 절대적 신성함이라는 원칙, 둘째, 전쟁이 항상 선보다 해를 더 많이 끼친다는 실질적인 결과이다. 전쟁에서는 심지어 "승자"도 패자라는 것이다. 첫 번째 전제에 대해서는, 만일 우리 중 일부가 다른 사람들의 생명을 보호할 책임이 있다면, 무고한 사람을 죽이는 것을 허용하는 것은 자신의 의무를 저버리는 것이다. '왜냐하면' 인간 생명은 참으로 신성하기 때문이다. 두 번째 전제에 대해서는, 페르시아의 정복에 맞선 아테네의 평화주의나 히틀러에 맞선 서구의 평화주의가 해악보다 더 많은 선을 가져왔을 것인지 단정할 수는 없다.

절대적 평화주의와 군국주의의 미화라는 두 극단을 피하는 주류 입장은 이른바 "정당한 전쟁 이론"이다. 이 이론은 전쟁을 치르기로 선택하는 것이 어떤 조건에서 정당하고 도덕적으로 올바른 선택이 되는지를 정의한다. 이러한 조건은 일반적으로 그리스도인들과 이슬람교도 모두 다음과 같이 열거한다. (이 조건들이 얼마나 '지켜졌는지'는 전혀 다른 문제이다.)

1. 전쟁을 일으키는 원인이 정당해야 한다.
2. 전쟁을 통해 발생할 결과에서 악보다 선이 비례적으로 더 클 가능성이 매우 높아야 한다.
3. 전쟁이 선을 얻거나 악을 피하는 데 필요한 유일한 방법이어야 하며, 다른 모든 화해 및 평화적인 분쟁 해결 수단이 공정하게 시도되었으나 실패했어야 한다.
4. 전쟁은 반격이어야 하며, 공격적이지 않고 방어적이어야 한다. (코란에서는 "알라는 공격자를 미워한다"라고 명시되어 있다.)
5. 특히 대량 살상 무기 시대에 비전투원은 최대한 살려야 한다.

정의로운 전쟁 이론은 전쟁을 하지 않는 것을 기본 입장으로 삼기 때문에, 정신적으로 군국주의보다는 평화주의에 더 가깝다. 이 이론은 특정 전쟁이 이러한 다섯 가지 기준을 모두 충족하지 않으면 불공정하다고 가정한다. 이는 정당한 전쟁의 기준이 매우 높다는 것을 의미하며, 그 때문에 역사상 대부분의 전쟁(곧 전쟁을 하기로 한 선택)은 정당한 전쟁으로 인정받지 못한다.

예를 들어, 미국의 남북 전쟁은 아마도 피를 흘리지 않고 인내심 있는 협상과 점진적인 방법을 통해 노예 해방을 이룰 수 있었을 것이다. 그러나 나치즘의 이념과 히틀러의 성격을 감안할 때, 제2차 세계 대전은 거의 확실히 정당한 전쟁으로 인정받을 수 있다. 간디의 평화주의가 인도에서 효과를 발휘할 수 있었던 이유는 영국이 나치와 달리 도덕적 양심을 가지고 있었기 때문이다. 하지만 히틀러의 독일이었다면, 평화주의의 효과는 간단히 모든 평화주의자의 살해로 이어졌을 것이다.

그러나 런던과 드레스덴의 민간인을 목표로 겨냥한 테러리스트의 폭격은 분명히 잘못된 것이었다. 히로시마에 대한 핵 폭격은 더 복잡한 문제이다. 한편으로는 일본의 항복을 재래식 군대로 강요했을 때는 아마도 50만 명의 사망자가 나올 가능성을 피할 수 있었을 것이라는 점에서 정당화될 수 있지만(기준 2 참조), 다른 한편으로는 모든 핵폭탄이 대규모의 무고한 민간인을 살해하여 기준 5를 위반한다. 그리고 우리가 공리주의자가 아닌 이상, 결과는 우리의 주요 고려 사항이 될 수 없다.

전쟁 문제는, 도덕적 '원칙'이 한편으로는 명확하고 절대적이거나 그래야 하지만, 다른 한편으로는 복잡한 상황에 대한 그 원칙의 신중한 '적용'이 종종 (항상 그런 것은 아니지만) 상당히 모호하고 상대적이라는 점을 보여 주는 좋은 예이다. 또한, 모든 전쟁에서 양측을 특징짓는 단순하고 감정적인, 옳음에 대한 자기 확신은 대개 정당화되지 않는다. 이 세상에는 결백한 성인(聖人)과 악마에 사로잡힌 광인 간의 문자 그대로의 물리적 전쟁의 예는 없으며, 오직 도덕적으로나 정신적으로 결함이 있는 두 집단 사이의 전쟁만 있을 뿐이다.

그러나 '영적' 전쟁의 정신은 그리스도교의 본질적인 부분이다. 우리는 실재하는 적이 있지만, 그 적은 "육과 피를 지닌 인간"이 아니라 "권세와 권력들과 이 어두운 세계의 지배자들과 하늘에 있는 악령들"(에페 6,12)이다. 모든 좋은 이야기의 줄거리, 그리고 삶 자체의 본질적인 주제는 선과 악의 전쟁이다. 솔제니친이 『수용소 군도』에서 썼듯이, 이 전쟁에서 적을 가르는 경계선은 두 나라나 제국 또는 문명 사이에 있는 것이 아니라, 바로 모든 인간의 마음속 두 부분 사이에 있다.

부록: 기타 철학적 물음들

철학은 다양한 분야와 주제에 적용될 수 있다.

역사철학: 역사의 의미와 목적은 무엇인가?
미학 또는 아름다움의 철학: 아름다움이란 무엇이며, 그 가치는 무엇인가?
예술철학: 예술의 목적과 의도는 무엇인가?
과학철학: 과학의 한계는 무엇인가?
교육철학: 교육의 목적은 무엇인가?
기술철학: 기술이 인간의 삶을 어떻게 변화시켰는가? 긍정적으로인가, 부정적으로인가?
유머철학: 우리는 왜 웃을까?
종교철학: 종교의 세속적 가치는 무엇인가?
문화철학: 문화란 무엇이며, 문화 전쟁이란 무엇인가?

성 철학: 성의 의미와 목적은 무엇인가?

악의 철학: 악이란 무엇이며, 왜 존재하는가? 그리고 어떻게 악을 물리칠 수 있는가?

언어철학: 인간성을 완성하는 데 있어서 언어의 역할은 무엇인가?

수학철학: 숫자는 어떤 방식으로 실재하는가?

논리철학: 절대적인 논리가 존재하는가, 아니면 상대적인가?

신비주의 철학: 신비 체험의 주장을 어떻게 판단할 수 있는가?

철학의 철학: "지혜를 사랑하는 것"이란 무엇인가?

사랑의 철학: 사랑의 형태는 무엇이며, 왜 존재하는가?

행복철학: 행복이란 무엇이며, 어떻게 얻을 수 있는가?

문학철학: 문학이란 무엇이며, 우리에게 어떤 도움을 주는가?

우리는 무엇이든 철학적으로 사유할 수 있다. 예를 들어, 나는 『나는 서핑한다, 고로 존재한다』라는 제목의 서핑철학에 대한 책을 썼다.

학문적이지 않은 후기

이 책은 초보자를 위해 만들어졌다. (성 토마스 아퀴나스 본인의 간략한 소개에 따르면 성 토마스도 『신학대전』을 초보자를 위해 썼다고 한다.) 철학의 기본 문제에 대해서 조금 더 체계적이고 학문적이며 논리적인 설명을 원한다면, 토마스의 『신학대전』의 형식으로 철학에서 논란이 되는 110가지의 주제에 대한 양측의 이유를 탐구하는 나의 책 『철학대전』을 읽어 볼 것을 권한다.

먼저, 이 첫 번째 (또는 거의 첫 번째) 철학책을 마지막으로 읽는 것은 아니라고 가정해 보라. 오히려 계속해서 다른 더 좋고 위대한 철학책을 읽어 나간다고 생각해 보는 것이다.

둘째, 내가 해 왔던 것처럼, 다른 철학책을 '읽을' 뿐만 아니라 '저술'도 한다고 생각해 보는 것이다.

셋째, 여러분이 쓰는 책들이 내 책과 달리 좋을 뿐만 아니라 훌륭하다고 생각해 보라. 실제로 여러분이 쓰는 책들이 플라톤이나 아리스토텔레스의 책처럼 잘 알려져 있고 보편적으로 연구된다고 생각해 보라. (이는 단지 사고 실험으로서 상상과 공상의 연습일 뿐이었다고 경고했다.)

넷째, 여러분이 세계 최고의 철학자가 되었다고 생각해 보라. (이는 예전만큼 어렵지는 않다. 정말로 위대한 철학자들은 모두 죽었으니 말이다.)

이 모든 것은 매우 멋진 일일 것이다. 철학은 지혜에 대한 사랑이며, 지혜는 매우 훌륭한 것이기 때문이다. 지혜는 참으로 귀중하고 영광스러우며 장엄하게 아름다운 것이다. 솔로몬은 “지혜를 얻어라. 이것이 곧 지혜의 시작이다. 네가 가진 것을 다하여 예지를 얻어라”(잠언 4,7)라고 말했다.

하지만 여러분이 가톨릭(또는 정교회) 신자라면, 여러분은 이미 철학의 최고 목표인 훌륭한 지혜보다 훨씬 더 귀중할 뿐만 아니라, 더 나아가 그것보다 ‘무한히’ 더 소중한 무언가를 지니고 있다. 여러분은 실로, 문자 그대로, 지금까지 주어진 것 중 정말 믿을 수 없을 정도로 가장 놀랍고, 경이롭고, 모든 희망과 꿈을 뛰어넘는 선물을 받았다. 여러분은 하느님이 『신학대전』을 집필한 성 토마스의 지혜를 칭찬하시며, 그에게 상으로 무엇을 받고 싶은지 물었을 때, 토마스가 청한 그것을 지니고 있다. 토마스는 “주님 오직 당신뿐입니다”라고 대답했다. 여러분은 거룩한 성체성사에서, 총체적이고 무한한 지혜, 곧 신적 위격인 예수 그리스도를 충만하고 온전하게 여러분 안에 몸과 피로, 영혼과 신성으로 받아 모시게 된다. 여러분은 그분을 여러분의 몸과 영혼 안에 모시며, 그분을 영원히 소유하게 된다.

철학은 지혜를 사랑하는 것이며, 그것은 매우 위대한 일이다. 그러나 지혜가 우리를 사랑하는 것은 훨씬 더 위대한 일이다. 하느님이 무에서 우주를 창조하신 일은 놀랍도록 위대한 일이었기 때문이다. 그러나 그분이 여러분의 삶에서 하시는 일, 그러니까 죄인을 성인으로 만드시는 일은 훨씬 더 위대한 일이다.

옮긴이의 말

'오랫동안'[1] 신학교에서 철학을 가르치면서, 철학을 배우는 학생들조차도 신학교에서 왜 철학을 배워야 되는지에 대해서 제대로 이해하지 못하는 경우가 많은 것을 보았다. 가톨릭교회에서 철학은 이미 교회 초창기부터 하느님의 말씀을 이해하기 위한 필수적인 도구로 여겼고, 그 이후에 믿는 내용을 체계적으로 구성한 교리인 '교의'(도그마)도 역시 중요한 철학적 용어로 설명해야 했다. 그러한 점에서 신학의 내용을 이해하기 위해서는 당연히 철학의

[1] 〔편집자 주〕 옮긴이 고(故) 김형수(베드로) 신부는 선종하기 바로 나흘 전, 이 '오랫동안'을 사용하는 것에 대한 소회를 밝힌 바 있다. 그간 그가 번역해 온 책의 역자 후기에는 항상 '몇 년 동안 신학교에서 가르치면서'라고 써왔으나 이번만큼은 부산신학교에서 9년, 서울신학교에서 6년을 가르쳤으니, 자신 있게 '오랫동안'이라는 표현을 쓰고 싶다는 것이었다. 그것은 단순히 철학 교수로서 15년이라는 햇수가 오래되었다는 의미는 아니었을 터다. 오히려 그만큼 이번 번역 작업에 대한 애정이 깊었고 이 책이 많은 신앙인을 위한 철학 입문서로 읽히기를 바랐던 마음이 컸다. 이 번역서는 결국 그의 마지막 작품이 되었다. '오랫동안' 철학을 연구하고 가르쳐 온 역자에게 깊은 감사를 드린다.

내용과 개념을 이해해야 한다. 하지만 중세 후기 이래로 철학과 신학, 이성과 신앙은 점점 더 간격이 벌어져서, 마치 별개의 학문인 것처럼 여겨지게 되었다. 이러한 영향으로 현재의 신학교에서도 철학이 신학을 본격적으로 하기 위한 도구적인 학문의 성격을 지니고 있기는 하지만, 구체적으로 어떤 내용과 측면이 신학을 위해 필요하고 반드시 이해하고 알아야 하는가에 대해서는 관심이 부족한 상황이다. 이러한 상황은 자칫하면 중세 이슬람 학자였던 아베로에스(이븐 루시드)를 수용하면서 불거진 소위 '이중 진리' 문제에 빠지게 할 수 있다. 말하자면 철학에서의 진리와 믿음으로 수용하는 계시 진리는 별개의 진리라는 생각을 은연중에 하게 될 수 있다는 것이다. 신학교에서 배우는 학생들도 그러한데, 일반 신자들 역시 어느 정도 이런 생각을 하고 있을 것이다.

그런 점에서 이 책은 신학적인 내용과 믿음의 내용을 어떻게 이성적으로 이해해야 되는가를 잘 설명해 준다. 철학을 철학사적으로 이해할 수도 있지만, 이 책은 계시 신앙으로 믿는 내용뿐만 아니라, 우리가 일상생활에서 고민 없이 넘어갈 수 있는 문제를 다시 한번 '이성적으로' 생각하고 숙고하게 해 준다. 형식적으로는 철학의 모든 주제를 철학의 각 분과에 따라서 배열하고 있지만, 그 내용은 오늘날 현대인들이 상식적이라고 당연시하거나 평소에 깊이 생각해 보지 않은 문제들을 일반인들의 눈높이에 맞추어서 쉬운 예를 들어서 일일이 함께 생각하는 과정을 풀어서 보여 주고 있다.

중세 시대 스콜라 철학의 아버지라고 불린 안셀무스 성인은 우리의 믿음은 이해를 추구해야 한다(fides quaerens intellectum)고 강조했다. 하느님이 계시한 믿음의 내용은 하느님의 정신으로부터 나온 말씀(로고스)이기에, 이 말씀은 하느님의 모습을 가장 많이 닮은 우리의 이성으로 이해할 수 있어야 한다는 것이다. 그 이해의 내용에는 직접적인 신앙 조항이나 신학의 고유한 내용뿐만 아니라, 우리 삶의 모든 문제가 포함된다. 그러한 점에서 이성으로 이해한다는 것은 '철학을 하는 것'(philosophieren)이다. 이것은 단순히 철학의 역사를 배우면서 위대한 철학자들의 사상을 공부하는 것을 넘어서, 내가 이성적으로 그런 생각의 흐름을 따라가면서 그것을 나의 것으로 습득하고 나의 관점과 고유한 생각을 확립하는 것이다. 이 모든 것은 바로 '진리'를 추구하는 것이다. 진리는 모든 앎의 기초이며, 하느님이 진리 자체(요한 14,6 참조)이기 때문이다.

이 책이 믿음을 이성으로 이해해서 더 깊은 믿음으로 향하는 훌륭한 발판이 되기를 바란다.

혜화동 신학교에서

부산교구 김형수 신부

편집 후기

“철학이 지혜에 대한 진실한 사랑이고,
그리스도가 최고의 지혜, 즉 육화한 신적 지혜라면,
철학을 하는 것은 그 자체로,
본질적으로 그리스도를 찾는 것이다.”
(이 책, 31쪽)

그는 지혜를 진실하게 사랑했던 철학자였다. 어떤 사유의 체계나 사상을 넘어 지혜의 원천이신 그리스도를 찾고자 애쓴 그는, 진정 ‘철학을 하는’ 분이었다. 그는 특히 신학교에서 왜 철학 교육이 필요한지, 또 어떤 철학을 어떻게 가르쳐야 하는지에 대해서 매우 구체적으로 강조하곤 하였다. 지혜의 원천이신 하느님을 사랑하고 신학을 공부하는 학생들에게 인간 본성과 이 세계 현실을 바라보기 위한 철학적 지평을 넓혀 주는 것은 매우 중요하다는 것이었다.[1)]

이것은 신학생들에게만 국한된 사항이 아니라 신앙을 가진

[1)] 참조: 파웰 타라시에비치, 「신학교에서 철학 교육의 역할」, 김형수 옮김, 『신학전망』제226호(2024/가을), 207-221쪽.

모든 이들에게 해당되는 것이라고, 그는 시간 날 때마다 나에게 말해 주었다. 그리고 점점 철학이 삶의 뒷전으로 밀려나는 현실을 탄식하며 당장 신자들을 위한 쉬운 철학 입문서가 필요하다고, 핏대 세워 가며 걸쭉한 부산 사투리를 토해내곤 하였다.

이 책의 번역은 이러한 그의 평소 신념에서 비롯된 것이었다. 그것은 단순한 믿음이 아니라 철학 자체에 대한 사랑이요, 신학생들에 대한 사랑이었으며, 신자들에 대한 사랑이자 교회에 대한 사랑이었다. 이런 깊은 사랑으로 시작된 그의 번역 작업은 그가 초고를 마칠 즈음 중단되었다. 작품을 완전하게 마무리하지 못하신 채 하느님 품으로 돌아가신 것이다. 번역자의 갑작스런 선종으로 책을 출간하려던 가톨릭대학교출판부도 난감해졌다. 계속해서 번역을 수정하고 교정하는 작업이 진행되지 않는 한, 출간 계획은 무산될 위기에 처했다. 누군가 책임지고 이 마지막 작업을 맡아 줄 사람이 필요했다. 그러지 않으면 이 번역은 결국 책으로 세상에 빛을 보지 못하게 될 상황에까지 이르렀다. 너무 안타까웠다. 나는 무슨 생각에서였는지, 그가 하던 작업을 마무리해 보겠다고 덥석 나섰다. 유작으로 내드리면 좋겠다는 마음이 앞섰지만, 아마 거의 완성된 상태일 것이니, 맞춤법 정도만 교정하면 그냥 내도 될 것으로 너무 쉽게 생각했었던 것 같다.

번역 교정 작업은 결코 수월하지 않았다. 원 번역자의 번역을 다시 수정한다는 것 자체에 대한 부담감이 너무 컸다. 게다가 그는 철학의 대가인데, 나 같은 사람이 그의 철학서 번역본을 수정한다는 게 말이 안 되는 상황이었다. 그럼에도 원문과 번역본을 대조하는 작업부터 다시 시작했다. 문장도 아닌 어느 단어에서는 그라면 어떻게 생각했을까, 그의 번역 의도는 무엇이었을까를 두고 고민하느라 며칠이 걸린 적도 있었다. 그가 있었다면 직접 물어보면 그만이었을 것을, 아니, 그랬다면 내가 이 작업을 하지 않아도 됐었겠지. 교정을 하는 동안 내내 그가 그리웠다. 그와 직접 대면하여 철학적 성찰과 의견을 나누던 시간이 얼마나 소중하였던가.

그의 번역을 검토하는 동안 나는 매일 그를 만났다. 이 책에서도 말하듯 보편적인 것과 본질적인 것은 실재한다는 것을 나는 더욱 확고하게 믿게 되었다(15장과 16장 참조). 분명 그리움, 우정, 사랑 같은 것은 관념이 아니라 실재하는 것이다. 나는 그를 그리워했고 우정을 나누었으며 그가 가진 지혜에 대한 사랑을 명확하게 보았으니 말이다. 나는 또 이 책의 저자가 말하듯 시간의 정신적인 측면도 믿는다(30장 참조). 나는 시간을 초월하여 그와 함께했던 과거를 기억했고, 언젠가 다시 만날 미래를 기대했으며, 지금 여기에서 그날을 희망하게 되었으니 말이다.

그가 바란 대로, 신앙인을 위한 이 철학 입문서가 많은 이들에게 지혜를 사랑할 기회를 제공하는 데 조그만 보탬이 되면 좋겠다.

철학은 단순한 앎이 아니라 삶이라고 말해 주던 그에게 마음을 다해 깊은 감사를 바친다.

그리고 이 책 번역의 교정을 믿고 맡겨 준 가톨릭대학교출판부에도 감사드린다.

혜화동 대신학교에서

의정부교구 김정일 신부